新编21世纪财务管理系列教材

初级财务管理学

第2版

Fundamentals of Financial Management

孙茂竹　王建英　方心童　编著

中国人民大学出版社
·北京·

图书在版编目（CIP）数据

初级财务管理学/孙茂竹，王建英，方心童编著. --2版. --北京：中国人民大学出版社，2020.6
新编21世纪财务管理系列教材
ISBN 978-7-300-28206-0

Ⅰ.①初… Ⅱ.①孙…②王…③方… Ⅲ.①财务管理-高等学校-教材 Ⅳ.①F275

中国版本图书馆CIP数据核字（2020）第097294号

新编21世纪财务管理系列教材
初级财务管理学（第2版）
孙茂竹　王建英　方心童　编著
Chuji Caiwu Guanlixue

出版发行	中国人民大学出版社		
社　　址	北京中关村大街31号	**邮政编码**	100080
电　　话	010－62511242（总编室）		010－62511770（质管部）
	010－82501766（邮购部）		010－62514148（门市部）
	010－62511173（发行公司）		010－62515275（盗版举报）
网　　址	http://www.crup.com.cn		
经　　销	新华书店		
印　　刷	北京市鑫霸印务有限公司	**版　　次**	2016年6月第1版
开　　本	787 mm×1092 mm　1/16		2020年7月第2版
印　　张	14.75	**印　　次**	2025年6月第5次印刷
字　　数	290 000	**定　　价**	33.00元

前　言

初级财务管理学所阐述的财务管理学的基本概念、基本理论和基本方法，既是学习者掌握必要财务能力和进一步学习中级财务管理学和高级财务管理学的基础，也是企业各级管理者基本财务素质的体现。

为体现上述要求，本次修订具有以下特点：

1. 按照简练、实用的原则充实了初级财务管理学的内容，并对各章节引导案例、案例思考专栏及章后案例进行了补充、更替和完善，更有效地引导学习者理解和把握初级财务管理学的内容和方法。

2. 对第 1 版的错误进行了更正，对一些章节的内容做了简化或充实，内容阐述更加清晰准确。

3. 尽可能采用最新的案例和资料，使教材更贴近现实，方法更实用，让学习者产生身临其境的感觉，理论联系实际，学以致用。

4. 补充了各章的思考题，教材体系更加完整，有利于学习者深入思考。

本书共分九章，其中第一章、第二章、第三章由孙茂竹教授编写，第四章、第五章由方心童博士编写，第六章、第七章由范歆副教授编写，第八章、第九章由王建英副教授编写，本次修订由孙茂竹教授负责，范歆副教授提供了相关资料和数据。

本次修订旨在不断完善初级财务管理学教材，使之更好地服务学习者和企业各级管理者，希望广大读者批评、指正，并继续提出宝贵意见，以便对本书做进一步的修改、补充和完善。

编　者

目　录

第一章

财务管理基础

孙教授在给某省移动公司员工讲授财务管理课程时，指着教室墙壁上的一个标语说：同学们，请对“为岛岛通而努力奋斗”做出经济学意义上的合理解释。

甲说：这是企业的社会责任，国有企业就是要为所有的国民服务，为每一个海岛上的居民提供良好的产品和服务。

乙说：当我们实现企业的社会责任时，就会有更多的人使用我们的产品和服务，这必然导致成本降低，利润增加。

丙说：要区分企业和政府的责任……

讨论十分热烈。

孙教授总结说：大家讲的都有道理。有几个问题请大家思考：第一，什么是企业？企业与国家行政单位、事业单位的本质区别是什么？第二，企业的社会责任是什么？企业履行社会责任的边界（或基础）是什么？第三，从企业的本质出发，是不是我们提供的产品和服务越多，企业的成本就必然降低，利润必然增加？

第一节　企业

企业是指以盈利为目的，运用各种生产要素（土地、劳动力、资本、技术和企业家才能等），向市场提供商品或服务，实行自主经营、自负盈亏、独立核算的社会经济组织。

企业按承担法律责任的不同分为无限公司和有限公司两大类。

一、无限公司

无限公司是指投资者对公司债务负无限连带责任的公司组织形式。

所谓负无限连带责任，是指投资者必须以出资财产和出资财产以外的其他财产作为清偿公司债务的保证。如果公司的全部财产不足以清偿公司债务，债权人有权就其未受偿部分要求公司投资者以其个人财产清偿；投资者之间的责任也是连带的，如果某一投资者偿还公司债务超过了自己应承担的数额，则其有权向公司的其他投资者追偿。

一般情况下独资企业和合伙企业的投资者需要对债务负无限连带责任。在这两种企业组织形式下，企业的财务关系相对简单，企业经营完全可以按照所有者的利益进行。

1. 独资企业

独资企业是指单一投资者出资，并由其控制和经营的企业，其显著特征是投资者以其个人财产对企业债务承担无限责任。独资企业一般属于小微企业，经营规模小、筹资较为困难，主要存在于零售业、手工业、农业、林业、渔业、服务业和家庭作坊等。

2. 合伙企业

合伙企业是指由两个以上投资者共同出资、共同拥有、共同经营的企业，其主要特征是投资者须承担无限连带责任。企业规模一般较大，主要存在于会计师事务所、律师事务所等中介机构。

按照合伙人对合伙企业承担的责任，合伙企业分为普通合伙和有限合伙。

（1）普通合伙。合伙人均为普通合伙人，对合伙企业的债务承担无限连带责任。例如，由甲、乙、丙三个自然人成立的合伙企业破产时，当甲、乙无个人资产抵偿企业所欠债务时，虽然丙已依约还清应分摊的债务，但仍有义务用其个人财产为甲、乙两人付清所欠的应分摊的合伙债务，当然丙对甲、乙也就拥有了财产追索权。

（2）有限责任合伙。企业由一个或几个普通合伙人和一个或几个责任有限的合伙人组成，即合伙人中至少有一个人要对企业的经营活动负无限责任，而其他合伙人以其出资额为限对债务承担偿债责任，故该类合伙人一般不直接参与企业经营管理活动。

3. 无限公司的优缺点

无限公司建立在投资者相互信赖的基础上，其优点是：

（1）组织手续比较简单，投资者之间关系亲密，相互信任程度高。

（2）不要求具备最低的资本总额，不对外发行股票，公司的外部关系简单。

（3）投资者负无限连带责任，其出资不能随便转让，所以投资者经营的积极性高、责任心强。

（4）由于投资者承担无限连带责任，所以公司的信用程度高，债权人的经济利益能够得到保障。

但无限公司也存在相应的缺点：

（1）由于投资者承担无限连带责任，一旦公司破产，投资者很可能倾家荡产，投资风险太大。

(2) 由于投资者人数有限，又不要求最低的资本额，所以公司资本筹集比较困难。

(3) 由于投资者承担无限连带责任，而与谁合作又涉及每一个投资者的切身利益，因而某个投资者若想转让自己的投资必须经过全体投资者的同意，所以无限公司股本转让比较困难。

二、有限公司

有限公司是指投资者以其认缴的出资额为限对公司债务负有限连带责任的公司组织形式。

所谓负有限连带责任，即投资者仅以其认缴的出资额为限作为清偿公司债务的保证。如果公司的全部财产不足以清偿公司债务，债权人无权就其未受偿部分要求公司投资者以其个人财产清偿。

一般情况下有限责任公司和股份有限公司的投资者仅需对债务负有限连带责任。

1. 有限责任公司

有限责任公司是由50个以下的股东出资设立，每个股东以其所认缴的出资额对公司承担有限责任，公司以其全部资产对其债务承担责任的经济组织。

其优点是设立程序比较简单，不必发布公告，也不必公布账目，尤其是公司的财务报告一般不予公开，公司内部机构设置灵活。其缺点是由于不能公开发行股票，筹集资金范围和规模一般都比较小，难以适应大规模生产经营活动的需要。因此，有限责任公司一般适合中小企业。

2. 股份有限公司

股份有限公司是指公司资本为股份，股东以其认购的股份为限对公司承担责任的企业法人。设立股份有限公司，应当有2人以上200人以下为发起人，注册资本为在公司登记机关登记的实收股本总额，注册资本最低限额应遵循法律、行政法规以及国务院对股份有限公司注册资本的规定。由于股份公司须是负有限责任的有限公司（但并非所有有限公司都是股份公司），所以一般称为“股份有限公司”。

股份有限公司的资本总额平分为金额相等的股份；公司可以向社会公开发行股票筹资，股票可以依法转让；法律对公司股东人数只有最低限制，无上限规定；股东以其所认购股份对公司承担有限责任，公司以其全部资产对公司债务承担责任；每一股有一表决权，股东按其认购持有的股份，享受权利、承担义务；公司应当将经注册会计师审查验证过的财务报告公开。

3. 有限责任公司与股份有限公司的区别

股份有限公司从本质上讲是一种特殊的有限责任公司，其设立条件更加严格，主要体现在法律特征和可上市性上。因而两者都具有公司的一些特征，但也存在以下区别：

（1）人合还是资合。有限责任公司是在对无限公司和股份有限公司两者优点兼收并蓄的基础上产生的，它将人合和资合统一起来。一方面，股东以出资为限，享受权利、承担责任，具有资合的性质，与无限公司不同；另一方面，不公开招股，股东之间关系较密切，具有一定的人合性质，因而与股份有限公司又有区别。

股份有限公司是彻底的合资公司。其信用基础是公司的资本，与股东的个人特质（信誉、地位、声望）没有联系，股东个人也不得以个人信用和劳务投资，这种完全的资合性与无限公司和有限责任公司均不同。

（2）股份是否为等额。有限责任公司的全部资产不必分为等额股份，股东只需按协议确定的出资比例出资，并按此比例享受权利、承担义务。一般而言，股份有限公司必须将股份划分为等额股份，这就保证了股份有限公司的广泛性、公开性和平等性。

（3）股东数量。有限责任公司以股东之间的信任为基础，具有一定的人合性，所以其股东数量不宜过多。有限责任公司的股东数量均有上下限规定，我国《公司法》规定为1～50人；股份有限公司只规定最低限额发起人，对股东的上限不做规定。这就使得股份有限公司的股东具有最大的广泛性和相当的不确定性。

（4）募股集资的范围。有限责任公司只能在出资者范围内募股集资，不得向社会公开募股集资，公司给出资人发的出资证明不同于股票，不得在市场上流通转让。募股集资的封闭性决定了有限责任公司的财务报告无须向社会公开。股份有限公司募股集资的方式是开放的，无论是发起设立或是募集设立，都须向社会公开或在一定范围内公开募集资本，招股公开，财务经营状况亦公开。

（5）股份转让的自由度。有限责任公司的出资证明不能转让流通。股东的出资可以在股东之间相互转让，也可向股东以外的人转让，但公司的人合性质决定了转让要受到严格限制。按照《公司法》的规定，转让必须经全体股东过半数同意；在同等条件下，其他股东有优先购买权。股份有限公司的股份表现形式为股票。这种在经济上代表一定价值、在法律上体现一定资格和权利义务的有价证券，与持有者并无特定联系，法律允许其自由转让，这就必然强化股份有限公司的活跃性和竞争性，同时也必然导致其盲目性和投机性。

（6）设立的宽严。股份有限公司因其经济地位和组织、活动的特性，使得国家必须以法律手段对之进行管理和监督，针对其设立规定了一系列必须具备的法定条件和严格的法定程序。在我国，股份有限公司的设立必须经有关部门（如中国证券监督管理委员会）批准。有限责任公司多为中小型企业，因其封闭性和人合性质，针对它的法律要求不如股份有限公司严格，有的监督措施可以简化，并有一定的选择性。

三、企业组织形式的影响

1. 法律责任

无限公司的投资者对公司债务负无限连带责任，而有限公司的投资者仅以其认缴的出资额对公司债务负有限连带责任。

2. 所有权与经营权

无限公司的所有权与经营权是合二为一的，其投资者既是公司的所有者又是公司的经营者；而有限公司的所有权与经营权是分离的，其投资者是公司的所有者，也可以是（但不是必须）公司的经营者。

3. 筹资能力

由于无限公司的规模往往比较小，因而其筹资能力较弱，筹资渠道也比较少；而有限公司的规模往往比较大，因而其筹资能力较强，筹资渠道也比较多。

4. 经营持续性

无限公司的投资者既是公司的所有者又是公司的经营者，其意愿和偏好会直接影响公司的行为，投资者的死亡、合伙人的退出等会导致公司经营持续性的降低；无限公司的规模较小，筹资能力和抵御风险的能力较弱等也会使公司经营的持续性降低。而有限公司的所有权与经营权是分离的，公司作为经济法人是独立于投资者的，投资者的死亡和退出、资本的转让和退出等不会导致公司经营持续性的降低；有限公司的规模较大，筹资能力和抵御风险的能力较强等会使公司经营的持续性得到增强。

5. 税收待遇

由于无限公司不是法人实体，因而不需要缴纳企业所得税，投资者只缴纳个人所得税；而有限公司是独立的法人实体，不仅公司需要缴纳企业所得税，投资者对所获股息或分配利润还要缴纳个人所得税。

第二节　企业经营

在商品经济中，企业是以盈利为基本目的的生产经营单位，企业生产符合质量要求和市场需要的商品，是为了获得价值增值。因此，企业生产经营过程具有两重性：既是使用价值的生产和交换过程，又是价值的形成和实现过程。因而使用价值管理和价值管理就成为企业生产经营管理的最直接和最重要的两项基本内容。但使用价值管理和价值管理离不开资金管理和信息管理，因此，企业生产经营必然导致物流（产品的生产和销售）、资金流（资金的流入和流出）、价值流（价值的转移和增值）、信息流（信息的生成和利用）；企业生产经营管理自然包括使用价值管理、资金管理、价值管理和信息管理四大重要内容。

一、产品的生产和销售

产品的生产和销售必然首先导致物的流动，而不同企业物的流动方式是不同的，不同企业物的流动必然导致不同的管理思维和管理方法。

1. 制造业

制造业是一种非常典型的企业类型（通常称为工业企业），其最主要的特征是：采购—生产—销售（如图 1－1 所示）。

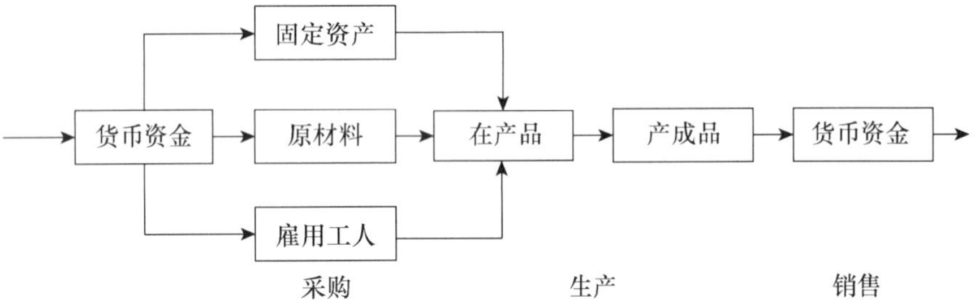

图 1－1　制造业的生产流程

制造业的基本生产流程可以概括为：（1）采购原材料；（2）雇用工人、利用设备对原材料进行加工，在过程中形成在产品，最终形成产成品；（3）对产成品进行销售，以取得收入。这一过程反映了生产的商品性：企业所生产的产品（或所提供的劳务）都是以商品形式出现的，都需要投入市场，将个别劳动转化为社会必要劳动，取得社会承认，方能实现使用价值和价值增值。

以钢铁生产企业为例，其生产工艺流程以各种原材料的投入开始，经过不同的加工流程，以不同产品的产出结束（如图 1－2 所示）。

2. 商业

商业也是一种非常典型的企业类型，其最主要的特征是：采购—销售（如图 1－3 所示）。

商业企业的经营流程相对制造业而言要简单一点。制造企业主要是借助机器对原材料进行加工，生产出符合社会生产和顾客需要的产品。而商业企业则主要通过商品的采购和销售以及因此所必需的运输和储存业务，完成商品从生产领域到消费领域的转移，满足顾客的消费需要。

商品的购买、运输、储存、销售是商业企业商品流通的四个基本环节（如图 1－4 所示）。

当然，在“互联网＋”的商业模式（如阿里巴巴、京东）下，上述传统商业企业商品流通的四个完整环节已经从社会角度被简化、重组，变得更有效率。

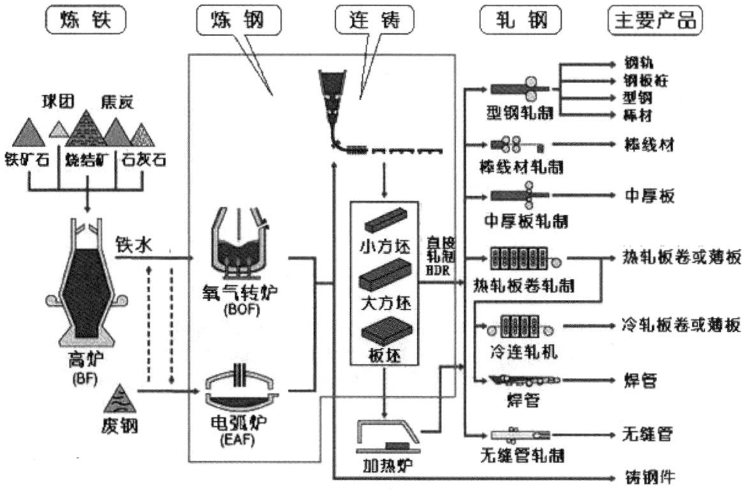

图 1-2 钢铁生产工艺流程图

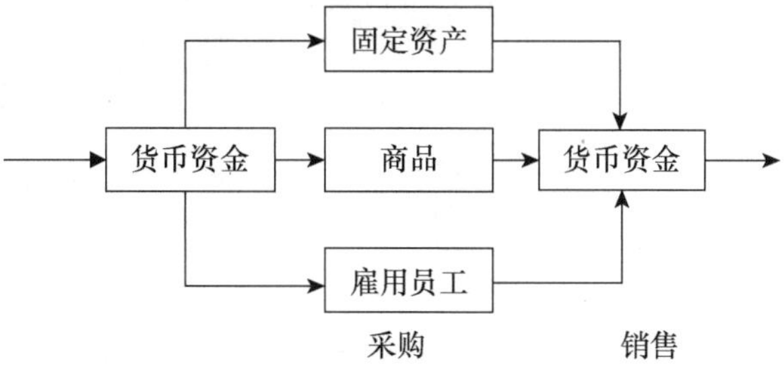

图 1-3 商业企业的经营流程

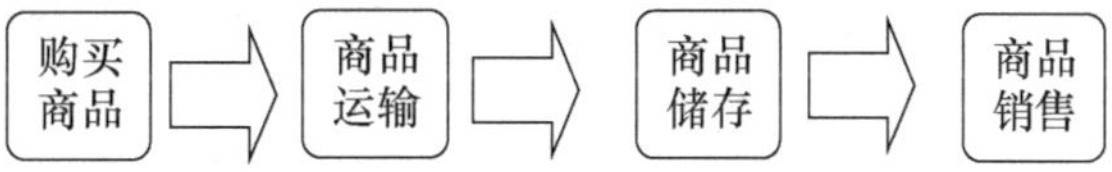

图 1-4 商品流通环节

二、资金的流入和流出

在产品的生产和销售过程，生产要素（原材料、设备、员工等）的获取、使用、让渡（或销售）固然十分重要，但其货币表现（即资金）在这一过程中起到了不可取代的重要支持作用。资金就像企业的血液，其重要性不仅体现在资金的数量上，更体现在资金运用的质量（在某种意义上甚至成为企业成败的关键）上。而衡量资金运用质量的标准是资金流动状况（包括资金的流入、流出和结存等），只有流动的资金才能促使价值顺利形成和最大增值，而停止不动的资金（就生产要素的货币表现而言）不能促使价值顺利形成和增值。因此，财务管理如何运作资金的流入、流出和结存，关系到企业生产经营的成败。

从现代财务观点看，资金是指企业控制的、能够给企业创造未来价值的各种资源的变现价值。从根本上讲，资金不仅强调其存量对企业价值增值的影响，更强调其流动（包括流向、流量及时间三要素）对企业价值增值的影响。因此，企业的资金流动是企业生产经营过程的价值方面，它以价值创新的形式综合地反映企业的生产经营过程。

伴随使用价值的生产和交换，资金不仅产生流入和流出，而且发生形态的改变和数量上的变化。可以说，资金对使用价值生产和交换的顺利完成起到了保障和支持的作用（如图 1-5 所示）。

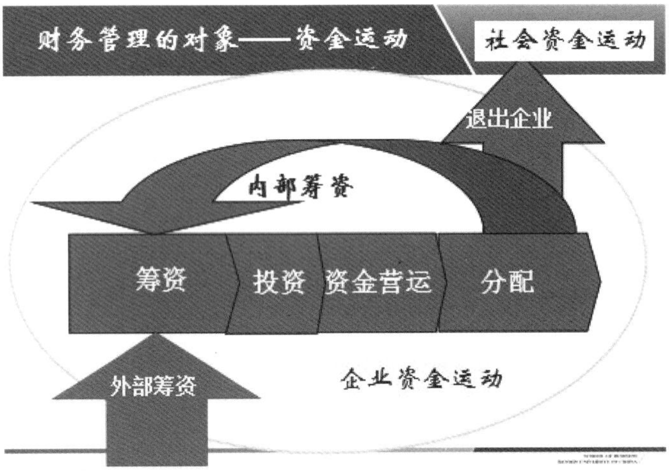

图 1-5　企业的资金流动

从图 1-5 可以看出：资金流动包括企业资金运动（形成企业财务活动）和社会资金运动（形成金融活动和财政活动），两者相互影响、相互配合，共同促进社会经济的健康发展。

三、价值的转移和增值

以制造企业为例，在产品的生产和销售过程中，随着生产资料的获取、加工、销售以及资金的取得和使用，原材料在形态上、物理上或化学上发生了改变，最终形成对消费者有用的某项使用价值。在使用价值的形成过程中，虽然原材料丧失其初始状态，但其价值已随使用转移到产品中；固定资产按购买价格和使用年限将其价值损耗以折旧方式分期间转移到产品中；工人补偿自身损耗的工资等也转移到相应产品中。最终，三大资源损耗通过价值转移形成产品成本。

产品销售取得的收入体现价值的实现，如果收入大于成本则实现了价值增值（通常表现为利润），相反则导致价值损耗（通常表现为亏损）。可见，企业生产经营的目的在于通过使用价值的生产和交换过程的优化，实现价值最大增值（如图 1-6 所示）。

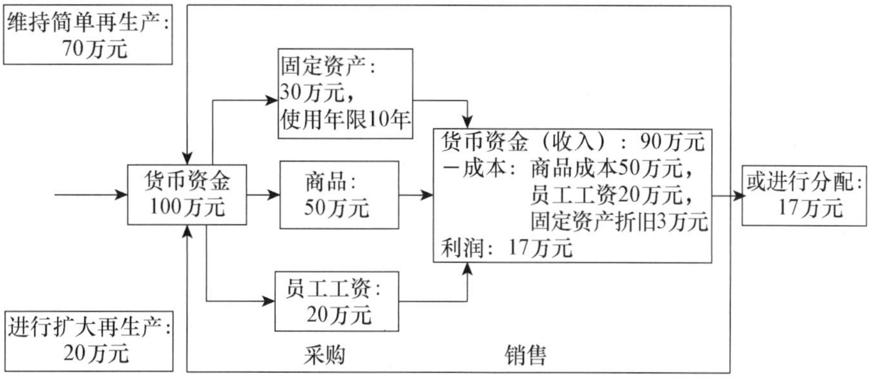

图 1－6　价值的转移和增值过程

在这一过程中，由于固定资产的使用年限是 10 年，因而在固定资产更新之前，维持简单再生产只需再投入 70 万元即可。若进行扩大再生产，则可以投入增量资金 20 万元（包括利润 17 万元和折旧 3 万元）。当然，如果将利润 17 万元予以分配，可以投入的增量资金就只有 3 万元了。

物流和资金流的效率及效果最终决定价值增值的程度。美国西南航空公司创始人赫伯·凯莱赫说："飞机只有在天上才能赚钱。"该公司的飞机从搭上登机廊桥开始，到飞机升空仅用 21 分钟，如果每个航班能节约地面时间 5 分钟，那每架飞机每天可增加一个飞行班次。

四、信息的生成和利用

在企业生产经营导致物流（产品的生产和销售）、资金流（资金的流入和流出）、价值流（价值的转移和增值）变化的过程中，离不开信息的生成和利用，它对企业价值最大化目标的实现有重大贡献。

企业管理所需要的信息是多种多样的，其中财务会计信息是最重要的部分。因为财务会计基于凭证、账簿、报表，通过记账、算账、报账等会计循环工作，对已经发生或已经完成的生产经营活动进行核算，提供管理所需的会计信息（如图 1－7 所示）。

信息流可以反映物流、资金流的状况，从而进一步反映价值创造的途径和状况。

第三节　财务管理与财务会计、管理会计

财务管理与财务会计、管理会计是现代会计学的三个重要组成部分，它们既紧密联系，又相互区别，为企业的内部管理和外部决策服务。

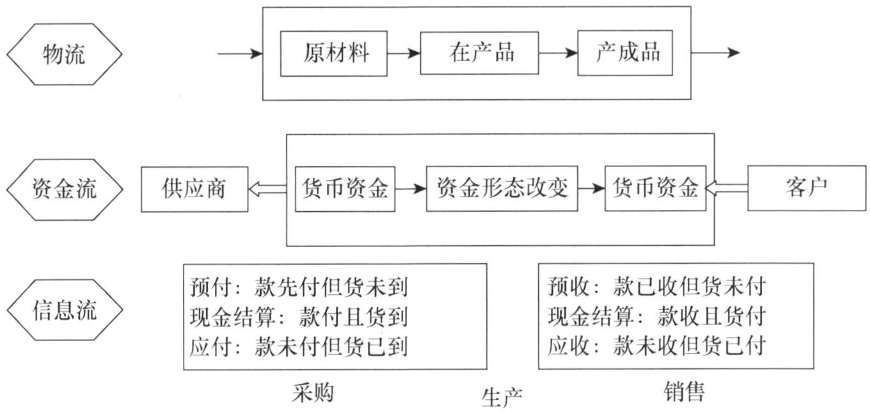

图 1－7　物流、资金流、信息流之间的关系

一、起源相同，共同构架了现代会计的体系

财务管理与财务会计、管理会计都是在传统会计中孕育、发展和分离出来的：基于现代公司核算的需要产生财务会计，基于现代公司投资和筹资的需要产生财务管理，基于现代公司内部成本管理与控制的需要产生管理会计。作为现代公司会计管理的重要组成部分，它们共同构成了现代会计的三大分支（如图 1－8 所示），也标志着现代会计学理论和实践的发展和完善。

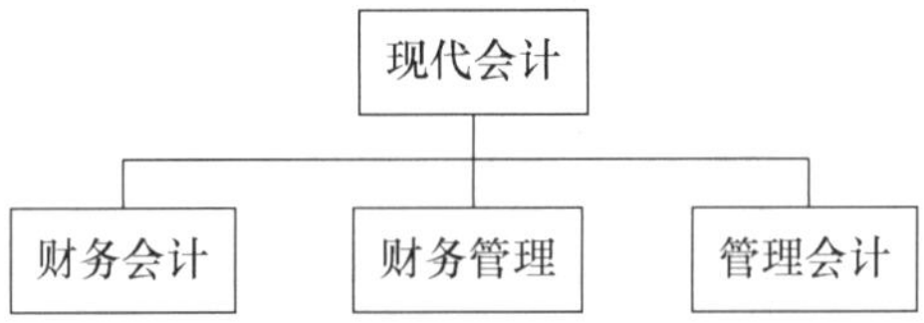

图 1－8　现代会计学的基本架构

财务管理、财务会计、管理会计的最终反映对象都是企业的生产经营过程和结果，但是它们以不同角度、通过不同手段和方式向企业内部和外部管理者提供信息，促使企业提高经济效益，实现价值的最大增值。可以说，三者之间存在本质的区别。

二、虽然同出一源，但本质不同

1．财务会计的本质

财务会计的本质在于：以货币为统一计量单位，以资产、负债、所有者权益、收入、成本、利润为核算对象，以记账、算账、报账为基本方法，以凭证、账簿、报表为基本载体，通过确认和计量来反映企业的财务状况、经营成果和现金流动情况。

例如，甲企业1月1日实现销售收入1亿元，但是这笔款项可能在三个时点收到现金：1月1日之前、1月1日当天、1月1日之后。按照权责发生制的要求，1月1日之前收到现金时不作销售收入而作预收款项处理；1月1日当天和1月1日之后收到现金作销售收入处理。前者导致现金增加，后者形成应收账款。

通过财务会计的确认和计量，1月1日企业财务报表发生以下变化：

(1) 利润表中实现销售收入10 000万元，在销售成本7 000万元，所得税税率25%时，如果不考虑增值税，则该笔销售使得企业税后利润增加2 250万元，从而满足了管理者的业绩考核需要（见表1-1）。

表1-1 简化利润表

项目	金额（万元）
销售收入	10 000
销售成本	7 000
所得税	750
税后利润	2 250

(2) 该笔销售如在1月1日当天收到现金，将导致现金流量表中营业现金流入量增加，其他两种情况不会导致本期现金流量表变动。

2. 财务管理的本质

财务管理的本质在于：以货币为统一计量单位，以资金运动为管理对象，通过对现金流入、现金流出、现金结存进行确认和计量，运作资金，提高资金的使用效益。

如果上例中甲企业1月1日实现销售收入1亿元，而这笔钱在12月31日才收到，由于权责发生制和收付实现制的差异，就会由于账面利益导致损害（如图1-9所示）。

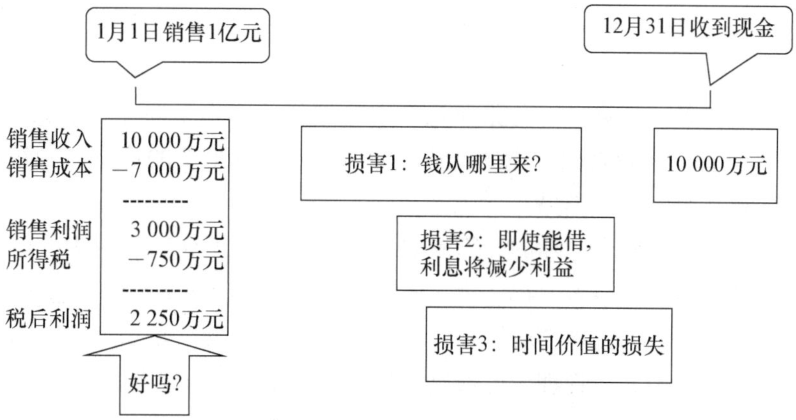

图1-9 账面利益的损害示意图

通过财务管理的确认和计量，这种损害一般包括三个部分：

（1）账面损失：如果借贷利率为7%，为维持简单再生产及缴纳税款需借贷7 750万元，则账面可计量损失为542.5万元。

（2）显性损失：如果该期间平均收益率为10%，则由于时间价值产生的显性损失为910万元。

于是，可计量损失为1 452.5万元（542.5+910）。

（3）隐性损失：如果因资金链断裂导致企业破产，则该项损失为隐性损失，既无法计量也无处反映，影响更大。

3. 管理会计的本质

管理会计的本质在于：以货币为基本计量单位（辅以非货币计量单位），以使用价值生产和交换过程的优化为手段，以价值转移和增值过程为管理对象，通过确认、计量和估值，实现价值最大增值。

例如，某产品销售单价为1 200元，单位成本为1 000元，为生产该产品购置一台价值50 000元的设备，5年折旧，按直线法计提折旧。

通过计算可知：该产品的单位毛利200元（1 200－1 000），因而该产品从本质上讲是赚钱的。但最终是否赚钱取决于销售的数量，因为该产品要负担专属固定成本10 000元（即固定资产折旧，50 000÷5＝10 000元）。

于是，管理会计在按成本性态把成本分为固定成本和变动成本基础上，建立本量利分析模型进行预测。

（1）保本点销售量计算。

$$保本点销售量=\frac{固定成本}{单价-单位变动成本}=\frac{10\,000}{1\,200-1\,000}=50(件)$$

保本点销售量是指利润等于零时的销售量，计算结果说明该产品销售50件保本，既不亏也不赚。保本点销售量的计算结果有以下作用：

第一，确定了损益的状态：产品销售大于50件将赚钱 ，小于50件将亏损。

第二，确定了企业在竞争中的地位：如果主要竞争者的保本点销售量是80件，企业将获得竞争优势；而如果主要竞争者的保本点销售量是40件，企业将丧失竞争优势。

（2）安全边际的计算。如果该产品明年预计销售量为60件，那该产品应该生产吗？很多人都认为应该生产，因为超出保本点销售量10件，是盈利的。但明年预计销售60件，就一定能销售60件吗？如果第二年销售40件将导致亏损。因此，管理会计通过计算安全边际来反映经营该产品的安全程度：

$$安全边际=预计销售量-保本点销售量=60-50=10(件)$$

$$安全边际率=安全边际\div预计销售量=10\div60=17\%$$

安全边际率的计算结果说明实际销售量低于预计销售量 17%时，该产品将亏损。于是，安全边际率越大就越安全，安全边际率越小就越不安全。那么安全边际率为 17%，安全吗？

按国际惯例，安全边际率：

小于 10%	非常危险
10%～20%	危险
20%～30%	值得注意
30%～40%	安全
大于 40%	非常安全

现在安全边际率为 17%，显然不安全，企业不应该生产。

(3) 管理的深入。如果出于竞争考虑该产品明年必须生产，那该怎么办？既然否定该产品的原因是安全性不够，那么管理会计告诉你，可以从影响安全边际的因素入手（如图 1－10 和图 1－11 所示）。

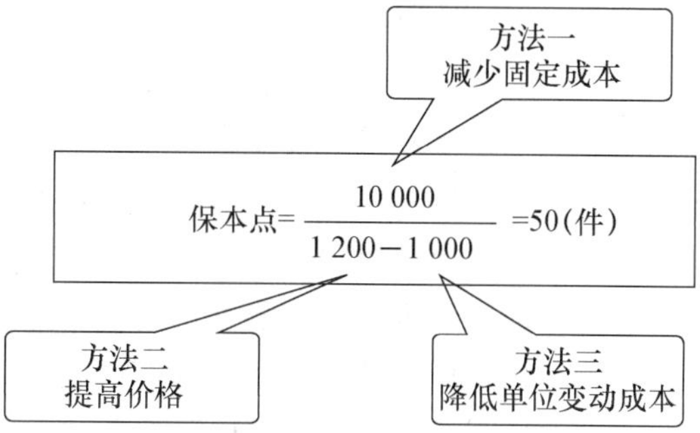

图 1－10　降低保本点、提高安全性的措施一

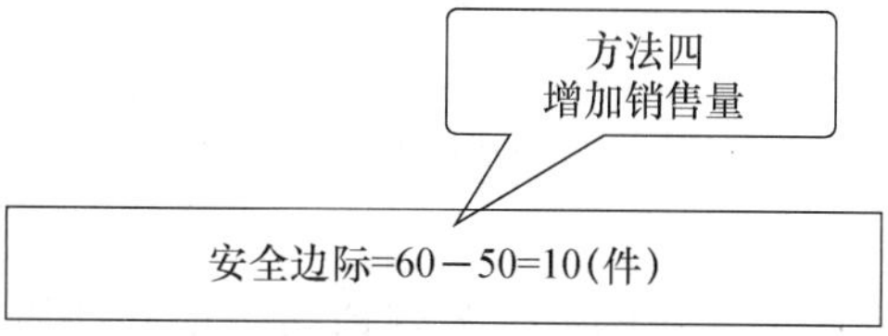

图 1－11　降低保本点、提高安全性的措施二

于是，人力资源部门提议减员降薪（方法一），设备部门要通过提高设备利用率（方法一）来满足产量增加的需要；设计部门说要通过改进产品设计、完善功能来提高价格（方法二）；车间建议通过材料套裁来提高材料利用率（方法三）；销售部门改变营销策略以增加销售（方法四）。上述方法都是为了降低保本点销售量，或增加预计销售量，其结果是安全边际率提高，原来不能生产的产品也许可以生产了。

三、由本质产生的其他差异

除本质区别外，财务管理、财务会计、管理会计三者之间还存在以下显著差异。

1. 主体不同

财务管理反映整个企业资金运动情况并进行相应的管理和控制，在某些情况下（如资金归口分级管理）以企业各部门、各单位为主体进行管理和控制，财务主体既可以是企业（必须是）也可以是企业的部门或单位（可以是）。财务会计以企业（独立核算）为主体提供反映整个企业财务状况、经营成果和资金变动的会计信息，通常不以企业各部门、各单位（非独立核算）为会计主体提供相关资料，会计主体具有唯一性。适应管理的需要，管理会计既要提供反映企业整体情况的资料，又要提供反映企业各责任单位经营活动情况的资料，因而其会计主体是多层次（如集团公司、子公司、分公司、车间、班组）、多维度（如职能部门、责任单位）的。

2. 需求方不同

财务管理和管理会计主要为企业内部各管理层次提供有效经营和最优化决策所需的管理信息，主要为企业内部管理服务；而财务会计主要向企业外部各利益相关者（如股东、潜在投资人、债权人等）提供反映财务状况、经营成果和现金流动情况的信息，主要为企业外部管理服务。

虽然财务管理、管理会计与财务会计有内外之分，但服务对象并不是绝对和唯一的：在许多情况下，财务管理和管理会计的信息（如盈利预测）可以为外部利益集团所利用，而财务会计信息对企业内部决策也至关重要。

3. 基本信息同源，但各有侧重

财务管理和管理会计虽然有自己的信息来源，但基本信息大多来源于财务会计，有的是财务会计资料的直接使用，有的是财务会计资料的调整和延伸。

（1）某些概念相同。财务管理和管理会计使用的某些概念，如收入、成本、利润等与财务会计完全相同，有些概念则是根据财务会计的概念引申出来的，如资本成本、边际成本、边际收益、机会成本等。

（2）反映的直接对象不同。如果从企业运营角度看，运营导致物流、资金流、信息流和价值流。其中，物流是企业业务部门管理的直接对象，资金流是企业财务部门管理的直接对象，信息流主要是由企业会计部门通过会计核算提供的，而价值流则是企业所有部门在管理中利用信息创造价值的过程（如图1-12所示）。

例如，企业在购买环节产生的预付、应付，以及在销售环节产生的预收、应收，作为会计信息反映了物流和资金流在方向和时间上的不一致。显然，应

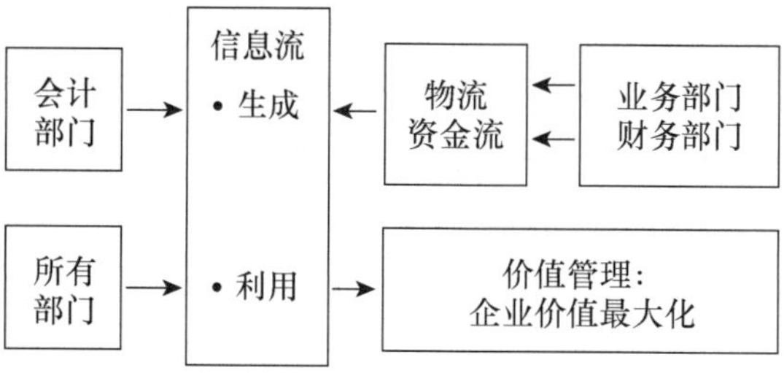

图 1-12 企业运营与管理

付和预收会增加企业价值，而预付和应收却会减少企业价值。因而企业应该利用一切机会（如价值链竞争优势、质量优势、品牌优势等）增加企业价值，采取一切可能的方法（如预算管理、成本控制、技术和产品的研发等）减少价值损害。

（3）财务管理是规划资金运动的会计，侧重于对资金运动的预测、决策、控制、考核和评价，是企业经营职能的重要组成部分。财务会计是反映过去的会计，侧重于核算和监督，属于报账型会计。而管理会计是规划未来的会计，侧重于对未来的预测、决策和规划。对现在的控制、考核和评价，属于经营管理型会计。

（4）约束条件不同。财务管理和管理会计不受会计准则、会计制度的制约，其处理方法可以根据企业管理的实际情况和需要确定，具有很大的灵活性；而财务会计进行会计核算、财务监督，必须受到会计准则、会计制度及其他法规的制约，其处理方法只能在允许的范围内选用，灵活性较小。

（5）报告期间不同。财务管理和管理会计面向未来进行预测、决策，因此其报告的编制不受固定会计期间（如月、季、年）的限制，可以根据管理需要编制反映不同影响期间经济活动的各种报告，可以按小时、天、月、年甚至若干年编制报告；财务会计面向过去进行核算和监督，反映一定期间的财务状况、经营成果和资金变动情况，应按规定的会计期间（如月、季、年）编制报告。

例如，现在有人以网络经济的快速性和短暂性（如在网络经济中，某一企业可以因一项业务的发生而设立，又因该业务的完成而清盘）来否定会计分期假设。其实，从传统财务会计角度来看，业务活动的连续性导致人为的会计分期（月、季、年），以便进行业绩的计算与考核。但并没有否定财务管理和管理会计的分期，因为分期是管理活动的需要，是适应活动特点而确定的，长可以是 1 年甚至是数年，短可以是几天甚至是数秒。

（6）计算方法不同。财务会计多采用一般的数学方法（如加、减、乘、除）进行会计核算；由于未来经济活动的复杂性和不确定性，财务管理和管理会计在进行预测、决策时，要大量应用现代数学方法（如微积分、线性规划、概率论等）和计算机技术。

（7）计量尺度不同。适应不同管理活动的需要，管理会计虽然主要使用货币量度，但也大量采用非货币量度，如实物量度、劳动量度、关系量度（如市场占有率、销售增长率）等；为了综合反映企业的经济活动，财务管理和财务会计几乎全部使用货币量度。

思考题

1. 企业、国家行政部门、事业单位是同一种性质的社会组织吗？它们之间有什么区别？

2. 有限公司和无限公司在法律和税收方面有什么区别？

3. 企业资金流和物流是什么关系？怎么理解和把握两者的一致和不一致对管理的影响？

4. 从本质上讲，财务管理与财务会计、管理会计的区别是什么？

计算题

1. 孙教授在一次讲课中举例：某公司派车接我上一天的课，总里程400公里，单程高速公路过路费30元（总计30×4=120元），每百公里油耗8升，每升汽油8元。如果车辆购置费用为35万元，可以使用10年，期满无残值；每年车辆附加费用（保险费用等）为2万元，司机每月工资7000元。

思考：

（1）从财务会计角度看，完成一天的接送任务，成本是多少？对决策的作用是什么？

（2）从管理会计角度看，完成一天接送任务，相关成本是多少？对决策的作用是什么？

（3）从财务管理角度看，完成一天接送任务，相关成本是多少？对管理的作用表现在哪些方面？

2. 某企业生产和销售A产品14000件。A产品的销售单价为15元，单位变动成本为6元，固定成本总额为50000元。

思考：

（1）销售A产品的单位毛利是多少？说明什么？

（2）销售A产品的利润总额是多少？

3. 某企业生产和销售甲产品。甲产品的单位变动成本为6元，变动成本率为40%，变动成本总额为84000元，共获利18000元。

思考：

（1）A产品的销售价格和销售量是多少？

（2）生产A产品的固定成本总额是多少？

（3）如果A产品预计销售量是13 500件，是否应安排该产品生产？为什么？

4. 某企业本月收入、费用资料如下：

（1）销售产品一批，售价60 000元，货款存入银行；（2）预付从本月开始的半年租金24 000元；（3）本月应计提短期借款利息4 000元；（4）收到上月销售应收的货款7 000元；（5）收到购货单位预付货款25 000元，下月交货；（6）计提本月设备折旧费32 000元；（7）销售产品一批，售价200 000元，货款尚未收到；（8）计提本月无形资产摊销1 300元。

要求：

请按照收付实现制和权责发生制，分别确定本月的收入和费用，并将其填在表格中。

单位：元

业务号	权责发生制		收付实现制	
	收入	费用	收入	费用
（1）				
（2）				
（3）				
（4）				
（5）				
（6）				
（7）				
（8）				

第二章

企业财务与财务运营

1996年，钟镇涛担保，章小蕙以短期借款1.54亿港元（借款利率为24%）购买了五处房产。该项投资的目的在于短期套利，寄希望1997年香港回归是重大利好，将导致香港房地产价格上涨。结果1997年金融危机爆发，楼市下跌，损失惨重。债权人没收了章小蕙的投资房产，但她仍无法偿清债务，所余本息滚至2.5亿港元。

2002年7月，法院判决钟镇涛破产。

这一结果说明什么？

启示一：追逐暴利、风险失控。一般而言，房地产投资不应大于家庭年收入的6～7倍，钟镇涛家庭年收入约1 000万港元，明显无法支持1.54亿港元的房地产投资。

启示二：投资流动性差的资产，变现能力不足。借款投资能产生财务杠杆利益，但也会产生财务风险，需要投资者进行准确判断。房地产投资流动性差，不能有效变现，因而不能作为“止亏”的保障。

启示三：浪费严重，财富不能积累。章小蕙每年仅购置服装就花费500万港元，消费奢侈。做房地产投资，追逐一本万利，风险极大。一般而言，家庭金融资产应大于家庭总资产的20%，资产负债比率应小于家庭总资产的50%，每月还贷额应小于收入的40%，同时留出3～12个月的生活费和还贷额。

其实，上述所有问题最终是财务和财务管理问题。

第一节　企业财务的本质

一、企业财务及其内容

1. 企业财务

在商品经济中，企业是以盈利为基本目的的生产单位，企业生产符合质量要求和市场需要的商品，是为了盈利（即价值增值）。因此，企业生产经营过程具有两重性：一是使用价值的生产和交换过程，以满足顾客需要；二是价值的形成和实现过程，以满足投资者需要。

在企业生产经营过程中，随着使用价值的生产和交换，物质的价值形态和价值量在不断变化，在由一种形态转化为另一种形态的同时，价值会发生转移和增减。显然，企业管理的目的在于通过优化使用价值的生产和交换过程，促使价值的顺利形成和实现价值的最大增值。

在价值的形成和实现过程中，资金的使用起到了无法替代的作用，就像人体内的血液一样，不可或缺。资金使用形成的资金运动，就是企业财务。企业资金运动从内容上看（即财务活动）包括：筹资、投资、运营、分配；从形式上看（即财务运营的基础）包括：资金流入、资金流出、现金结存。资金运动的内容和形式是企业财务的两个重要方面，构成对企业完整资金运动的理解和把握。

2. 企业财务的内容

在资金运动中，资金的获得和使用是按照资金筹集、资金投放、资金运营和收入分配依次展开的。

（1）资金筹集。无论是新设立的企业，还是业已经营的企业，获得必要数量的资金是正常开展经营活动的基础。因而必须解决钱从哪里来的问题，具体包括：资金来源的渠道和方式，资金来源的构成和比例等。

（2）资金投放。企业通过不同渠道和方式所获得的资金，必然通过投放去满足价值最大增值的需要，具体包括：投放的方向和规模，投放的经济可行性等。

（3）资金运营。企业通过投放形成不同种类、不同数量的资产，其结构、比例及使用会对价值增值产生不同的影响，最终影响损益。在这一过程中，生产要素的流转与停留、物质形态的改变、价值的损耗与转移，使得企业财务具有多样性和复杂性。

（4）收入分配。企业进行资金筹集、投放、运营，都是为了盈利，因而重新获得的货币应该大于投放的货币，产生价值增值。在这一过程中，对收入进行多层次分配，不仅涉及各利益相关方利益的满足，而且关系到企业资金的循环与周转，关系到企业生产经营的成败。

企业资金运动各个阶段及其相互关系如图 2-1 所示。

从图 2-1 可以看出，随着企业生产经营过程的不断进行，企业的资金也处在不断的运动之中：从货币资金形态开始，顺次通过购买、投资、生产、销售、分配等阶段，分别表现为固定资金、储备资金、未完工产品资金、产成品资金等不同形态，然后又回到货币资金形态。从货币资金开始，经过若干阶段，又回到货币资金形态的运动过程，叫作资金的循环；周而复始不断重复的资金循环，叫作资金运动。

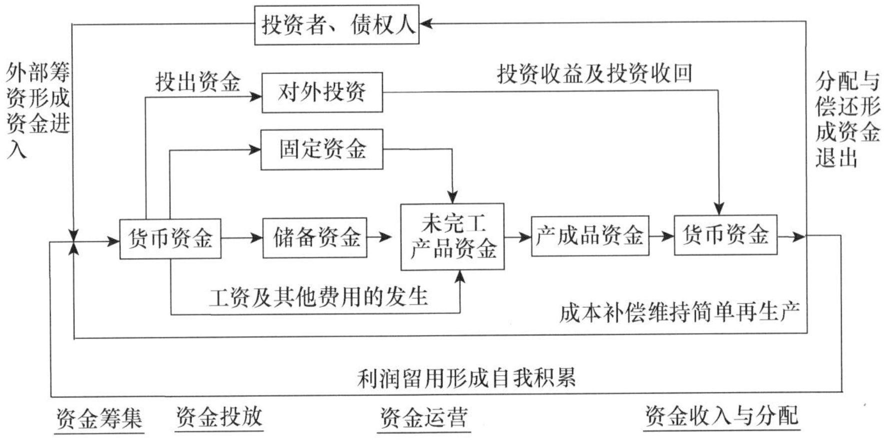

图2-1　企业资金运动的阶段及其相互关系

二、企业财务的形式

企业财务是通过一定的财务形式（即资金的流入、流出、结存）来实现的。

在价值转移和价值增值过程，生产要素的货币表现（即资金）固然很重要（其数量在某种意义上甚至成为企业成败的关键），但更重要的是资金运用的质量。而决定资金运用质量的是资金流动（包括资金的流入、流出、结存及资金形态的改变），只有流动的资金才能促使价值顺利形成和最大增值，而停止不动的资金（如库存积压的产品，仅从物资的货币表现讲是资金，但已失去增值的可能）不能促使价值顺利形成和增值。因此，如何运作资金的流入、流出、结存，关系到企业生产经营的成败。

（1）资金的流入。是指由于各种原因（如经营、投资、筹资），以各种方式（如销售商品、提供劳务、商业信用、银行借贷、发行股票），从各种渠道（如投资者、债权人）获得的增量资金。资金的流入往往是为了满足在不同状态下经营、投资、筹资的需要，反映企业经营的质量和水平。

（2）资金的流出。是指由于各种原因（如经营、投资、筹资），以各种形式（如购买材料或商品、接受劳务、支付员工薪酬、缴纳税金、对外投资、归还借款本金和利息等）减少的资金。资金的流出一般是为了满足经营的需要，在某些情况下是为了满足投资和筹资的需要。如果企业的资金流出是为了满足经营和投资的需要，将会对企业资金的流入产生相应（数量和期间）的要求。

（3）资金的结存。是指由于各种原因，以实物形式（如各类存货、固定资产、无形资产、对外投资等）和货币形式（如库存现金、银行存款等）存在于企业的资金。其中，货币形式的资金是一种安全性和流动性皆佳的资金，而实物形式资金的安全性和流动性并不相同：存货等流动资产的流动性强，而固定资产、无形资产的流动性弱；正常运用的各类存货流动性强、安全性好，而库存积压的存货流动性弱、安全性差。因此，库存积压的存货，其资金属性受到不同程度的损害，保值增值能力降低。

形象地说，企业的资金运动就像人体内的血液一样，有流入也有流出，但在任何一个时点上看，流入量一定等于流出量，略有结存。只有这样，企业的各项活动才能正常进行，企业的经营目标才能实现。

从现代财务观点看，资金是企业控制的、能够创造未来价值的各种资源的变现价值。因此，现金不等于资金，资产也不等于资金。从价值增值角度来讲，资金是资源价值的货币表现。从根本上讲，资金管理不仅强调其存量对企业价值增值的影响，而且强调其流动（包括流向、流量及时间三要素）对企业价值增值的影响。因此，企业的资金流动构成企业经济活动的一个独立方面，有自己的运动规律，这就是企业的财务活动。

第二节　企业财务活动

[案例思考 1]

苹果公司已故 CEO（首席执行官）史蒂夫·乔布斯（Steve Jobs）曾在公司股东大会上表示，与分红和回购股票相比，他更喜欢持有现金进行投资。乔布斯说，苹果希望进行“大胆的、投入巨额资金的”冒险。“当你尝试冒险时，那种感觉就像是跳在半空中，只有当你的双脚最终着地才能放下心来。我们之所以采用从财务角度来看是比较保守的企业运作模式，是因为人们永远无法预见下一个机遇何时才能到来。我们非常幸运，因为如果我们想要收购一样东西，可以直接写一张支票，而无须东拼西凑地借钱。”截至 2011 财年第三财季，苹果公司的现金储备达到了 762 亿美元，股价从 1997 年不到 5 美元，达到 2019 年 2 月 10 日的 105.67 美元，其间涨幅高达 20 多倍，这无疑是对股票持有者的最大回报。

思考：为什么说企业管理的重心是财务管理？应该如何进行财务管理？

一、筹资活动

企业筹资活动是指企业向外部有关单位或个人以及从企业内部筹措和集中生产经营所需资金的财务活动。筹集资金是企业资金运动的起点，是决定资金运动规模和生产经营发展程度的重要环节。通过一定的资金渠道，采取一定的筹资方式，组织资金的供应，满足企业生产经营活动的需要，是企业财务管理的一项重要内容。

从筹措资金的属性看，企业筹资有两大渠道：利用股权筹资获得自有资金；利用债权筹资获得借入资金。

自有资金是指投资者投入企业的资本金及经营中所形成的积累，它反映所有者在企业的权益（又称权益资金），在资产负债表所有者权益中列示为：实收资本（股本）、资本公积金、盈余公积金和未分配利润四大部分（如图2－2所示）。自有资金的筹资方式又称股权性筹资，主要有吸收直接投资、发行股票、企业内部积累等。自有资金的出资人拥有对企业的所有权，而企业则拥有出资人投资形成的全部法人财产权。

借入资金是指企业向银行、其他金融机构、其他企业单位等吸收的资金，它反映债权人的权益（又称债务资金），在资产负债表负债中列示为：流动负债和长期负债（如图2－2所示）。负债资金的筹资方式主要有银行借款、发行债券、融资租赁、商业信用等。负债资金的出资人是企业的债权人，对企业拥有债权，有权要求企业按期还本付息。

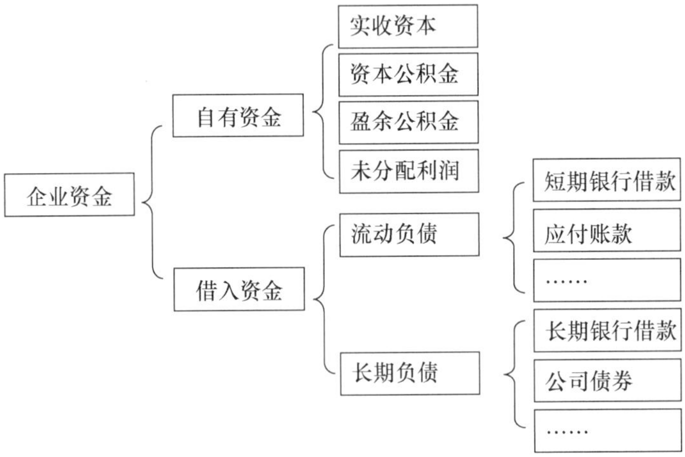

图2－2　企业资金的形成来源

二、投资活动

企业筹集的资金，经过投放形成经营资产。这种投放主要通过购买、建造、兼并等形式完成，形成生产经营所需的各种生产要素。

对内通过投资固定资产获得劳动手段，购进原材料、燃料等获得劳动对象，并雇用一定数量和质量的劳动者，形成经营性资产从而具备生产经营的基本条件。经营性资产在资产负债表中列示为：流动资产、固定资产和无形资产等（如图2－3所示）。

对外以现金、实物或无形资产等方式向其他单位投资，形成短期投资和长期投资，从而具备持续发展的能力。短期投资是指投资期间在一年以内的投资，其目的是短期谋利，往往是对暂时闲置资金的有效利用，要兼顾流动性和

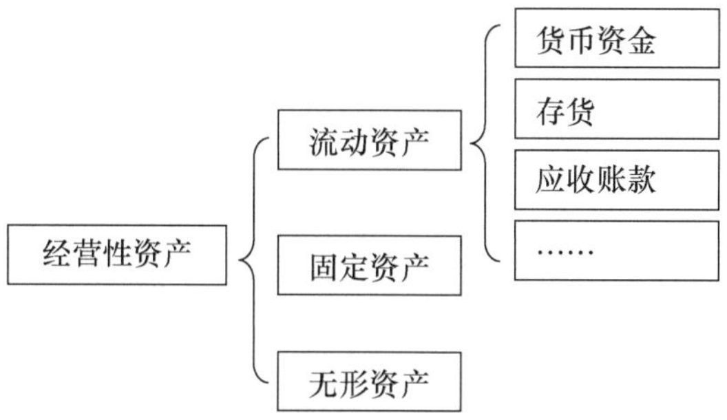

图 2-3　经营性资产的基本构成

收益性，因而利用证券进行投资是其最主要的投资形式。长期投资是为了实现企业经营多样化、扩大生产经营规模，或者是控制其他企业，是基于企业长远发展和长远利益所进行的投资。直接投资和证券投资是其最主要的投资形式。

企业资金无论投放在经营性资产上还是形成对外投资，其目的都是实现价值的最大增值。

三、运营活动

企业在投资过程中形成不同形态的资产，各种资产具有不同的功能，各类资产之间有适当的比例关系，资产运用效果高低决定着价值转移的质量和价值增值的大小。

资产运营最终表现为资金运营，这不仅是因为拥有资产并不意味着价值创造，更是因为各种资金形态的协调配合（包括各种资金形态的有序和顺利转换，如图 2-4 所示）关系到企业的生存和发展。任何资金形态的停顿都意味着资金运动的停止和对企业的损害，如果产成品资金不是由于批量原因而不断增加，往往意味着生产出来的产成品销售不出去，库存积压可能意味着将来会有更多减值发生；又如在企业规模没有发生变化的情况下，应收账款的增加往往意味着实现的销售收不回资金，资金的再循环就会受到影响甚至无法继续循环下去。

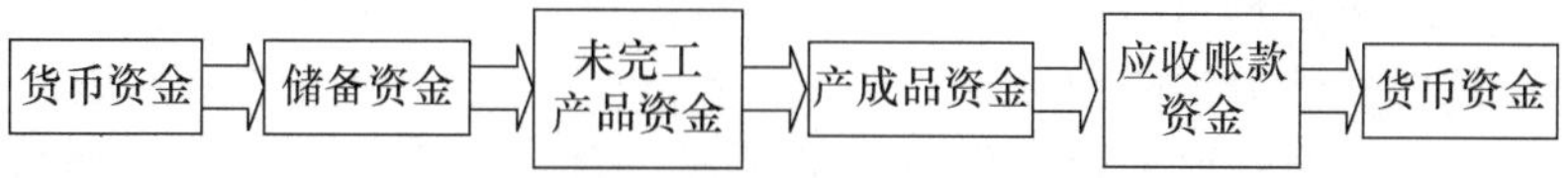

图 2-4　各种资金形态的有序和顺利转换

在生产者使用劳动手段对劳动对象进行加工，生产产品的同时，不仅资金形态在转换，也有各种资源的耗费（如材料费用、固定资产折旧、职工工资、动力费用和其他费用）。各种资源耗费的货币表现就是各计算对象的成本（如产品成本），成本是生产经营过程中的资金耗费。

例如，某企业投入货币资金 120 万元进行商业活动，其中 30 万元用于购买固定资产，使用期 10 年，按平均年限法计提折旧；本年度购进并销售甲商品 30 万元、乙商品 20 万元；支付员工工资甲商品 25 万元、乙商品 15 万元。如果不考虑固定资产折旧，则甲商品的直接成本是 55 万元，乙商品的直接成本是 35 万元；如果固定资产折旧按商品成本分摊，甲商品的总成本是 56.8 万元，乙商品的总成本是 36.2 万元。商品总成本由直接成本和间接成本构成（如图 2－5 所示）。

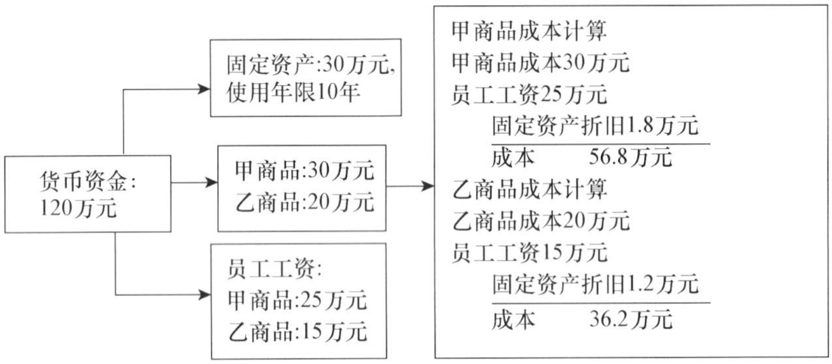

图 2－5　商品成本计算

资金的耗费过程同时也是价值转移和价值增值的过程，它不仅反映企业对各种资源的利用效率和效果，同时也是正确计算成本、足额补偿生产耗费的基础。正确进行资金耗费的管理是保证现金流动有效的基础环节，对企业利润水平高低有决定性影响。

四、分配活动

在销售过程中，企业将产品发送给购买者，并且按照约定价格取得销售收入。销售收入的取得，实现了产品的价值，不仅可以补偿产品成本，而且可以实现企业的利润，企业自有资金的数额随之增加。

因此，伴随销售收入实现取得资金收入是资金有效流动的关键，它不仅关系到资金耗费的有效补偿和再循环的进行，而且关系着投资效益的实现，从而成为资金分配的前提。

对企业所取得销售收入的分配，是一个满足各方需要的过程（如图 2－6 所示）。（1）收入减成本不仅仅是利润的计算过程，还体现了对产品生产过程中所耗费资源的足额补偿，以维持简单再生产；（2）利润减所得税不仅仅是税后利润的计算过程，也体现了企业对社会的责任；（3）税后利润的分配不仅要满足企业发展的需要（提取公积金用于扩大积累和弥补亏损），而且要满足投资者的不同需要。

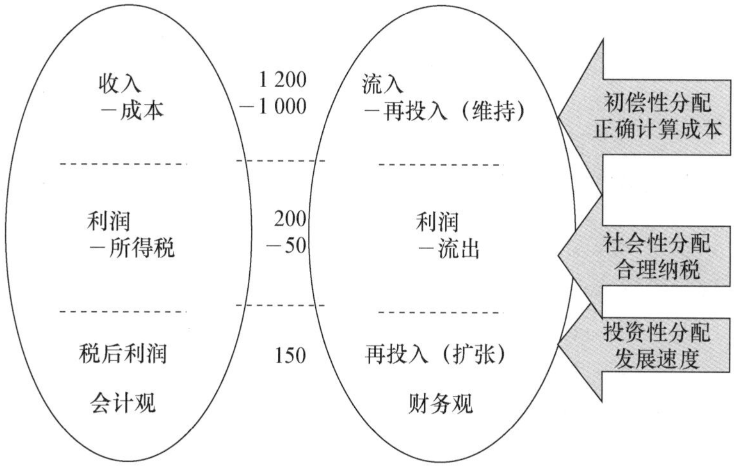

图 2-6　企业的分配过程

图 2-6 显示：财务会计反映经营活动和结果，更重视收入、成本、利润这些反映业绩的指标，而财务管理着眼于资金使用，更重视资金的流入、流出和净流量，因为这关系到企业的资金循环和生存、发展。

第三节　企业财务关系

[案例思考 2]

2015 年 12 月初，万科股价连续涨停；7 日，万科公布权益变动报告书，钜盛华及其一致行动人（即宝能系）成为第一大股东，持股占比 20%；11 日，钜盛华仍在不停地扫货，持有万科股份超过 22%；17 日，万科董事局主席王石高调发声，明确表态对宝能系不欢迎，理由是宝能系信用不够，会毁掉万科品牌的信用；18 日，宝能集团发表声明，称集团恪守法律，相信市场力量；18 日午间，万科称正在筹划股份发行，用于重大资产重组及收购资产，下午 13:00 起停牌；23 日，王石表示，对于此次股权争夺战，最希望看到的是多赢结局。王石希望在合法、合情、合理的基础上，照顾到多方利益。“只要符合广大股东利益，我和万科管理层不介意做出妥协。”他希望宝能系慎重考虑贸然改变万科文化和经营风格的风险，不希望出现因内斗而两败俱伤的结果。

值得注意的是，万科的“妥协”及“对话”，均建立在宝能系放弃改变管理层以及管理方式的基础上。王石表示，对于万科来说，最重要的价值是其企业文化。但是相较于万科一贯坚持稳健的经营风格，宝能系则偏向激进、高风险的文化，差异造成双方文化不相容。因此，王石希望宝能系只作为财务投资者，万科能延续目前的企业文化。

万宝股权博弈的焦点是清晰的，不管股权博弈的结果如何，各方都不愿看到万科的质地遭到系统性破坏，即不错的公司治理结构、优秀的管理团队和良好的企业文化。大家都在围绕这个焦点寻找妥协的机会，使万宝股权博弈成为合作博弈。对安邦保险等来说，最好的选择就是跟万科管理层站在一起，成为维持万科质地的一股力量，以保障自身财务投资的安全。而对广大中小股东来说，尽管宝能系的举牌给其带来了价差收益，但若万科的质地遭到破坏，账面的价差收益能否兑现将是一个严峻的问题。

当然，对万科管理层来说，赌赢万宝股权博弈并不意味着危机就可解除。要想真正解除危局，需要改变目前股权结构分散的局面，需要引入白衣骑士，有效推进重大资产重组，完善公司治理结构，平衡好资本与智本间的关系。

思考：万宝股权博弈的本质是什么？基于企业价值最大化的财务关系应如何安排?

企业在资金的筹集、投资、运营和分配过程中，与企业各方面发生广泛的经济联系。所谓财务关系，是指企业在资金运动中与各有关方面发生的经济关系。

一、企业的债权、债务关系

企业购买材料、销售产品，要与购销客户发生货款收支结算关系，由于延期收付款项要与有关单位发生商业信用关系——应收账款和应付账款。当企业资金不足或资金闲置时，要向银行借款、发行债券或购买其他单位债券。业务往来中的收支结算要及时收付款项，以免相互占用资金，一旦形成债权债务关系，债务人不仅要还本，而且要付息。企业与债权人、债务人、购销客户的关系，在性质上属于债权关系、合同义务关系。处理这种财务关系，必须按各方的权利和义务保障各方的权益。

二、企业的投资、被投资关系

企业从投资者那里筹集资金，进行生产经营活动，并将实现的利润按投资者的出资额进行分配。企业还可将自身的法人财产向其他单位投资，这些被投资单位即为受资者，受资者应向企业分配投资收益。企业与投资者、受资者的关系，在性质上属于所有权关系。处理这种财务关系，必须维护投资、受资各方的合法权益。

三、企业内部单位的关系

一般说来，企业各部门、各单位与企业财务部门都要发生领款、报销、代收、代付的收支结算关系。在实行内部经济核算制和经营责任制的条件下，企业各单位都有相对独立的资金定额或独立支配的费用限额，各部门、各单位之间提供产品和服务要进行计价结算。于是，在财务部门与各部门、各单位之间，各部门、各单位相互之间，就要发生资金结算关系，体现企业各部门、各单位之间的经济利益。处理这种财务关系，要严格分清有关各方的经济责任，以便发挥激励机制和约束机制的作用。

四、企业利益与员工利益的关系

企业向职工支付工资、津贴、奖金等，应该按照职工提供的劳动数量和质量进行分配。这种企业与职工之间的结算关系，体现的是职工个人和集体在劳动成果上的分配关系。处理这种财务关系，要贯彻按劳分配原则并正确执行有关的分配政策。

五、企业发展与社会责任的关系

企业应按照国家税法的规定缴纳各种税款，包括所得税、流转税和计入成本的其他税金。及时足额纳税是生产经营者对国家应尽的义务，企业必须认真履行此项义务。企业与税务机关之间的财务关系反映的是依法纳税和依法征税的税收权利义务关系。

综上所述，财务管理是对企业财务活动的管理，是组织财务活动、处理企业与各有关方面经济关系的一项经济管理工作。

第四节 企业资金运动的规律

企业资金运动中各种经济现象之间存在着互相依存、互相转化、互相制约的关系，这种资金运动内部的必然联系，就是企业资金流动的规律。

一、资金形态并存与继起

资金循环是各种资金形态的统一，也是各种资金形态各自循环的统一。资金不仅要在空间上同时并存于货币资金、固定资金、储备资金、未完工产品资金、产成品资金等资金形态上，而且在时间上要求各种资金形态相继地通过各自的循环。只有把企业的资金按一定比例分割为若干部分，分别采取不同的资金形态，而每一种资金形态必须依次通过循环的各个阶段，资金运动才能连续不间断地进行。如果全部资金都处在固定资金、储备资金和未完工产品资金上，流通过程就会中断；如果全部资金都处在货币资金、产成品资金上，生产过程就会中断。资金的任何一部分在循环的某一阶段发生停顿，都会使整个资金循环产生障碍。保证各种资金形态的合理配置和资金周转畅通无阻，是生产经营活动顺利进行的必要条件。

企业资金的并存性和继起性是辩证统一的关系。一方面，资金每一部分的相继转化以资金各个部分并列存在为前提，没有资金的合理配置，没有资金各个部分同时采取不同形态，就谈不上资金每一部分的相继转化。另一方面，并列存在本身又是相继转化的结果，相继转化一旦停滞，并列存在就会遭到破坏。可见，资金的并存性和继起性是互为条件、互相制约的，继起性是企业资金循环连续进行的关键。只有企业资金的每一部分连续不断地完成各自的循环，企业资金总的运动过程才能顺利实现。

二、资金流入与流出的动态平衡

［案例思考3］

某公司刚成立半年就接了一个国内知名企业价值百万元的订单。客户接受了预付款30%，其余70%在活动结束后2个月内付清的付款条件。

生产活动轰轰烈烈地开始了，公司财务却陷入了危机。原因是生产活动的费用支出高达合同金额的70%，而客户只先付30%，这意味着有40%的费用要公司自己垫付。

这40%就是40万元。40万元对于一个刚刚成立的小公司来讲是很大一笔钱。几位公司股东把自己的房子抵押了，获得了贷款，解决了危机。

思考：企业只要生产就会盈利吗？本案例给你哪些启示？

企业取得销售收入，意味着一次资金循环的终结，而企业发生财务支出，则意味着另一次资金循环的开始，所以资金的收支是资金周转的纽带。要保证资金周转顺利进行，就要求资金收支不仅在数量上而且在时间上实现协调平衡。收不抵支将会导致资金周转的中断或停滞；全月收支总额虽然平衡，但支出大部分发生在先、收入大部分形成在后，也会妨碍资金的顺利周转。资金收支在每一时点上的平衡，是资金循环得以周而复始的条件。

资金收支的平衡，归根到底取决于购产销活动的平衡。在购买生产资料时，应该从实际情况出发，使生产资料与劳动力相适应，比例恰当，各种生产资料之间配套，防止盲目采购造成资金支出超过生产需要和财力可能。在生产阶段，企业必须不断采用新的科学技术，改进生产工艺流程，搞好劳动组织，节约原材料和能源的消耗，力求用较少的劳动消耗取得较多的生产成果，增加积累，防止亏损。企业还必须迅速通过销售实现货币收入，完成一次资金循环。所以，企业既要搞好生产过程的组织管理工作，又要抓好生产资料的采购和产品的销售，要购、产、销一起抓，克服片面性。只有使企业的购、产、销三个环节互相衔接、保持平衡，坚持生产和流通的统一，企业资金的周转才能正常进行，才能取得应有的经济效益。资金收支主要通过购买和销售两个环节来实现，资金收支的平衡以购、产、销活动的平衡为基础，组织好资金收支的平衡反过来又能促进购、产、销活动的平衡。

三、资金收入与资金补偿的循环周转

企业经济活动的多样性决定了企业会有多种性质不同的资金支出。为了合理安排生产经营活动、正确评价经营成果，进行财务管理要分清各种不同性质的资金支出。

企业生产经营活动中存在各种资金支出，而且还可能发生各种资金损失。各种资金支出按其效益作用期间分为资本性支出和收益性支出。资本性支出的效益延及若干会计年度，通常要形成长期资产；收益性支出的效益仅及本会计年度，通常形成营业费用或流动资产，最终计入当期损益。

各种性质的资金支出用途不同，效果也不同；各种性质的资金收入来源不同，使用去向不同，这不以人的意志为转移。我们应该深刻地认识各种资金支出和资金损失的性质，并将它们与有关的资金收入加以匹配。只有这样，才能合理地安排资金来源（如资本性支出一般不宜用短期资金来源来解决），有效地控制资金支出（如收益性支出要受到目标利润的约束），正确地考核经营成果。这对编制企业预算、评价企业财务状况、进行经营决策是十分必要的。

四、资金运动与物资运动的一致与背离

资金运动和物资运动是在企业生产经营过程中同时存在的经济现象，而资金运动作为物资价值的运动同物资实物形态的运动又是可以分离的，资金运动对于物资运动具有一定的独立性。它们之间既相一致又相背离。

资金运动与物资运动的一致性表现在两个方面：（1）企业的物资运动是资金运动的基础，物资运动决定资金运动。资金是企业再生产过程中物资价值的货币表现，企业的资金运动经常伴随着物资运动。有物资才有资金，物资运动状况的好坏决定着资金运动状况的好坏。只有购、产、销等活动正常进行，才能保证资金运动畅通无阻。（2）资金运动是物资运动的反映，并对物资运动起着控制和调节的作用。人们可以通过资金在不同阶段运动畅通与否，来了解购、产、销等活动组织得如何，据以采取措施，合理组织资金运动，促使物资得到充分有效的利用，提高生产经营的经济效益。

资金运动同物资运动互相一致的关系，体现了企业再生产过程的实物形态方面和价值形态方面本质的、必然的联系。组织企业财务活动，既要着眼于物资运动，以保证购、产、销活动顺利进行，又要自觉地利用资金运动的反作用

来促进生产经营的改善。

资金运动同物资运动的背离，表现在这两种形态的运动在时间上和数量上有时是不一致的。

（1）由于结算形成两者在时间上的背离。货物运出而未收回货款，材料购进而未支付货款，就是物资运动在前，资金运动在后。预收货款、预付费用则反之。随着双方货款的结算，这两种运动会一致起来，但这种情况对结算双方的财务状况都会有一定影响。

（2）由于物资损耗形成两者在数量上的背离。固定资产发生磨损以后，其价值逐渐转移，但在一定时期内实物仍然存在，并保持原有的使用价值。有的物资因腐朽失效而贬值，其实物虽然存在，但价值已经部分或全部失去。这样就产生了资金运动和物资运动的不一致。随着固定资产的更新、失效物资的报废，两者归根到底要一致起来。这种背离对企业资金的运用有重要的影响。

（3）由于生产经营形成两者在数量上的背离。生产某种产品，由于质量达到既定要求或者有所提高，销售时按优质品计价，所实现的价值量就会增加；或者由于消耗减少，收支相抵后可以获得较多的价值量。在这种情况下，价值量的增加超过实物量的增加，即增产增收。在相反的情况下，价值量的增加可能少于实物量的增加，即增产少增收，甚至增产不增收。这是由于生产经营的经济效益不同而造成的。在生产经营活动中价值量和使用价值量的变动趋势可能不一致，说明企业再生产过程在价值方面具有一定的独立性。管理者应该利用企业再生产过程实物方面和价值方面的背离，合理地组织资金运动，促进生产的发展，争取用尽量少的价值创造出尽量多的使用价值，为社会增加财富。

五、企业资金同社会总资金的依存关系

社会总资金是全社会个别资金的总和。它主要包括企业经营资金、金融资金、财政资金。个别资金是独立运行的，个别资金运动之间通过流通过程和分配过程发生联系。全社会所有的个别资金通过流通过程和分配过程的媒介，联结成统一的社会总资金运动。

企业资金运动是社会总资金运动的基础。国家预算的收入主要来自企业上缴的税金和国有企业的利润；国家支出的安排主要用于对企业的投资。企业存入银行的闲置资金是银行金融资金的重要来源；银行贷款的对象主要是企业，银行贷款也是企业借入资金的主要来源。可见，企业资金运动的状况和成果，对于财政资金和金融资金的形成、分配和使用起着决定性的作用。社会资金运动的规模和结构，反过来又制约企业经营资金运动的规模和结构。财政、金融资金增长能为企业经营资金增长提供条件，财政、金融资金分配用于新

建、扩建固定资产和增加流动资金的比例，直接影响着企业固定资金和流动资金的结构变动。

个别企业的资金运动之间也存在广泛的联系。这里既有因购销业务而发生的资金结算业务，还有因资金短期需要而发生的资金融通活动，此外，还有因企业相互之间持股而产生的投资活动。随着商品经济的发展，资金的横向流动将越来越频繁。这样，社会个别资金的运动就结成纵横交错的网络体系。

企业资金运动同社会总资金运动的依存关系，要求企业全面估量各方面的资金来源渠道，经济有效地筹集资金，合理地决定资金投向，提高资金使用效益。在企业同各方面发生的资金往来活动（如缴拨款项、存贷款项、资金结算、投资分利等）中，遵守财政、信贷、结算等制度，保证社会总资金有条不紊地正常运转。

思考题

1. 为什么说资金对企业如同血液对人一样重要？资金管理的重点是什么？

2. 如何从循环过程和周转角度理解和把握财务管理的内容和方法？

3. 财务关系为什么成为财务管理的重要内容？你认为中国企业目前最迫切需要解决的财务关系是什么？

4. 有人说乐视危机是对资金运动规律的破坏，你怎么看？

5. 资金运动与物资运动的一致和背离对企业经营有什么影响，如何用其利而避其弊？

6. 有人说，既然占用别人的资金对企业有利，那就应该尽量多占用别人的资金，你怎么看？

计算题

1. 某公司理想的资金结构为自有资金（即所有者权益）占 60%，借入资金（即负债）占 40%。该企业本年度资金占用量为 800 万元，下年度计划固定资产投资 120 万元，相应配套资金 80 万元。

思考：

（1）如果本年度税后净利润为 100 万元，本年度不进行利润分配，下年度需对外筹资多少？

（2）按理想资金结构的要求，下年度计划对外筹资额中有多少应该通过借款方式解决？

2. 某一企业面临决策：甲项目投资报酬率为15%，投资者投入资金100万元，要求的报酬率为18%。

思考：

（1）计算甲项目的净报酬率，并判断该项目是否可实施。

（2）财务上怎么做才能使甲项目赚钱？

3. 本章案例思考3中的公司于2016年3月15日接了一个国内知名企业价值100万元的订单。采取预付款30%，其余70%在活动结束后60天内付清的付款条件。该订单的销售成本率为70%，生产周期为60天，材料成本在生产开始时一次投入（约占成本的20%），其余生产费用每日均衡发生。

思考：

（1）该项活动将在什么时间出现资金枯竭情况？

（2）如果该公司理想的资产负债率为55%，如何安排资金才能满足生产需要？

（3）如果所有者投入的资金优先安排使用，银行借款期应该多长才能满足周转需要？

第三章

财务管理的目标、原则和方法

在一次记者招待会上，一位外国记者问西门子公司总裁彼得·冯·西门子：“为什么只有8 000万人口的德国会有2 300多个世界名牌?”他回答：“这靠的是我们德国人的工作态度，是对每个生产技术细节的重视，我们德国的企业员工承担着生产一流产品、提供良好售后服务的义务。”

那位记者反问他：“企业的最终目标不是实现利润最大化吗？管它什么义务呢?”西门子总裁回答道：“不，那是英美的经济学，我们德国人有自己的经济学。我们德国人的经济学就追求两点：第一，生产过程的和谐与安全；第二，高科技产品的实用性。这才是企业生产的灵魂，而不是什么利润最大化。企业运作不仅仅是为了经济利益，事实上，遵守企业道德、精益求精制造产品，更是我们德国企业与生俱来的天职和义务!”

德国企业追求利润，但只要能保证基本利润，有钱可赚，并不会贪得无厌、无休止地追求利润，而是会考虑更长远的可持续发展问题。因此，德国人宁愿“在保证基本利润的同时，让部分利润转化成更高质量的产品和更加完善的服务”。

第一节　企业的目标

企业作为商品经济社会的基本单位一定要符合商品经济的基本要求：生产商品是为了价值增值（以利润为基本代表），而使用价值的生产和交换只是实现价值增值的手段。企业的目标是：盈利、发展和社会责任。

一、盈利

盈利是一个企业作为商品生产单位的最基本也是最重要的目标，因为：

（1）盈利是所得大于所费的结果，是补偿经营耗费、维持简单再生产的保证，是扩大再生产的保证。

（2）盈利是满足投资者对回报要求的基础，从而引导资金流入效益好的企业，流出效益差的企业，达到社会资源的优化配置。

（3）盈利是满足各利益方需求的保障。

A企业2019年实现销售收入2 500万元，直接成本1 500万元，固定资产折旧600万元，适用所得税税率25%，则A企业实现了经营的基本目标——盈利，并且达到以下目的（如图3-1所示）。

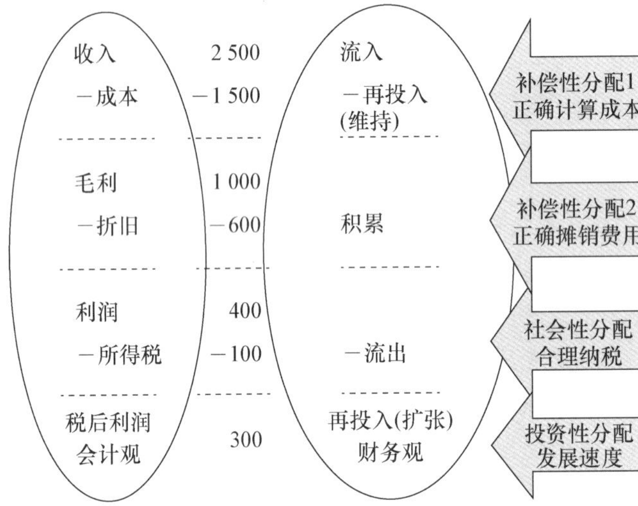

图3-1　盈利的贡献

从图3-1可以看出会计计量的结果：企业实现盈利400万元，投资者获得净利润300万元。财务运营资金的结果：首先，通过盈利补偿了生产经营过程所消耗的资源，保障简单再生产顺利进行；其次，通过税收更好地满足社会性需求，维持社会各方面的正常运行；最后，通过对税后利润的分配，协调了积累与消费、当前与长远、企业与员工等各种关系。

二、发展

在竞争愈演愈烈的社会，发展是一个企业生存的基础，因为：

（1）发展是资本追求利益最大化的内在动力。2003年，微软宣布，自1986年在纳斯达克上市以来，将第一次向股东支付每股16美分的红利。微软过去一直将利润进行再投资，从未向股东发放现金红利。如果1986年投入微软10 000美元，那么到2003年该投资将变成223万美元。自2003年起，微软开始向股东派息和回购股票，其股价却开始原地踏步，甚至轻微落后于指数。有分析认为，2003年之前不分红使微软有充足资金保证每年30%以上的高增长，一旦企业不能证明有能力通过投资为其股东创造超常价值，那么将累积的现金分红，让股东寻找投资机会反而是负责任的做法。2019年7月18日，微软公布了截至6月30日的2019财年第四财季财报，以及2019财年的全年财报。微软的股价在盘后交易中上涨了2.99%，一度达到140.10美元，微软的市值为1.05万亿美元。

（2）发展是提高效率和效果的必由之路。在经济生活中，人们常提的规模经济或规模效益，实质上来源于效率和效果。例如甲产品销售单价1 200元，单位变动成本900元，固定成本5 000元。甲产品的盈利首先取决于单位毛利（1 200－900＝300）的存在，然后取决于销售数量（保本点：17＝5 000/300）。随着销售数量的增加，产生了杠杆放大作用：利润增长快于销售数量的增长（如图3－2所示）。由发展产生的规模经济或规模效益使得企业能够在竞争激烈的环境中保护自己。

销售数量：	20件	销售数量：	40件	销售数量：	+100%
销售收入	24 000元	销售收入	48 000元	销售收入	
销售成本	18 000元	销售成本	36 000元	销售成本	
销售毛利	6 000元	销售毛利	12 000元	销售毛利	+100%
固定成本	5 000元	固定成本	5 000元	固定成本	
利润	1 000元	利润	7 000元	利润	+600%

图3－2　杠杆作用与规模效益

（3）发展是应对和排除竞争挑战的条件。根据科技博客Apple Insider的报道，2015年第三季度，苹果在全球智能手机行业的利润份额达到94%，比2014年同期的85%增长了9个百分点。报告显示，尽管苹果智能手机出货量居第二位，但其智能手机的利润份额却更有优势。三星为最大的Android厂商，第三季度占智能手机利润的11%。苹果和三星两者加起来的利润超过了100%，这说明其他手机厂商未获利或者处于亏损状态。有分析师认为，HTC、黑莓、索尼和联想出现亏损的原因是没有参与400美元以上高端智能手机市场的争夺。尽管苹果第三季度智能手机出货量仅为4 800万部，市场份额14.5%，但是其利润却有很大的优势，而三星第三季度智能手机出货量预估为8 100万部，份额为24.5%。苹果第三季度平均销售价格是670美元，营业利润率为37%。

三、社会责任

［案例思考1］

四川汶川大地震发生后，众多企业在第一时间承担起社会责任，投入到抗震救灾当中。根据2008年5月22日的不完全统计，国内企业的累计捐赠已达到160.09亿元人民币。一项动态民间统计数据显示，个人捐款在1 000万～3 000万元的有20人左右，其中绝大部分来自企业界。企业的社会责任感以前所未有的透明方式展现在合作伙伴、员工、消费者、投资者等利益相关者面前。对于更多的利益相关者而言，捐赠行为已经成为他们评判企业是否乐于履行社会责任的重要标准。

思考：什么是企业的社会责任？捐款与否以及捐款金额的多少是衡量企业社会责任的全部内容吗？

企业作为商品社会最基本的生产单位，实际上已成为各方经济利益寄托的焦点。从股东角度看来，财富最大化当然是其目标，他们不仅追求增加当期税后利润额和提升净资产报酬率，而且谋求股东累积财富（即股东权益）的最大化；从债权人角度看，企业的目标应该是息税前利润最大化以及合理的负债结构，这样才能形成对债权的有力保障；从员工角度看，企业在发展中应该满足其薪酬和福利的增长需要；从社会角度看，企业应在不断满足社会对物质文化需要的前提下，满足就业、税收、环境等目标。

各利益方虽然有不同的利益诉求，但都希望企业能够健康、持续发展，这样各方都能从企业发展中获得最多的经济利益。因此，企业的健康持续发展是相关利益主体不同利益诉求折中和协调的结果，更是企业价值不断增长的根本表现。

企业的健康持续发展包含以下内容：(1) 为股东提供必要的回报；(2) 按时足额缴纳税金，以满足社会公平、公正的需要；(3) 关心客户的利益，在新产品的研制和开发上维持较高投入，不断推出新产品来满足客户要求；(4) 关心员工利益，创造安全、优美的工作环境和良好的企业文化氛围；(5) 维护企业信用，保持对债权人的按期偿付；(6) 关心社区建设，注重社会贡献。

第二节 财务管理的目标

财务管理目标是企业进行财务活动所要达到的根本目的，也是企业目标在财务管理中的体现。当企业目标总结为盈利、发展和社会责任时，就一定要通过财务管理目标来实现。

财务管理目标从利润最大化到股东财富最大化，再到企业价值最大化，是一个发展的过程。

一、利润最大化

利润最大化目标是指企业通过经营管理谋求一定期间利润总额的最大化。

将利润最大化作为企业财务管理的目标，是以微观经济学为理论基础的。微观经济学认为，生产者的行为或企业的行为是利己的，生产产品是为了追求利润。而追求利润最大化，必然会千方百计地增加销售收入，以最低成本的生产要素组合来进行产品生产和销售，这样才能保证在激烈的市场竞争中生存与发展。因此，将利润最大化作为财务管理目标符合市场经济的要求。

将利润最大化作为财务管理目标的优点是：(1) 体现企业的本质，反映企业以盈利为基本目的。(2) 体现实现了的价值（卖出去才会有收入、成本、利润），比产值更有效地反映企业对社会需求的满足。(3) 反映所得大于所费的结果：利润额是企业在一定期间经营收入和经营费用的差额，反映了当期经营活动中投入（所费）与产出（所得）对比的结果，体现了企业经济效益的高低。企业追求利润最大化，就必须加强管理，改进技术，提高劳动生产率，降低产品成本，这一切都有利于资源的合理配置和使用。(4) 利润是增加投资者收益、提高员工劳动报酬的来源，也是企业补充资本积累、扩大经营规模的源泉。(5) 利润总额直观、明确，容易计算，便于分解、落实。

将利润最大化作为财务管理目标的缺点是：(1) 高风险、高收益，片面强调利润最大化可能使企业忽略对风险的控制，从而导致企业的损害。(2) 利润是一个绝对数指标，只能说明利润实现的情况，而无法反映其质量高低及形成原因。例如，无法反映利润额同投入资本额的关系，因而不能科学地说明企业经济效益水平的高低，不便于在不同时期、不同企业之间进行比较。(3) 利润最大化没有考虑实现利润的时间，因而可能会忽视资金时间价值，导致无法做出科学的决策。(4) 如果片面强调利润的增加，有可能诱使企业为追求账面利益而粉饰业绩。例如，在利润指标无法完成时，通过签烂单（即允许信用等级差的客户赊购）来实现利润。

[案例思考 2]

据《21 世纪经济报道》记者统计，截至 2019 年 1 月 11 日晚间，共计 1 309 家上市公司披露了 2018 年业绩预告。其中，有 61 家上市公司提示了商誉减值风险，中小创上市公司占比高达 85%。前几年疯狂并购累积的巨额商誉，令很多上市公司站在十字路口：生还是死？如何生成为难题，不少上市公司经历巨额减值后，徘徊在退市边缘。1.45 万亿元商誉横亘在资本市场上，如鲠在喉。“今年一季度，商誉无疑是市场最大的雷。过去几年是并购高峰，2018 年是承诺集中到期的一年。去年的宏观环境、金融环境、政策变化等多种因素叠加，使得一些行业比如环保、PPP、光伏、汽车、游戏、影视等受影响较大，再加上供给侧结构性改革下，一些行业的原料成本高企，导致承诺难以兑现。”有关人士对《21 世纪经济报道》记者表示。很多上市公司的并购标的尽管完成了三年业绩承诺，但是承诺一到期，业绩就大幅滑坡甚至亏损，这种情况下只能计提减值，不仅蚕食利润，也成为资产黑洞。

思考：大量商誉减值的原因是什么？应该如何确定商誉？上市公司可以通过哪些方法和手段来改善业绩？

二、股东财富最大化

现代企业建立在委托代理关系基础之上，由于资本所有权和控制权相分离，投资者（股东）作为委托人拥有剩余索取权，而经营者应最大限度地为股东或委托人谋求利益。因而投资者追求的目标是资本的增值和资本收益的最大化，即股东财富最大化。

那么，股东财富最大化用什么指标来衡量呢？

20世纪80年代，西方财务理论界提出股东财富最大化目标以其拥有的股票数量和股票市场价格两方面来衡量：在股票数量一定时，当股票市价最高时，股东财富也就达到最大，因此，股东财富最大化又演变为股票市价最大化。

股东财富最大化的衡量指标主要有以下三种：股票市价、每股盈余、每股净资产。

1. 股票市价

在股份制企业中，投资者持有公司的股票而成为股东。许多人认为，股票市价的高低体现投资者对公司价值所做的客观评价；股票市价反映资本和利润之间的关系；股票市价受预期每股盈余的影响，反映每股盈余的大小和取得的时间；股票市价受企业风险大小的影响，反映每股盈余的风险。所以，人们往往用股票市价来衡量股东财富。

将股票市价最大化作为财务管理目标的优点在于：（1）考虑了资金时间价值；（2）考虑了风险因素的影响；（3）克服了盲目追求利润的短期行为倾向。

2. 每股盈余

每股盈余（EPS）是指税后利润与股本总数的比率，它综合反映公司的获利能力：该比率越高，表明公司创造的利润越多。

如果说股票市价在反映企业目前业绩的基础上主要反映的是投资者对企业发展的预期，那么每股盈余反映的是企业目前的业绩水平。因此，在一个非理性的市场环境中，每股盈余比股票市价更能体现会计的计量属性，更具有客观性和科学性。

3. 每股净资产

每股净资产是指股东权益与股本总额的比率，反映每股普通股票所拥有的资产价值。每股净资产越高，股东拥有的资产价值就越多；每股净资产越低，股东拥有的资产价值就越少。

每股净资产和每股盈余一样，都是反映企业目前业绩水平的指标，但每股盈余反映企业目前的盈利水平，而每股净资产则反映企业到目前为止股东财富的累积水平。作为股东，既在乎每股盈余的多少，也在意每股净资产的多少。

虽然上述指标各有优点，但也有一定的局限性：(1) 无论是在我国还是在西方国家，上市公司在全部企业中只占很少一部分，大量的非上市企业无法采用这一目标。(2) 即使对上市公司来说，股票市价也会受到诸多因素的影响，股票价格并不总能反映企业的经营业绩，也难以准确体现股东财富。(3) 只强调股东的利益，对企业其他利益相关者的利益重视不够。

[案例思考 3]

雷曼兄弟自 1984 年上市以来，公司的所有权和经营权实现了分离，在公司中形成了股东（所有者）与职业经理人（经营者）。股东委托职业经理人代为经营企业，其财务管理目标是实现股东财富最大化，并通过财务报表获取相关信息，了解受托者的受托责任履行情况以及财务管理目标的实现程度。上市之后的雷曼兄弟公司实现了 14 年连续盈利和 10 年间高达 1 103%的股东回报率。然而，现代企业是多种契约关系的集合体，不仅包括股东，还包括债权人、经理层、职工、顾客、政府等利益主体。股东财富最大化片面强调股东利益的至上性，忽视了其他利益相关者的利益，导致雷曼兄弟公司内部各利益主体的矛盾冲突频繁爆发，公司员工的工作积极性不高，虽然员工持股比例高达 37%，但主人翁意识淡薄。另外，股东财富最大化目标导致公司过多关注股东利益，而忽视了一些公司应该承担的社会责任，加剧了其与社会之间的矛盾，这也是雷曼兄弟破产的原因之一。

思考：从根本上讲，企业经营应满足投资者的预期报酬要求，否则无法在社会层面优化配置资源。股东财富最大化应通过什么方式合理实现？

三、企业价值最大化

何为企业价值？一些学者认为："公司价值是指公司全部资产的市场价值（股票与负债市场价值之和）。"① "通俗地说，企业价值是指企业本身值多少钱。……在评价企业时，看重的不是企业已经获得的利润，而是企业潜在的获利能力。"② 于是，人们一般认为企业价值应当是企业资产负债表左方的资产价值。

以上对企业价值的定义虽然各有道理，但存在现实可操作性的问题。实际上还可以从其他角度去解释企业价值，如顾客价值、股东价值等，仔细分析就会发现顾客价值往往是实现企业价值的手段，股东价值则是实现顾客价值的目的，而这一切都依赖于企业这个载体实现可持续发展，这才是企业价值的真正

① 夏乐书，刘淑莲．公司理财学．北京：中国财政经济出版社，1998.

② 全国会计专业技术资格考试领导小组办公室．财务管理．北京：中国财政经济出版社，1998.

所在（见图3-3）！

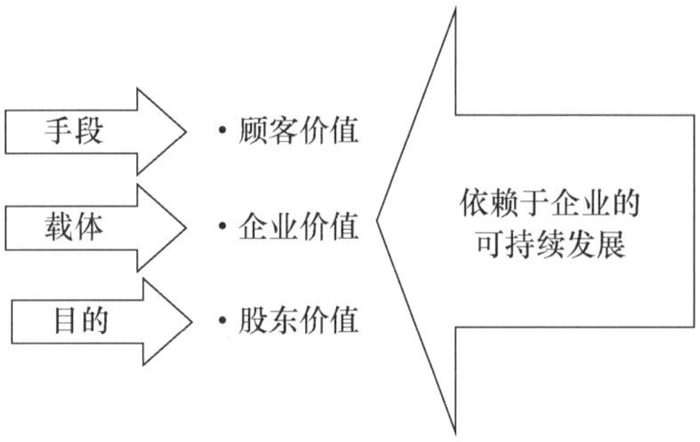

图3-3　企业价值关系图

因此，一方面，要培养企业可持续发展的能力，即持续不断的研发能力（基于市场需求的新技术、新产品）、持续不断的营销能力（品牌营销、产品营销）、持续不断的降低成本能力（正确的成本观和方法）、持续不断的提升人员素质能力（学习与成长）；另一方面，要有优良的经营成果，如利润、现金流量、经济增加值（EVA）等。

（1）在企业价值最大化的实施过程中，坚持利润导向的原因是：1）利润是企业作为营利组织存在的本质要求，相反，亏损将导致企业失败；2）利润是所得大于所费的结果，作为结果指标一定会被考核；3）把简单考核利润转变为考核利润形成过程中的影响因素，有利于科学地考核责任和有针对性地进行管理。例如，我们很难说明2005年上半年中石化利润比2004年上半年增长200%是好还是坏，因为这时的利润仅仅是一个结果。虽然结果能大致反映经营的好坏，但不能说明产生结果的原因。由于利润等于收入减成本、费用，而收入又可以分解为数量乘价格，在多品种生产的企业中，产品数量隐含品种结构。于是，利润形成过程中的影响因素可以归纳为：数量、品种结构、价格、成本和费用，其中，数量、品种结构、价格体现企业对市场的理解和掌握，成本和费用表明企业对资源的利用。这种对利润的展开分析显然有利于正确评价利润并有针对性地进行管理。

（2）在企业价值最大化的实施过程中，辅助考核现金流量是为了解答以下疑问：取得收入一定有钱可用吗（应收账款实现收入但没钱可用）？实现了利润必然增加公司价值吗（第一章已经做了说明）？发生成本一定导致可用资金减少吗（计提固定资产折旧虽然会增加成本，但作为非付现成本却没有在计提期间减少可用资金）？也就是说，考核现金流量解决了利润的质量问题并为基于现金流动的财务管理服务。

（3）在企业价值最大化的实施过程中，辅助考核经济增加值（EVA）。EVA是调整后的税后净营业利润（NOPAT）扣除企业全部资本经济价值的机会成本后的余额，反映经营活动的增加价值（即超过正常利润的额外利润）。

假设甲公司的总资本是 5 000 万元，综合资本成本率（这是从资本使用者角度讲的，如果从资本提供者角度看，就是资本的综合收益率）是 12%，税后净营业利润为 1 000 万元，则该公司的资本费用等于 5 000 万元乘以 12%，为 600 万元，于是在税后净营业利润 1 000 万元中扣除 600 万元的资本费用，就得到 EVA 为 400 万元。说明甲公司在实现正常利润 600 万元的基础上获得了额外利润 400 万元。可见，考核 EVA 是因为：1）EVA 度量的是资本利润，而不是通常的企业利润。只有净利润高于资本的社会平均利润，资本才能增值，因而 EVA 关注资本投入的规模、时间、投入成本和投资风险等重要因素。2）EVA 度量的是资本的社会平均利润，而不是个别利润。由于不同投资者在不同环境下对资本有不同的获利要求，因而其最低收益要求应符合某一行业社会平均的收益要求，体现了企业对所有投资的平等性。3）EVA 度量的是资本的超额收益，而不是利润总额。为了留住逐利的资本，企业的盈利率不应低于相同风险的其他企业一般能够达到的水平，这个“最低限度的可以接受的利润”就是资本的正常利润。EVA 度量的正是高出正常利润的那部分利润，而不是通常的利润总额。这反映了资本追逐超额收益的天性。4）影响 EVA 的因素更能体现管理的本质属性。企业可以通过增加税后净营业利润、减少资本占用或者降低加权平均资本成本率寻找价值创造（使 EVA 增加）的有效途径。

对财务管理目标的各主要观点进行分析后不难发现：从实用性方面考虑，坚持利润导向、辅以考核现金流量和 EVA，能够更好地体现企业价值最大化的要求，并可靠地进行计量和管理。

第三节　财务管理的目标实现与协调

一、财务管理目标与财务管理工作的协调

企业价值最大化在战略层面上表现为实现企业的可持续发展，但这一目标必须在财务运营层面落实下去，在筹资、投资、运营、分配过程中按照一定的原则，采取适当的方法才能实现（如图 3-4 所示）。

从图 3-4 可以看出：价值最大化目标是在四大财务活动中遵循不同的原则、通过不同的方法予以落实的。

在投资管理中，只有当投资收益率达到或超过企业要求达到的最低可接受收益率（根据资本成本、风险程度、预期收益等确定）水平时，该项目才可能被采用。在决策过程中，还应注意：(1) 风险与收益同增，因而项目最低可接受收益率越高，风险越大。(2) 收益经时间加权，以现金流量为基础，反映附带成本和附带收益。如在预收货款的情况下，由于钱先收到而货未付出，将产

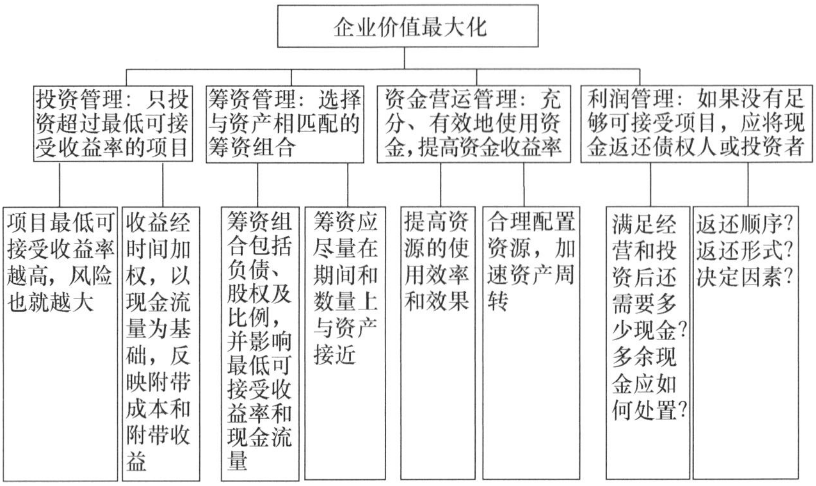

图3-4　价值最大化目标的实现过程及要求

生附带收益；而在应收货款的情况下，由于货已付出而钱尚未收到，将产生附带成本。

在筹资管理中，应选择与资产相匹配的筹资组合。在决策过程中，还应注意：(1) 筹资组合包括负债、股权及比例，并影响最低可接受收益率和现金流量；(2) 筹资应尽量在期间和数量上与资产接近。

在资金营运管理中，应充分、有效地使用资金，提高资金收益率。在决策过程中应注意：(1) 提高资源的使用效率和效果；(2) 加速资产周转。

在利润管理中，如果没有足够可接受项目，应将现金返还债权人或投资者，因为现金属于非盈利资产。在决策过程中应注意：(1) 企业在满足经营和投资后还需要多少现金？多余现金应如何处置？(2) 返还的顺序是什么？以什么形式返还？决定因素有哪些？

[案例思考4]

本章第一节讲到微软自1986年上市一直到2002年没有向股东派息，自2003年起，微软开始向股东派息和回购股票。2003年之前不分红使微软有充足资金保证每年30%以上的高增长，一旦企业不能证明有能力通过投资为其股东创造超常价值，那么将累积的现金分红，让股东寻找投资机会反而是负责任的做法。

思考：分红与不分红说明了什么？

二、财务管理目标与各方利益的协调

1. 财务管理目标与各方利益的一致

企业在发展过程中，必须协调各利益相关方的利益（投资者、债权人、员工、市场、社会）。从根本上讲，各利益相关方的利益是一致的（如图3-5所示）。只有实现企业价值最大化，各方利益才能得到最大限度的满足。

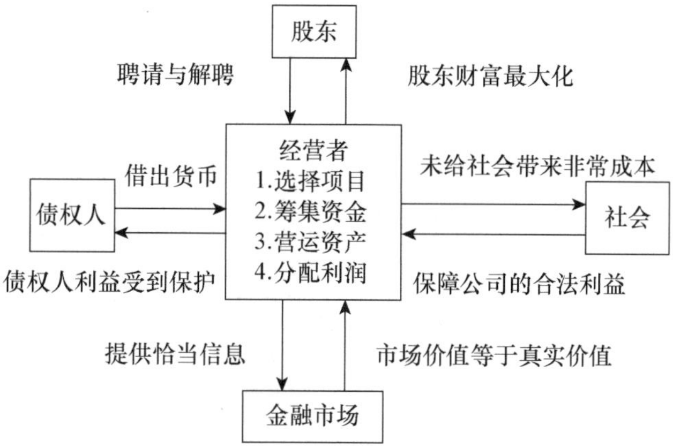

图 3－5　财务管理目标与各方利益的协调

在这一过程中，投资者（股东）通过聘请与解聘这两种基本方法选择合适的经营者对企业进行管理，而经营者通过选择项目、筹集资金、营运资产、分配利润等有效的财务运作保证股东财富最大化。

在企业经营过程中，为了满足企业扩大规模和合理使用资金的需要，经营者向债权人借入资金，并通过按期付息、到期还本保障债权人的利益。

经营者通过向金融市场提供能够恰当反映企业财务状况、经营成果的信息，在市场价值等于真实价值的情况下，引导社会资金进入效益好的企业，从而完成在金融市场的融资。

在社会良好的法律规范下，公司的合法利益得到了保障，公司未通过非法或违法的方式获得不当利益，未给社会带来非常成本。

在这一理想环境中，各利益相关方的利益得到了协调和满足。

2. 财务管理目标与各方利益的不协调

在现实社会中理想环境是不存在的。因为企业在发展过程中，不同时期、不同立场，各方利益有时是不一致，甚至是矛盾的（如图 3－6 所示）。

在现实的经济社会中，由于所有权和经营权的分离（在非理性作用下，这一分离甚至达到了极限，如股市脱离价值的炒作），投资者（股东）很难通过聘请与解聘来选择合适的经营者对企业进行管理，而经营者会通过非正常的生产经营和财务运作以牺牲股东利益为代价保护自身的利益。

基于考核压力和薪酬的需要，企业在盲目扩张中不能合理配置资源、有效使用资金，导致经营者向债权人借入资金无法按期付息、到期还本，债权人的利益被侵害。还出现了股东利益与债权人利益的博弈。假设甲企业现状如下：企业市场价值为 50 万元，另有 25 万元现金和 100 万元债务。企业现有的 25 万元现金可以投资两个项目。项目 A 的收益情况如下：5％的可能性获得 200 万元收益，95％的可能性收益为 0。项目 B 能够获得 50 万元的固

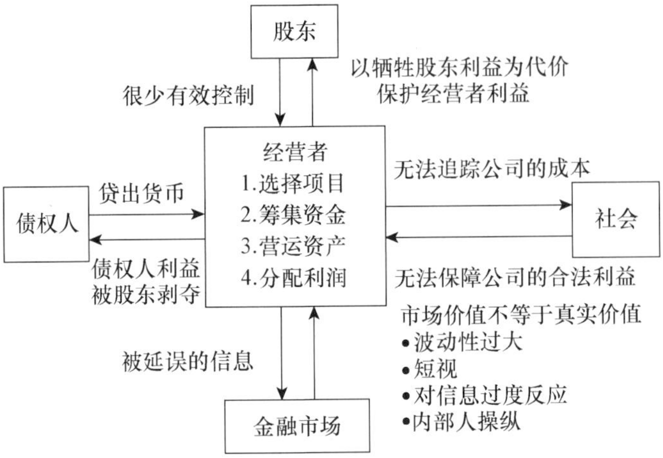

图 3-6　财务管理目标与各方利益的矛盾

定收益。经过分析可知，项目A的期望净收益为200×5%+0×95%−25=−15万元。项目B的净收益为（50−25）=25万元。从企业发展角度看，项目B既能增加企业价值，也能减少债权人的风险，因此项目B是最优选择。但仅从股东角度出发，由于企业破产时股东要承担有限责任，项目A给股东的收益为[（200+50−100）×5%+0×95%]=7.5万元，项目B给股东的收益为50+50−100=0元，管理者从股东的利益出发会选择项目A。从上面的例子可以看出，从股东利益出发的管理决策会导致公司价值降低，不利于企业发展，最终还会损害股东的利益。

基于盈利压力和偿债压力，经营者向金融市场提供无法恰当反映企业财务状况、经营成果的信息（甚至是延误的、错误的信息），导致企业的市场价值背离真实价值，出现内部人操纵市场的现象，使金融市场无法发挥正常的融资引导功能。

在社会法律规范体系建立过程中，若正常经营的公司的合法利益得不到保障，劣币驱逐良币，一些公司通过非法或违法的方式获得不当利益，会给社会带来很大的非常成本。

在这种环境中，各利益相关方的利益是得不到协调和满足的。

3. 财务管理目标与各方利益的调整

虽然在现实社会中理想环境是不存在的，但是随着社会正常经济秩序的建立、法律法规体系的完善、经营管理水平的提高，财务管理目标在各利益相关方调整利益的过程中将得到尊重和执行（如图3-7所示）。人们会有越来越多的方法和手段去协调各利益相关方的利益，从而实现企业的健康持续发展。

在所有权和经营权分离的基础上，投资者（股东）通过建立有效的激励机制、代理权争夺、接管的威胁、银行及工业集团监督等方法形成有效的公司治

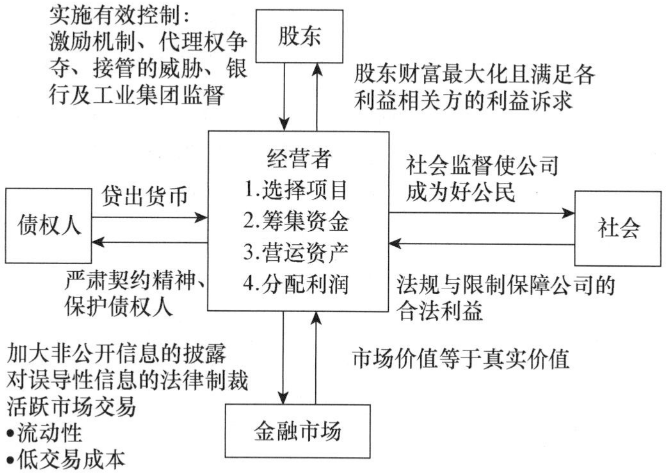

图 3－7 财务管理目标与各方利益的调整

理机制，促使经营者通过优选项目、合理筹资、有效营运、恰当分配等有效财务运作，在保证股东财富最大化的同时满足各利益相关方的利益诉求。

为满足企业规模扩大及合理使用资金的需要，经营者向债权人借入资金，在具有契约精神的环境中，企业能够按期付息、到期还本，保障债权人的利益。

通过加大非公开信息的披露、对误导性信息的法律制裁、活跃市场交易等措施，促使经营者向金融市场提供能够恰当反映企业财务状况、经营成果的信息，使市场价值等于真实价值，引导社会资金良好流动，使金融市场发挥有效配置资源的功能。

制定和完善社会法律规范，保障公司的合法利益，打击通过非法或违法方式获得不当利益，使企业成为社会的好公民。这一过程将随中国经济改革的深入而完善，各利益相关方的利益将得到协调和满足。

三、所有者与经营者利益关系的协调

1. 经营者对所有者利益的背离

所有权和经营权分离以后，投资者（股东）总是期望经营者尽最大努力去实现股东财富最大化这一目标。执行日常管理职能的经营者为追求物质报酬和非物质待遇，避免工作风险，宁可获得较低收入也不愿为企业或投资者（股东）争取更多的收益。从某种意义上说，经营者得到的利益，正是投资者（股东）损失的利益，在西方把这种由投资者（股东）转移给经营者的利益称为经营者的享受成本。经营者期望在提高股东投资报酬率、增加股东财富的同时增加享受成本，而投资者（股东）则期望支付较少的享受成本，实现较高的投资报酬率。

在两方利益的博弈中，如果投资者（股东）过分强调自身的利益，则难以调动经营者的积极性，甚至还会抑制他们的聪明才智；如果经营者不顾大局，则会背离投资者（股东）的利益。这种背离主要表现为两种情况：（1）道德危机。经营者为了自己的利益，不尽最大努力去提高企业经济效益，争取可能获得的收益。他们认为，为提高股东投资报酬率而冒风险是不值得的。企业利润率提高了，好处将归投资者（股东），但若遭受亏损，自己会受到名誉上和经济上的双重损失。经营者的这种做法只涉及道德层面，无须承担法律责任、行政责任，投资者（股东）很难追究他们的直接责任。（2）逆向选择。经营者为了自己的利益，不惜损害投资者（股东）的利益。例如，装修豪华的办公室，购置高档汽车、办公用具，借工作需要请客送礼，有的甚至故意压低本公司股票价格，以自己的名义借款购回公司股票，导致投资者（股东）利益受损，自己从中渔利。

2. 解决经营者与所有者目标矛盾的基本对策

为了解决投资者（股东）与经营者在实现财务管理目标上存在的矛盾，应当建立激励和约束机制。

（1）建立激励机制。随着企业规模的扩大、竞争愈来愈激烈，经营者在企业谋划方面作用日益重要，投资者（股东）应对经营者这种特殊人力资源的价值予以充分的重视，给予足够的回报。要利用激励机制消除经营者地位上的不安全感和利益上的不平衡感，促使经营者自觉采取提高企业经济效益的措施，吸引和留住卓有成效的职业经理人。通常可采用以下激励方式：1）对称职的经营者适当延长聘任期，优秀者可以连任，有的还可成为“终生员工”，促使经营者为企业的长远利益奋斗。2）实行年薪制。真正贯彻按劳分配的原则，使经理人的年薪同企业的绩效直接挂钩。3）实行绩效股。在股份制企业中，可视经营者的业绩给予适当数量的股票作为报酬。如果公司的绩效未能达到规定的目标，经营者就要部分甚至全部丧失原先持有的绩效股。

（2）建立约束机制。经营者背离投资者（股东）的目标是因为双方信息不一致，经营者了解的信息比投资者（股东）既多又早，因而容易出现“内部人控制”的现象。为了解决这一矛盾，要加强对经营者的监督，并采取必要的制约措施：1）经营状况公开。利用财务报告、厂报、快报等多种形式，及时向投资者（股东）和员工通报企业经营情况，将企业的重大经济活动置于投资者（股东）和员工监督之下。2）经理定期审计。实行对经理进行定期审计的制度，揭示企业投资方案、筹资方案、经营计划、财务预算的执行情况，利润分配情况，管理费用开支情况，会计提供信息的真实性等。若发现经营者有损害企业利益的行为，要立即予以纠正。3）严格奖惩。当发现经理人不认真履行职责，并给企业造成经济损失时，股东会（股东大会）和监事会应采取严厉措施，如降低浮动工资、降低年薪标准、处以罚款、降级使用甚至解聘。

第四节 财务管理的基本原则

财务管理的原则是企业组织财务活动、处理财务关系的准则，它是从企业财务管理的实践经验中总结出来的体现财务管理活动规律性的行为规范，是对财务管理的基本要求。

一、资金合理配置原则

企业财务管理是对企业全部资金的管理，而资金运用的结果形成企业各种各样的物质资源。各种物质资源总是要有一定的比例关系。所谓资金合理配置，就是通过资金活动的组织和调节，来保证各项物质资源具有最优的结构比例关系。

企业物质资源的配置情况是资金运用的结果，同时它又通过资金结构表现出来。从一定时点来看，企业有各种各样的资金结构。在资金占用方面，有对外投资和对内投资的构成比例；有固定资产和流动资产的构成比例；有有形固定资产和无形固定资产的构成比例；有货币性资金和非货币性资金的构成比例；有材料、在产品、产成品的构成比例；等等。在资金来源方面，有负债资金和主权资金的构成比例；有长期负债和短期负债的构成比例；等等。按照系统论的观点，组成系统的各个要素的构成比例，是决定一个系统功能状况的最基本条件。系统的组成要素之间存在一定的内在联系，系统的结构一旦形成就会对环境产生影响，或是有效地改善环境，或是产生不利的影响。财务活动这个系统也是如此，资金配置合理，资源构成比例恰当，就能保证生产经营活动顺畅进行，由此取得最佳经济效益；否则就会危及购、产、销活动的协调，甚至影响企业的兴衰。因此，资金合理配置是企业持续、高效经营必不可少的条件。

如前所述，各种资金形态具有并存性和继起性是企业资金运动的一个重要规律。只有把企业的资金按合理的比例分配在生产经营的各个阶段，才能保证资金活动继起，各种形态资金占用适度，才能保证生产经营活动顺畅进行。如果企业库存产品长期积压、应收账款不能收回，又未能采取有力的调整措施，则生产经营必然发生困难；如果企业不优先满足内部业务的资金需要，而把资金大量用于对外长期投资，企业主营业务的开拓和发展必然受到影响。实现企业资源的优化配置，从财务管理来看就是要合理安排企业的各种资金。企业进行资本结构决策、投资组合决策、存货管理决策、收益分配比例决策等都必须贯彻这一原则。

二、收支积极平衡原则

在财务管理中，不仅要保持各种资金存量的协调平衡，而且要保持资金流量的动态协调平衡。所谓收支积极平衡，就是要求资金收支不仅在一定期间总量上是平衡的，而且在每一个时点上也保持平衡。资金收支在每一时点上的平衡，是资金循环过程得以周而复始的条件。

资金收支的平衡归根到底取决于购、产、销活动的平衡。企业既要搞好生产过程的组织管理工作，又要抓好生产资料的采购和产品的销售，要购、产、销一起抓。只有坚持生产和流通的统一，使企业的购、产、销三个环节互相衔接，保持平衡，企业的资金才能正常周转，并取得应有的经济效益。要采用积极的办法来解决收支平衡中存在的矛盾。要做到收支平衡，首先要开源节流，增收节支。节支是要节约那些应该压缩、可以压缩的费用，对那些在创收上起决定作用的支出则必须全力保证；增收是要增加那些能带来较高经济效益的营业收入，拼设备、拼人力，不惜工本、不顾质量而一味追求暂时收入的做法是不可取的。其次，在发达的金融市场条件下，还应当通过短期筹资和投资来调剂资金的余缺。在一定时期内，当资金收入不敷支出时，应及时采取办理借款、发行短期债券等方式融通资金；而当资金收入比较充裕时，则可适时归还债务，进行短期证券投资。总之，在组织资金收支平衡问题上，既要量入为出，根据现有的财力来安排各项开支，又要量出为入，对于关键性的生产经营支出要开辟财源予以支持。这样，才能取得理想的经济效益。收支积极平衡原则不仅适用于现金收支计划的编制，对证券投资决策、筹资决策等也有重要的指导意义。

三、成本效益原则

在企业财务管理中，要关心资金的存量和流量，更要关心资金的增量。企业资金的增量即资金的增值额，是由营业利润或投资收益形成的。因此，对于形成资金增量的成本与收益必须认真进行分析和权衡。成本效益原则，就是对经济活动中的所费与所得进行分析比较，对经济行为的得失进行衡量，使成本与收益得到最优的组合，以获取最多的盈利。

众所周知，讲求经济效益，要求以尽可能少的劳动垫支和劳动消耗，创造出尽可能多和尽可能好的劳动成果，以满足社会不断增长的物质和文化生活需要。在社会主义市场经济条件下，这种劳动占用、劳动消耗和劳动成果的计算和比较，是通过以货币表现的财务指标来进行的。从总体上来看，劳动占用和劳动消耗的货币表现是资金占用和成本费用，劳动成果的货币表现是营业收入和利润。所以，实行成本效益原则，能够提高企业经济效益，实现投资者权益最大化，这是由企业的财务管理目标决定的。

企业在筹资活动中，有资金成本率和息税前资金利润率的对比分析问题；在投资决策中，有投资额与各期投资收益额的对比分析问题；在日常经营活动中，有营业成本与营业收入的对比分析问题；其他如劳务供应、设备修理、材料采购、人员培训等，无不存在经济得失的对比分析问题。企业的一切成本、费用的发生，最终都是为了获得收益，都可以与相应的收益进行比较。做各方面的财务决策时，都应当按成本效益原则进行严密的分析。成本效益原则作为一种价值判断原则，在财务管理中具有广泛的应用价值。

四、收益风险均衡原则

在市场经济的激烈竞争中，进行财务活动不可避免地要遇到风险。财务活动中的风险是指获得预期财务成果的不确定性。企业要想获得收益，就不能回避风险，可以说风险中包含收益，挑战中存在机遇。企业进行财务管理不能只顾追求收益，不考虑发生损失的可能。收益风险均衡原则，要求企业全面分析每一项财务活动的收益性和安全性，按照收益和风险适当均衡的原则来决定采取何种行动方案，达到趋利避害、提高收益的目的。

在财务活动中，低风险只能获得低收益，高风险往往可能得到高收益。例如，在流动资产管理方面，持有较多的现金，可以提高企业偿债能力，减少债务风险，但是银行存款的利息很低，而库存现金则完全没有收益；在筹资方面，发行债券与发行股票相比，由于利息率固定且利息可在成本费用中列支，对企业留用利润影响较小，可以提高自有资金的利润率，但是企业要按期还本付息，需承担较大的风险。无论是对投资者还是对受资者来说，都要求收益与风险相适应，风险越大，要求的收益也越高。只是不同的经营者对风险的态度不同，有人宁愿收益少一点也不愿冒较大的风险，有人则甘冒较大的风险以谋求巨额利润。无论市场是繁荣还是萧条，无论人们的投资心态是稳健还是进取，都应当对决策项目的风险和收益做出全面的分析和权衡，以便选择最有利的方案。特别是要注意把风险大、收益高的项目，同风险小、收益低的项目，适当地搭配起来，分散风险，使风险与收益平衡，做到既降低风险，又取得较高的收益。还要尽可能回避风险，化风险为机遇，在危机中找对策，以提高企业的经济效益。

五、分级分权管理原则

在规模较大的现代企业中，对财务活动必须实行分级分权管理。所谓分级分权管理，就是在企业总部统一领导的前提下，合理安排各级单位和各职能部门的权责关系，充分调动各级各部门的积极性。统一领导下的分级分权管理，是民主集中制在财务管理中的具体运用。

以制造业企业为例，企业通常分为厂部、车间、班组三级，厂部和车间设立若干职能机构或职能人员。在财务管理上实行统一领导、分级分权管理，就是要按照管理物资同管理资金相结合、使用资金同管理资金相结合、管理责任同管理权限相结合的要求，合理安排企业内部各单位在资金、成本、收入等管理上的权责关系。厂部是企业行政工作的指挥中心，企业财务管理的主要权力集中在厂级。同时，要给车间、班级、仓库等单位一定的权限，建立财务分级管理责任制。企业的各项财务指标要逐级分解落实到各级单位，各单位要核算其直接费用、资金占用等财务指标，定期进行考核，经济效益好的单位要给予物质奖励。财务部门是组织和推动全厂财务管理工作的主管部门，而购、产、销等部门则直接负责组织各项生产经营活动，使用各项资金和物资，发生各项生产耗费，参与创造和实现生产成果。要在加强财务部门集中管理的同时，实行各职能部门的分口管理，按其业务范围规定财务管理的职责和权限，核定指标，定期进行考核。这样，就可以调动各级各部门管理财务活动的积极性。

统一领导下的分级分权管理包含专业管理和群众管理相结合的要求。企业财务部门是专职财务管理部门，而购、产、销等部门的管理则带有群众管理的性质。通常在厂部、车间两级设有专职财务人员，而在班组、仓库则由广大工人直接参加财务管理。统一领导下的分级分权管理，从某种意义上说，也就是在财务管理中实行民主管理。

六、利益关系协调原则

企业财务管理要组织资金的活动，因而同各方面的经济利益有非常密切的联系。实行利益关系协调原则，就是在财务管理中利用经济手段协调国家、投资者、债权人、购销客户、经营者、劳动者、企业各部门各单位的经济利益关系，维护有关各方的合法权益。有关各方利益关系的协调，是财务管理目标顺利实现必不可少的条件。

企业内部和外部经济利益的调整在很大程度上是通过财务活动来实现的。企业对投资者要做到资本保全，并合理安排红利分配与盈余公积提取的关系，在各种投资者之间合理分配红利；对债权人要按期还本付息；企业与企业之间要实行等价交换原则，并且通过折扣和罚金、赔款等形式来促使各方认真履行经济合同，维护各方的经济利益；在企业内部，厂部给经济效益好的车间、科室必要的物质奖励，并且运用各种结算手段划清各单位的经济责任和经济利益；在企业同职工之间，实行按劳分配原则，把职工的收入和劳动成果联系起来。所有这些都要通过财务管理来实现。在财务管理中，应当正确运用价格、股利、利息、奖金、罚款等经济手段，启动激励机制和约束机制，合理补偿，奖优罚劣，处理好各方面的经济利益关系，以保障企业生产经营顺利、高效运行。处理各种经济利益关系，要遵守国家法律，认真执行相关政策，保障有关各方应得的利益，杜绝优质不优价、同股不同利之类的不正当做法。

在经济生活中，个人利益和集体利益、局部利益和全局利益、眼前利益和长远利益也会发生矛盾，这些矛盾往往不可能完全通过经济利益的调节得到解决。在处理经济利益关系的时候，一定要重视全局利益，防止本位主义、极端个人主义。

第五节　财务管理的基本方法

财务管理的方法是指企业组织财务活动所采用的基本工具，预算管理、财务控制、绩效管理构成财务管理的方法体系和循环。

一、预算管理

1. 预算

预算是面向未来，为实现企业战略及经营目标，而从业务活动和经营管理两个方面对公司资源进行优化配置的管理活动。

全面预算由战略预算和经营预算组成（如图 3－8 所示），而经营预算又由若干子预算构成（如运营预算、财务预算、资本预算等，如图 3－9 所示）。不同子预算之间有效衔接，形成完整的全面预算体系。

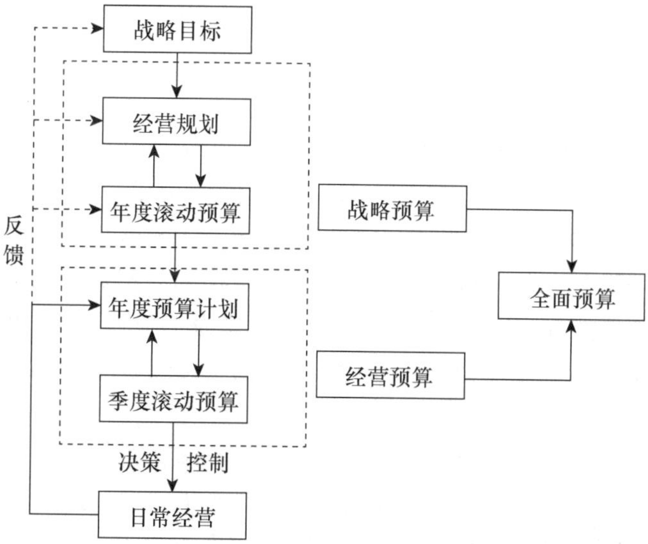

图 3－8　预算的框架体系

战略预算是基于竞争战略而对较长期间（3 年、5 年甚至 10 年）的企业发展所做的规划。经营预算是根据战略预算的要求及预算期内外环境的需要对预算年度内经营活动所做的规划和战略落实。战略预算通过经营预算来实现，并在经营预算中设置相应战略指标，以实现公司的长期目标。

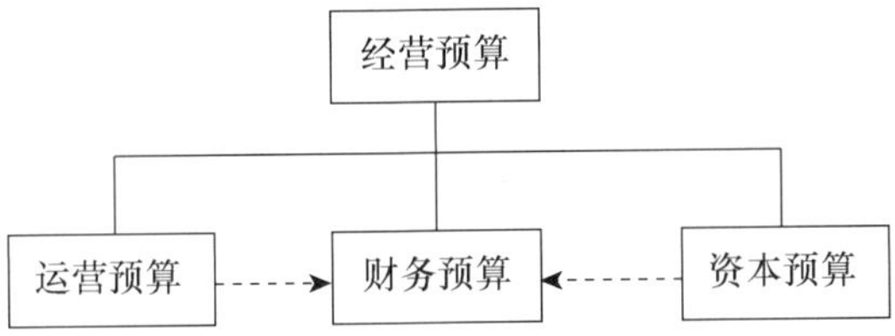

图3-9 经营预算的框架体系

2. 预算管理

预算管理是通过预算指标对企业各部门、各单位的各种资源进行分配、考核、控制，使之符合预期目标的过程，是使市场与内部经营控制相互衔接的一种机制，具有计划、控制和评价职能。

预算管理强调目标管理和成本效益原则的应用。

例如，营销部门申请20万元购买一辆轿车。作为一种机制，预算管理必然将流程管理和效益管理相结合：

（1）购买轿车的目的是什么？如果只是“别的部门有，我也应该有”，那理由不充分，该购车申请将被否决；如果是“在面向大客户加强管理时，有车更快捷、方便”，那理由可以接受，该购车申请将被审核。

（2）购买轿车的经济审核值得去做吗？这时的问题可能是：在面向大客户加强管理的过程中，购买轿车将会带来多少经济利益。因为企业是营利性组织，只有企业、企业的所有部门、所有人的所有活动都能产生经济利益，企业才能实现最终目标。因此，按成本效益原则判断，企业的所有事项和活动可分为三类：必须做、可以做、不能做。所谓必须做是指为完成目标预算必须支出的费用，如材料购置、工人工资、动力费用等；所谓可以做是指成本效益比大于1的事项和活动，在资金满足必须做且有富余的情况下，根据企业需要是可以发生的；所谓不能做是指成本效益比小于1的事项和活动，即使资金富余也不可以发生。如果营销部门测算的结果是花20万元购买轿车将带来80万元的利益，成本效益比为4，则该购车申请作为可以做事项被保留。在对可以做事项排序后，可将20万元资金安排在预算中用于购买轿车。

（3）考核结果如何？如果预算是管理循环的开始，考核则是管理循环的结束。如果花20万元资金购买轿车，带来了80万元的收益，就是实现了预算目标，圆满完成预算；但如果花10万元资金购买轿车，只带来30万元的收益，作为上级管理者你将如何进行后续管理？是表扬还是批评呢？

3. 预算管理的功能

企业进行预算管理是为了对各种资源（特别是资金）进行优化配置，以达到两个目的：通过预算编制实现资源的第二次优化配置；通过预算控制实现资源的最佳利用。

资源通过企业外部资本市场进入或退出企业，以经济效益（以投资报酬率为基本指标）为导向优胜劣汰，实现资源的第一次优化配置；资源进入企业后，应通过预算实现第二次优化配置。

因此，预算必然反映企业对资源承担的责任：对资源进行最优化配置；使资源所有者实现利益最大化。

基于受托契约责任，预算强调：（1）管理者的利益不得与公司的利益相冲突；在两者利益发生冲突时，管理者的利益服从公司的利益；（2）最大善意（而非恶意）地谋求股东利益，通过提高质量、改善功能、增加销售获得利益称之为善，通过以次充好、假冒伪劣、违法经营、损害消费者而获得利益称之为恶（如天津港“8·12”爆炸事故）；（3）管理者不得以受托关系谋取私利（如中信证券高管因涉嫌内幕交易而被依法采取刑事强制措施）。

二、财务控制

［案例思考 5］

2015 年 2 月，甲集团公司接到有关部门通报，下属分公司 B 公司负责人李某和会计张某盗用资金、携款潜逃国外。经查，李某等人作案手段如下：2011 年 1 月，李某被任命为分公司经理，张某任公司会计兼出纳。当时甲公司出于开拓市场、扩大经营规模等方面的考虑，授予 B 公司产品销售定价自主权和对外投资自主权，并要求分公司每月月末将销货款集中汇入甲公司账户，确认销售收入。李某等人利用甲公司授予的销售定价自主权，采用高价销售低价报账的方法截留部分销货款形成小金库，然后由张某将款项汇入境外由李某等人控制的账户。

思考：甲公司发生的案件说明其内部控制存在哪些缺陷？财务控制出现了哪些问题？

财务控制是内部控制的重要组成部分，其中资金控制又是财务控制的重要内容。因为资金是企业资产中流动性最强、控制风险最高的资产，是企业生存与发展的基础。企业必须加强对资金的管理和控制，建立健全资金内部控制，确保经营管理活动合法、有效。

1. 职责分工与授权批准

企业应当建立资金业务的岗位责任制，明确相关部门和岗位的职责权限，确保办理资金业务的不相容岗位相互分离、制约和监督。资金业务的不相容岗位至少应当包括：资金支付的审批与执行；资金的保管与盘点清查；资金的会计记录与审计监督。出纳人员不得兼任稽核，会计档案保管和收入、支出、费用、债权债务账目的登记工作。

企业应当配备合格的人员办理资金业务，并结合企业实际情况，对办理资金业务的人员定期进行岗位轮换。企业的关键财会岗位可以实行强制休假制度，并在最长不超过5年的时间内进行岗位轮换。

企业应当建立资金授权制度和审核批准制度，按照规定的权限和程序办理资金支付业务，严禁未经授权的部门或人员办理资金业务或直接接触资金。

（1）支付申请。企业有关部门或个人用款时，应当提前向经授权的审批人提交资金支付申请，注明款项的用途、金额、预算、限额、支付方式等，并附有效经济合同、原始单据或相关证明。

（2）支付审批。审批人根据其职责、权限和相应程序对支付申请进行审批。对不符合规定的货币资金支付申请，审批人应当拒绝批准；性质严重或金额巨大的，还应及时报告有关部门。

（3）支付复核。复核人应当对批准后的资金支付申请进行复核，复核资金支付申请的批准范围、权限、程序是否正确，手续及相关单证是否齐备，金额计算是否准确，支付方式是否妥当等。复核无误后，交由出纳人员等相关负责人员办理支付手续。

（4）办理支付。出纳人员应当根据复核无误的支付申请，按规定办理资金支付手续，及时登记现金和银行存款日记账。

2. 现金和银行存款的控制

企业应当加强对现金和银行存款业务的内部控制，减少贪污、挪用等违法乱纪行为发生的可能性。

（1）现金的内部控制。企业应当加强现金库存限额的管理，超过库存限额的现金应当及时存入开户银行；应当根据《现金管理暂行条例》的规定，结合本企业的实际情况，确定本企业的现金开支范围和现金支付限额，不属于现金开支范围或超过现金开支限额的业务应当通过银行办理转账结算。

企业现金收入应当及时存入银行，不得坐支现金。企业借出款项必须执行严格的审核批准程序，严禁擅自挪用、借出货币资金；企业取得的货币资金收入必须及时入账，不得账外设账，严禁收款不入账。有条件的企业可以实行收支两条线和集中收付制度，加强对货币资金的集中统一管理。

（2）银行存款的内部控制。企业应当严格按照《支付结算办法》等国家有关规定，加强对银行账户的管理，严格按照规定开立账户，办理存款、取款和结算。银行账户的开立应当符合企业经营管理实际需要，不得随意开立多个账户，禁止企业内设管理部门自行开立银行账户；定期检查银行账户的开立及使用情况，发现未经审批擅自开立银行账户或者不按规定及时清理、撤销银行账户等问题，应当及时处理并追究有关责任人的责任。企业应当加强对银行结算凭证的填制、传递及保管等环节的管理与控制。

企业应当严格遵守银行结算纪律，不得签发没有资金保证的票据或远期支票，套取银行信用；不得签发、取得和转让没有真实交易和债权债务的票据；不得无理拒绝付款，任意占用他人资金；不得违反规定开立和使用银行账户。

企业应当指定专人定期核对银行账户，每月至少核对一次，编制银行存款余额调节表，并指派对账人员以外的其他人员进行审核，确定银行存款账面余额与银行对账单余额是否调节相符。如调节不符，应当查明原因，及时处理。企业应当加强对银行对账单的稽核和管理。出纳人员不得同时从事银行对账单的获取、银行存款余额调节表的编制等工作。

以网上交易、电子支付等方式办理货币资金支付业务的企业，应当与承办银行签订网上银行操作协议，明确双方在资金安全方面的责任与义务、交易范围等。操作人员应当根据操作授权和密码进行规范操作；以网上交易、电子支付方式办理货币资金支付业务的企业，不应因支付方式的改变而随意简化、变更支付货币资金所必需的授权批准程序。企业在严格实行网上交易、电子支付操作人员不相容岗位相互分离控制的同时，应当配备专人加强对交易和支付行为的审核。

企业应当定期和不定期地进行现金盘点，确保现金账面余额与实际库存相符。一旦发现不符，应及时查明原因，做出处理。

企业应当按照国家统一的会计制度的规定对现金、银行存款和其他货币资金进行核算和报告。

3. *票据及有关印章的管理*

企业应当加强与货币资金相关的票据的管理，明确各种票据的购买、保管、领用、背书转让、注销等环节的职责权限和处理程序，并专设登记簿进行记录，防止空白票据遗失和被盗用；因填写、开具失误或其他原因作废的法定票据，应当按规定予以保存，不得随意处置或销毁。对超过法定保管期限、可以销毁的票据，在履行审核批准手续后进行销毁，但应当建立销毁清册并由授权人员监销。企业应当设立专门的账簿，对票据的转交进行登记；对收取的重要票据，应留有复印件并妥善保管；不得跳号开具票据，不得随意开具印章齐全的空白支票。

企业应当加强对银行预留印鉴的管理。财务专用章应当由专人保管，个人名章应当由本人或其授权人员保管，不得由一个人保管支付款项所需的全部印章；按规定需要由有关负责人签字或盖章的经济业务与事项，必须严格履行签字或盖章手续。

三、绩效管理

绩效管理是指为达到一定的目的，运用特定的指标，比照统一的标准，采取规定的方法，对经营者业绩做出判断，并与激励结合的考评制度。

1. 绩效管理的层次

企业绩效管理可以分为两个层次：一是企业整体层次的绩效管理，按对象的不同分为企业绩效管理和管理者绩效管理；二是企业内部各层级、各子公司、各经营单位的绩效管理，按对象的不同分为分部绩效管理和员工绩效管理。

2. 绩效管理主体

评价主体是指业绩评价的组织者和实施者。从管理会计角度讲，业绩评价主体分为两个层次：一是企业所有者对企业最高管理层进行的业绩评价，此时业绩评价主体是企业的所有者；二是企业上级管理层对下级管理层的业绩评价，此时业绩评价主体是企业上级管理层。

作为第一层次业绩评价主体的企业所有者，是依据以产权关系为基础的委托代理关系对企业最高管理层进行业绩评价。在西方典型的股份有限公司中，所有者仅保留重要的表决权，而把大部分决策权委托给他们的代表——董事会，对管理者的业绩评价和奖惩措施的制定都由董事会来完成。董事会广泛地参与公司的内部治理，对股东财产负有经营管理责任，其最大的职责是实现公司财产的保值增值，同时还要维护其他利益相关者的利益，他们不仅与公司利益相关，而且具有参与监督的动机、参与监督评价的能力。

作为第二层次业绩评价主体的企业上级管理层，是依据以管理权关系为基础的委托代理关系对企业下级管理层进行业绩评价。这一层次的关系比第一层次的关系要复杂得多，是管理会计确定内部责任单位、进行业绩评价的重点。

在上述委托代理链条中，每一环成为管理者业绩评价的主体时都有不足之处，但是利益产生第一推动力，只有与公司利益相关的当事人才会关心公司的经营状况和经营行为。所以，在选择评价主体的时候，应该注意三个基本原则：(1) 评价主体必须与公司的利益密切相关；(2) 评价主体的选择便于降低代理成本；(3) 要有监督的动机和能力。

3. 以企业为主体的绩效管理

以企业为主体的业绩评价最初考核利润，后来考核净资产利润率，往往追求企业利润最大化或股东财富最大化。这种评价主要用于企业所有者对企业最高管理层进行的业绩评价，也可以用于企业上级管理层对下级管理层的业绩评价。

基于利润的业绩评价指标往往根据考核的需要而定，主要包括营业利润率、成本费用利润率、投资报酬率、净资产收益率和资产报酬率等，针对上市公司则经常采用每股收益、每股股利等指标。此外还有基于经济增加值（EVA）的业绩评价。

4. 以责任中心为主体的绩效管理

很多大型企业将所属各级、各部门按其权力和责任的大小划分为各种成本中心、利润中心和投资中心等责任中心，实行分权管理，并对它们分工负责的经济活动进行规划、控制、考核和评价。

基于责任中心的业绩考核与评价指标往往因承担责任的不同而不同，主要包括可控成本（费用）、毛利、贡献毛益、营业利润、投资报酬率和剩余收益等指标。

思考题

1. 你认为财务管理的目标应如何兼顾盈利、发展和社会责任？

2. 利润最大化目标有何优缺点？如何在克服其缺点的同时发挥其优点？什么指标比较好？

3. 当财务管理目标与各方利益冲突时，应该如何处理？

4. 成本效益原则如何与收益风险均衡原则相结合？

5. 有人说：在预算编制过程中，上下级之间往往处于对立面。因而出现了“一刀切”、“头戴三尺帽，不怕砍三刀”及“期末狂欢”的现象。你认为怎么做才能解决预算协调的问题？

6. 在有效的财务控制中，人和制度哪个重要？

计算题

某企业 2019 年计划投资甲项目，该项目预期报酬率为 16%，预计实现利润额 800 万元。

思考：

（1）如果 2019 年度的考核报酬率为 15%，管理者会接受该项目吗？

（2）如果投资者期望 2019 年实现利润额 1 000 万元，他们会认为管理者能完成任务吗？

（3）企业在考核时应该怎么做？

第四章

财务管理环境

20 世纪 80 年代中后期，日本对美国有巨大的贸易顺差，出口实力强大，经济增长迅速。美国政府以解决美日贸易逆差为名与日本政府协商日元升值问题，这就是后来被认为是日本付出代价最昂贵的协议——“广岛协议”。

1985 年 9 月，日本政府公布了“广岛协议”，主要内容是提高了汇率的灵活性。日元对美元和欧洲货币开始走强。1985 年 9 月，美元兑日元的汇率在 1∶250上下波动，协议签订后不到 3 个月的时间里，美元兑日元的汇率迅速下跌到 1∶200 左右，跌幅 20%。其后，以美国财政部长贝克为代表的美国当局不断对美元进行口头干预，表示当时美元汇率水平仍然偏高，还有下跌空间。在美国政府强硬态度的暗示下，美元兑日元的汇率继续大幅下跌，最低跌到 1∶120。在不到两年的时间里，日元兑美元的汇率从 240∶1 升至 120∶1。随后，日本房地产和股票市场也在银行的推波助澜下产生了巨大的泡沫，日本经济呈现出虚假的繁荣，股市直冲 4 万点。这时华尔街觉得时机已到，便倾巢而出，动用巨额资金，大肆卖空日本股市，日经指数一路狂跌至 1 万点，日本金融界吐血，股民跳楼，经济自此一蹶不振。

有专家认为，日本经济进入十多年低迷期的罪魁祸首就是“广岛协议”。但也有专家认为，日元大幅升值为日本企业走向世界、在海外进行大规模扩张提供了良机，同时还促进了日本产业结构的调整，最终有利于日本经济的健康发展。因此，日本泡沫经济的形成不应该全部归罪于日元升值。

思考：自 2018 年开始的中美贸易战及人民币汇率波动对中国企业将产生什么影响？

第一节　经济环境

经济环境是指影响公司财务管理活动和结果的各种宏观经济因素，包括经济发展中的周期因素以及国家的财政政策、货币政策和税收政策等。

一、经济发展中的周期因素及其影响

企业面临的宏观经济环境是复杂多样的，对不断变化的经济发展而言，总有一些影响因素是周期变化的。了解和掌握这些周期因素的特征及影响，对提高财务管理水平有重要意义。

（一）经济发展中的周期因素

1. 技术发展周期

技术发展周期决定了产品的生命周期，进而决定企业的生命周期；技术发展周期是所有周期的基础，体现效率和成果。

15 年前你可能还在听磁带，而现在数字音频已一统天下；10 年前大家还在炫耀彩屏手机，而现在 5G 智能手机成为物联网应用的中心。显然，在下个 10 年甚至 5 年，我们会看到很多的技术革新，它们将决定现在时兴产品的退出和崭新产品的推出，进而导致企业的兴替。华为的 5G、日本的仿真机器人、中国制造 2025、德国制造 4.0 等都将带来新的革命，深深影响人类的生活。

如果企业不重视因技术发展周期而产生的产品替代，不把握因产品替代而产生的时机，将会导致失败。

[案例思考 1]

北京工商大学证券期货研究所所长胡俞越在 2012 年 1 月 19 日的微博中称：“首推数码相机的柯达却倒在数码时代。在数码时代的大潮中跟不上步伐，骄傲自满、抱残守缺，错失转型时机，生于相机，死于数码，教训惨痛。仅仅怀念柯达是远远不够的。柯达可以作为产业转型失败的经典案例。”

柯达公司创立于 1880 年，1975 年，柯达工程师赛尚发明了数码相机。早在 1995 年，时任公司 CEO 的乔治·菲舍尔曾宣称：“柯达正在改变照相业，公司的战略是把数码成像带进新市场。”但由于对传统技术的固守和依恋，乔治·菲舍尔的愿望直至 8 年后才成为现实。2003 年 9 月，柯达 CEO 丹尼尔·卡普宣布柯达将停止在传统胶片领域进行重大投资，对研发和收购提供 30 亿美元资金。这表明，柯达终于做出从传统胶片领域转向数码技术领域的重大战略转移。柯达公司 2012 年 1 月 19 日宣布，已经在美国申请破产保护，力争度过多年销售下滑所致的流动性危机，同时表示公司已获得花旗集团提供的 9.5 亿美元 18 个月期信贷进行业务重组。

思考：柯达面临技术替代的选择给我们什么启示？

2. 产品生命周期

产品从引入市场的引入期，到成长期、成熟期直至衰退期为一个生命周期

（如图4-1所示）。任何一种产品都无法躲开衰退期的到来。

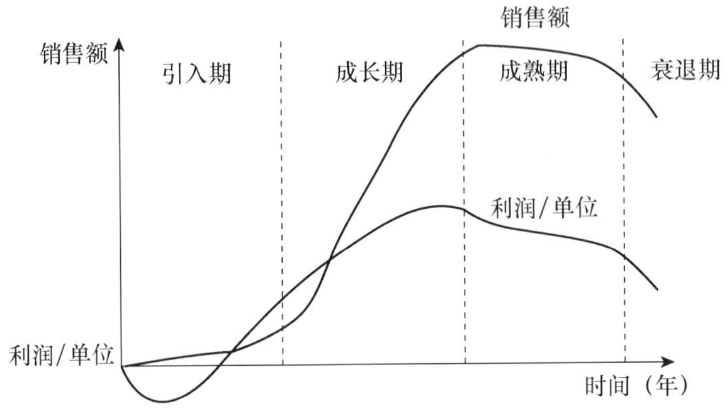

图4-1　产品生命周期示意图

在衰退期到来之前，适时地抛弃一个产品线或者为其注入新的生机，是必然之选。因此，企业应预先识别产品替代的关键点（一般为第一个产品成长期与成熟期的交替点），并制定有效的战略决策，提出新概念或开发新产品，防止衰落。但是一些公司通常错过这些产品替代的关键点，它们往往沉浸于暂时的成功而没有认识到更新的需求，结果当产品产销量持平时公司已处于危机中。可见，居安思危、未雨绸缪是应对技术替代和产品更新最有力的武器。

[案例思考2]

柯达进军数码领域的行动滞后并非因为它的后知后觉，而是因为直到2002年传统成像产品业务仍然占柯达全部销售额的70%，数码产品仅占30%。巨额的现金回报是柯达一直难以割舍传统成像产品业务的原因。

事实上，就在卡普宣布柯达将停止在传统胶片领域进行重大投资，对研发和收购提供30亿美元资金，以期2006年数码产品业务的收入占到60%，而传统的成像产品业务降低到40%时，集团内部仍存在不同的意见。特别是这一举措将使分红减少72%，股东对此意见颇大。标准普尔也担心柯达的收购脚步将超过它获取现金的能力。

思考：柯达的选择给我们哪些启示？

3. 企业生命周期

企业生命周期是企业经济活动中的一种波动：由不同的产品生命周期组成；这种变化会顺序反复出现；它们的组合体现效率和成果。

[案例思考3]

2015年11月4日，鸣金网的题为“广东告急、浙江告急，中国私营倒闭潮！”的文章中写道：广东告急、浙江告急、江苏告急、福建告急、山东告急……随着经济下行压力增大，出现大批私营企业倒闭潮。在经济高速增长时，私企总有一定的生存空间。但是，当经济开始下行，私营企业的很多原始弊端开始凸显，倒闭潮的出现不可避免。

思考：为什么会出现大量私营企业倒闭的浪潮？这和“一代产品的企业”有何联系？

例如，若一个企业想将一个产品撤出市场并考虑做第二个产品，这虽然可以延续企业的生命，却会造成企业发展起起伏伏。这种组合体现了低效率和低效果，资源得不到有效利用（如图 4－2 所示）。

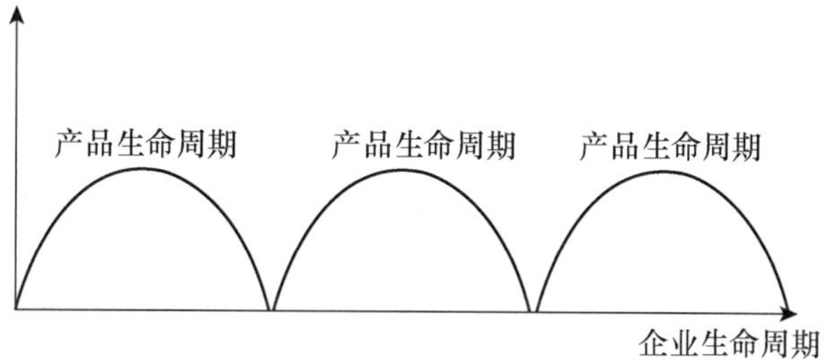

图 4－2　低效率的企业生命周期组合示意图

当第一个产品正处于成长期，市场效益逐步显现时，如果起替代作用的第二个产品已经研发并投入市场，此时虽然也可以延续企业的生命，却会造成第一个产品过早退出而不能充分发挥市场效益，并且可能造成消费者的观望，从而对整个企业造成损害。这种组合体现了无效率和低效果，资源得不到有效利用（如图 4－3 所示）。

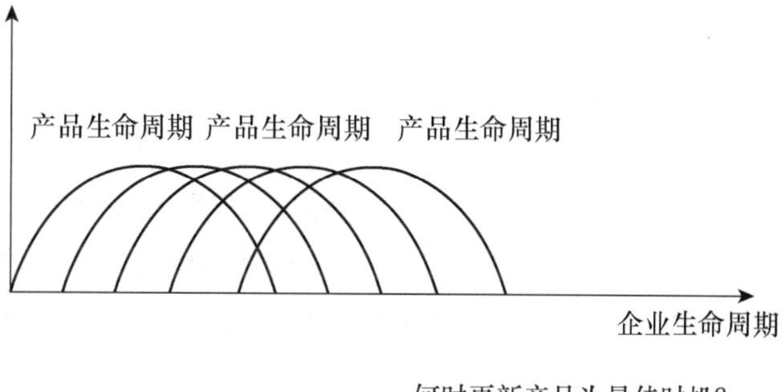

图 4－3　无效率的企业生命周期组合示意图

当第一个产品接近成熟期，市场效益已充分显现时，如果起替代作用的第二个产品投入市场，不仅可以延续企业的生命，而且可以使所有产品充分发挥市场效益。这种组合体现了效率和效果，资源得到有效利用（如图 4－4 所示）。

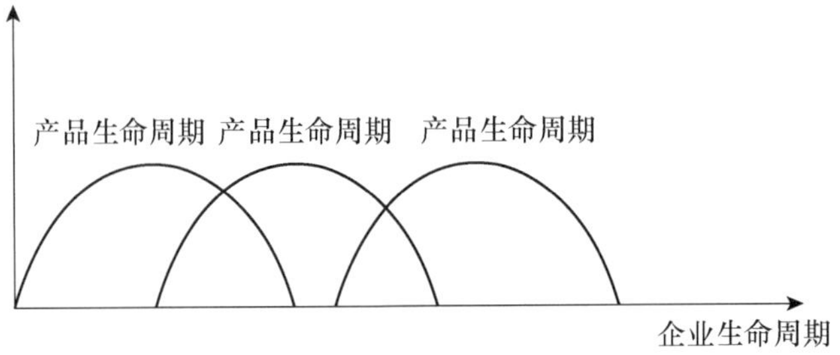

图 4-4 高效率的企业生命周期组合示意图

[案例思考 4]

柯达并未完全放弃传统的成像产品业务，而是与中国乐凯合作，努力在中国市场上获得更多的回报。实际上，某一技术的衰退在不同地域会呈现出时间差。2002 年，中国市场上传统成像产品的需求仍然呈上升趋势，市场增幅达到 8%～9%。就市场潜力而言，当时中国人均年消费胶卷只有 0.1 卷，而美国已达到 2.5 卷。这说明，传统成像技术在中国的衰退是滞后的。事实上，柯达早已认识到中国作为其世界第二大市场的价值，于是不遗余力地促成了与乐凯的合作，使其传统成像产品业务能在中国市场上呈现最后的辉煌，从中获得大笔现金流，为数码产品这一明星产品提供资金支持。根据波士顿矩阵模型，柯达的传统成像产品业务属于占有很大的市场份额，但是产业的销量持平或下降的现金牛，而数码产品则属于在一个快速增长的产业中占据很大的市场份额的明星产品。发展明星产品所依赖的资金完全来自现金牛的支持。因此，无论是股东的质疑，还是标准普尔的担心，实际上都是不看好柯达在中国市场获利的前景。

思考：柯达是否有能力在新一轮竞争中胜出？为什么？

4. 国家经济周期

经济周期是指经济运动沿着繁荣、衰退、萧条、复苏四个阶段周而复始循环的过程：一个周期由几乎同时在许多经济活动中所发生的扩张，随之而来的同样普遍的衰退、收缩和与下一个周期的扩张阶段相连的复苏所组成；这种变化的顺序反复出现，但并不是定时的；经济周期的持续时间在 1 年以上到 10 年或 12 年。

（1）繁荣阶段。繁荣阶段有很多行为表现，如扩充厂房、继续加大存货、提高价格、开展营销规划、增加劳动力等。有三个方面应引起关注：第一，从社会经济角度看，经过萧条生存下来的企业和为适应未来市场需要而设立的企业正在蓬勃发展，处于高速成长阶段；第二，企业蓬勃发展带来资金需求的快速增长，导致整个社会资金供求缺口形成和扩大，代表资金交易价格的银行利率逐渐提高；第三，企业财务管理的重点在于筹措资金，谁能筹到资金谁就能发展起来。

（2）衰退阶段。衰退阶段有很多行为表现，如建立投资标准、停止扩张、出售多余设备、转让一些存货、停产不利产品、停止长期采购、停止雇用等。企业应关注三个方面的变化：第一，从社会经济角度看，繁荣阶段企业产品毛利率水平较高从而导致投资旺盛，在繁荣阶段的后期银行利率的提高使得企业盈利减少甚至消失，社会经济处于低速成长和调整阶段；第二，由于银行利率逐渐接近企业产品毛利率，企业盈利减少甚至消失，代表资金交易价格的银行利率逐渐企稳并有下调的需要；第三，企业财务管理的重点在于投资分析，判断方案优劣并控制投资规模显得愈发重要。

（3）萧条阶段。萧条阶段有很多行为表现，如建立投资标准、保持市场份额、缩减管理费用、放弃次要利益、削减存货、裁减雇员等。企业应关注三个方面的变化：第一，从社会经济角度看，由于技术发展周期、产品生命周期、企业生命周期等的影响及市场的盲目无序发展，供大于求造成产能极度过剩和需求极度萎靡，社会经济处于深度调整阶段；第二，由于企业产品毛利率快速下降，银行利率下调，社会整体表现为零利率或负利率，银行的财务状况在恶化；第三，企业财务管理的重点在于有效控制付现成本、保留现金。

（4）复苏阶段。复苏阶段有很多行为表现，如增加厂房设备、实行长期租赁、提高价格、开展营销规划、增加劳动力等。企业应关注三个方面的变化：第一，社会经济在深度调整中逐渐显示出活力；第二，企业产品毛利率逐渐提升，带动投资的发生和增加，银行的财务状况在改善；第三，企业财务管理的重点在于储备资源。

（二）周期因素的财务影响

企业在不同的生命周期阶段具有不同的财务特征和经营重点，相应地，对企业财务管理工作的要求也会不同，财务管理人员应根据企业所处的生命周期阶段选择不同的财务管理重点，做好财务管理工作。

1. 企业生命周期对财务管理目标的影响

企业在初创阶段面临的不确定性很大，极易发生倒闭事件，所以初创期企业的财务管理目标主要是生存，需要通过增收节支等方法尽量做到以收抵支；成长期的企业跨过了失败的高发期，开始高速成长，此时的财务目标是如何发展壮大；成熟期的企业已发展到一定规模，具有相当的盈利能力，产品的质量和市场销路趋于稳定，此时企业的财务管理目标是如何巩固并保持巅峰时期的状态，实现企业价值的最大化；衰退期的企业，其发展方向是维持或者蜕变，这两种情况均需要大量现金流的支撑，所以处于此阶段的企业往往以稳定的现金流为财务管理目标。

2. 企业生命周期对资金筹集的影响

企业生命周期各阶段的不同特征决定其对资金的需求量及筹资方式。在初创期，企业需要生产经营资金，对筹资工作的要求较迫切，但筹资渠道往往较少，主要通过权益资金筹资；到成长期，企业的规模不断扩大，对资金的需求依然旺盛，资金的筹集渠道比初创期多，除权益资金外，企业还可以通过银行借款等方式筹资，如果企业已经上市，筹资渠道还包括发行股票和债券等；处于成熟期的企业往往有稳定的现金流入，此时，尽管企业的筹资渠道很多，但企业对外部资金的需求一般会降低，倾向于使用内部的资金盈余；衰退期，由于市场萎缩以及对产品技术改造动力不足等原因，企业的现金需求降低，除非有大的资本运作，企业几乎不需要从外部筹集资金，通过经营活动或盘活现金存量，或转让、变卖不需要的生产设备即可满足企业发展的需要。

3. 企业生命周期对投资的影响

初创期，企业可以实施集中战略，主攻某个特定市场，以更高的效率为某一狭窄的战略对象服务，以最大限度发挥企业的能力，使企业获得稳定发展；成长期，企业宜采取一体化投资战略，在现有业务的基础上进行横向或纵向扩张，以实现规模经济效益或价值链的延长；成熟期，宜进行多元化投资，取得协同效应，分散投资风险；衰退期的投资管理更多表现为以往资本投资的收回或业务转型过程中的大量支出，应尽量减少对非核心业务的投资，把一切资源集中在有发展前途的核心业务上，增强核心业务的竞争力。

[案例思考5]

2016年10月31日，格力电器宣布其在2016年10月28日召开的临时股东大会上对收购珠海银隆的26项议案进行了表决。其中，募集96.94亿元配套资金等15项与增发募资相关的议案被否决。在表决前，董明珠为了能成功收购珠海银隆做了诸多准备，如联合珠海银隆董事长魏银仓，花了将近半年时间向外界讲解钛酸锂电池的优势，同时为银隆的业绩许下了高回报承诺。从她在2015年股东大会上的发言来看，收购银隆的真实意图在于获得银隆的电池技术。珠海银隆方面还承诺，其2016年、2017年和2018年3年的净利润将不低于7.2亿元、10亿元和14亿元。事实上，在主营业务遭遇天花板的当下，格力需要吸纳更多的资本进入，以加速多元化进程。董明珠在2016年10月28日的股东大会上说，格力在空调领域已经占有超过40%的份额，增长空间不大了。她还表示，从2011年的利润率6%到目前的13%，格力已经尽力了。多年试水多元化的格力在2016年正式对外表态要进行多元化发展。在2016年5月19日的股东大会上，董明珠强调："格力将继续以空调产业为支柱，大力开发新能源、生活电器、工业制品、模具和手机、自动化装备等新兴产业，使格力从单纯的家电制造企业转型为装备制造企业和新能源企业，实现多元化稳健发展。"

思考：从企业战略和企业财务战略角度思考格力收购珠海银隆的议案被否决的原因及其对格力发展产生的影响。

4．企业生命周期对利润形成和分配的影响

企业在初创期各方面开支较大，应争取从内部挖潜增效，加强成本管理，提高经济效益，并采用低股利政策和非现金股利政策，将生产经营过程中产生的利润和现金流留存，以满足企业发展需要；成长期，企业应加强对固定成本的管理，进一步提高资源消耗的效率，以增加利润，并通过送红股或转增的方式进行利润分配，既让投资者分享企业的经营成果，又不减少企业的现金流量；成熟期，企业应采用较高的现金股利政策，使投资者充分享有企业的经营成果；衰退期，由于发展前景暗淡、缺少好的投资项目等，企业一般会把利润更多地分配给投资者，增加对投资者的回报。

[案例思考 6]

2018 年 4 月 25 日晚间，格力电器发布了 2017 年年度报告，公司 2017 年营业收入达到 1 482.9 亿元，同比增长 36.92%；实现净利润 224 亿元，同比增长 44.87%。格力的《2017 年度利润分配预案》显示，拟定 2017 年度不派发现金红利，不送红股，不以公积金转增股本，余额转入下年分配。而在此之前，格力电器现金分红已持续 10 年。2016 年年报还宣布分红达上百亿元。对此，2018 年 4 月 26 日，深圳证券交易所发布关注函，要求格力电器董事会就相关问题做出说明。格力电器于 4 月 26 日晚间回复了深交所的关注函，称将尽快明确资金需求和现金流测算，充分考虑投资者诉求，进行 2018 年度中期分红。分红金额届时将依据公司资金情况确定。至于不分红原因，格力电器回复称：空调行业具有资产投入大、消费季节性和地域性差异显著等特征，且物流成本日益上涨，为满足市场需求，进一步降低经营成本，强化竞争优势，公司计划对空调产能进行逐步扩充。同时，公司经过近年的高速高质量发展，空调主业龙头地位稳固，为谋求长远发展和维护股东长期利益，公司计划重点布局智能装备、智能家电、集成电路等产业领域，以实现持续、稳定、健康发展。

思考：格力电器不分红的理由及其合理性是什么？

5．经济周期对财务的影响

在市场经济条件下，经济通常不会出现较长时间的持续繁荣或衰退，而是在波动中前进，即经济发展具有一定的周期性。经济周期的不同阶段呈现不同的经济状况，会给公司的微观经济活动带来不同程度的影响。公司的财务管理活动会在不同的经济发展阶段遇到不同的问题。例如，在萧条阶段，整个宏观经济不景气，需求大量减少，投资锐减，生产萎缩，购销停滞，公司利润急速下滑，筹资极度困难；而在经济发展的高涨阶段，市场需求量大，购销活跃，公司利润上升，为扩大规模和增加产量，一般会进行大量的筹资和投资活动。经济运行的周期性，要求公司的财务人员对经济周期有全面的了解和认识，并对其变动状况和趋势进行预测，根据周期阶段和企业自身实际，预先采取相应的政策措施，并根据预测适时调整财务策略，争取主动权，以免在某一周期阶段真正来临时手足无措，使财务管理工作陷入被动。同时，公司财务人员应居安思危，认识到经济周期的渐变性和共生性，不要在衰退期将至时还进行大规模固定资产和存货等投资，以免造成设备闲置、存货积压、资金短缺的局面。

二、财政政策、货币政策、税收政策

财政政策、货币政策、税收政策作为国家调节宏观经济活动的重要手段，对企业的财务管理活动有着直接的影响。

（一）财政政策

财政政策是指国家根据一定时期政治、经济、社会发展的任务而制定的财政工作的指导原则，通过财政支出与收入手段来调节社会总需求。国家通过实施不同的财政政策，可以调节国民收入分配格局、国民经济的比例关系以及社会的总供给和总需求等，以实现经济平稳增长和资源有效配置，达到收入分配公平和国际收支平衡。

财政政策可分为扩张性财政政策（又称积极的财政政策）、中性财政政策（又称稳健的财政政策）和紧缩性财政政策三类。

1. 扩张性财政政策

扩张性财政政策是国家通过财政分配活动刺激和增加社会总需求的一种政策。一般会通过减免税收、扩大财政预算支出规模以增加和刺激社会总需求，拉动经济增长。主要措施有：增加国债、降低税率、提高政府购买和转移支付等，以增加和刺激社会总需求。

扩张性财政政策通常是在经济增长滞缓、经济发展主要受需求不足制约时采取的。政府通过增加经济建设支出和减少税收、增加政府投资和补贴等手段来刺激总需求增长，降低失业率，拉动经济增长。

2. 中性财政政策

中性财政政策指在总量上财政收支基本平衡，在结构上则“有松有紧，有保有控”，其实质是协调发展政策。

稳健的财政政策的基本内涵包括四个方面：（1）基本维持现有规模，保持政策的连续性和稳定性；（2）合理调整财政收入的增长速度，增强市场在资源配置中的基础作用；（3）优化支出结构，加强管理，提高效率；（4）促进经济增长方式向集约型转变。

实施稳健的财政政策要注重投资政策导向调整，注重税收政策的结构性调整，注重促进科技进步，注重构建促进可持续发展的政策体系，注重与货币政策的恰当配合。

3. 紧缩性财政政策

紧缩性财政政策是国家通过财政分配活动抑制或压缩社会总需求的一种政策。它与扩张性财政政策相反，主要通过增税、减支进而压缩赤字或增加盈余的财政分配方式，减少和抑制社会总需求，尽可能减缓经济增长。主要措施有：减少国债、提高税率、减少政府购买和转移支付。

紧缩性财政政策往往是在已经或将要出现社会总需求大大超过社会总供给的情况下采取的。

（二）货币政策

货币政策指中央银行为实现稳定物价、促进经济增长、充分就业和平衡国际收支等既定目标，运用各种工具调节货币供给和利率，进而影响宏观经济的方针和措施的总和。

我国货币政策的最终目标是保持货币币值的稳定，以此促进经济的增长。

1. 货币政策的种类

货币政策可以分为扩张性货币政策和紧缩性货币政策两类。

（1）扩张性货币政策。扩张性货币政策是通过提高货币供应增长速度来刺激总需求，在这种政策下，取得信贷更为容易，利率会降低。因此，当总需求与经济的生产能力相比很低时，使用扩张性货币政策最合适。

（2）紧缩性货币政策。紧缩性货币政策通过降低货币供应的增长率来拉低总需求水平。在这种政策下，取得信贷较为困难，利率也随之提高。因此，在通货膨胀较严重时，采用紧缩性货币政策较合适。

2. 货币政策工具

货币政策工具是指中央银行为调控货币政策中介目标而采取的政策手段。货币政策工具主要包括公开市场业务、存款准备金、再贷款或再贴现以及利率政策和汇率政策等。

货币政策工具分为一般性货币政策工具和选择性货币政策工具。一般性货币政策工具包括公开市场业务、存款准备金和再贴现；选择性货币政策工具包括贷款规模控制、特种存款、对金融企业窗口指导等。

（1）公开市场业务。公开市场业务是中央银行在金融市场上通过买卖政府债券来控制货币供给和利率的政策行为，是目前大多数市场经济国家中央银行控制货币供给量的重要和常用的工具。当经济过热时，中央银行卖出政府债券回笼货币，使货币流通量减少，导致利率上升，投资减少，达到压缩社会总需求的目的。当经济增长过慢、投资锐减、经济不景气时，中央银行买进政府债券，把货币投放市场，使货币流通量增加，导致利率下降，从而刺激投资增长，使总需求扩大。

（2）存款准备金政策。存款准备金政策是指中央银行对商业银行的存款等债务规定存款准备金比率，强制要求商业银行按此准备金比率上缴存款准备金；并通过调整存款准备金比率以增加或减少商业银行的超额准备，促使信用扩张或收缩，从而达到调节货币供应量的目的。

(3) 再贴现政策。再贴现是指商业银行或其他金融机构将贴现所获得的未到期票据向中央银行转让。对中央银行来说，再贴现是买进商业银行持有的票据，流出现实货币，扩大货币供应量。对商业银行来说，再贴现是出让已贴现的票据，解决一时资金短缺。整个再贴现过程，实际上就是商业银行和中央银行之间的票据买卖和资金让渡的过程。所谓再贴现政策，就是中央银行通过制定或调整再贴现利率来干预和影响市场利率及货币市场的供应和需求，从而调节市场货币供应量的一种金融政策。

3. 货币政策和财政政策的配合

一国政府拥有多种政策工具可用来实现其宏观经济目标，包括：(1) 由政府支出和税收所组成的财政政策。财政政策的主要作用是：通过影响国民储蓄以及对工作和储蓄的激励来影响长期经济增长。(2) 货币政策由中央银行执行，它影响货币供给。

货币政策调节的对象是货币供应量，即全社会总的购买力，具体表现形式为：流通中的现金和个人、企事业单位在银行的存款。流通中的现金是最活跃的货币，它与消费物价水平变动密切相关，一直是中央银行关注和调节的重要目标。货币政策是涉及经济全局的宏观政策，与财政政策的关系十分密切，必须采取综合配套措施才能保持币值稳定。

通过货币政策和财政政策的协调配合，可以实现调节国家经济活动的目的。而不同货币政策和财政政策的组合，会对企业的财务管理环境产生不同的影响。企业的财务管理人员应了解并熟悉国家目前采取的货币和财政政策，以及未来某一特定时期政策的可能变动等，以做出正确的财务决策，保证企业财务管理目标的实现。如在国家采取收缩的财政政策时，企业应尽量通过控制投资规模、增加自我积累等方式增收节支，并积极寻找新的资金来源，适当增加利润留存比例。

（三）税收政策

[案例思考 7]

财政部、国家税务总局《关于完善固定资产加速折旧企业所得税政策的通知》规定：对生物药品制造业，专用设备制造业，铁路、船舶、航空航天和其他运输设备制造业，计算机、通信和其他电子设备制造业，仪器仪表制造业，信息传输、软件和信息技术服务业等6个行业的企业2014年1月1日后新购进的固定资产，允许按规定年限的60%缩短折旧年限，或采取双倍余额递减等加速折旧方法。对所有行业企业持有的单位价值不超过5 000元的固定资产，允许一次性计入当期成本费用在计算应纳税所得额时扣除。

思考：该项政策的出台对企业财务将产生哪些影响？

税收政策是政府根据经济和社会发展的要求而确定的指导制定税收法令制度和开展税收工作的基本方针和基本准则。

税收是国家为实现其职能，通过法律形式，向单位和个人无偿征收实物或货币，以取得财政收入的一种方式。其实质是国家凭借政治权力参与国民收入分配和再分配所形成的一种特定分配关系。税收具有强制性、无偿性和固定性等特点。我国经过多年的税制改革，目前已形成以流转税和所得税为双主体（两税并重），其他税种相配合的税制结构。随着市场经济的深入发展，企业被推入全面税收约束的市场竞争环境中。因此，企业在进行财务管理和制定各项财务决策时都必须考虑税收因素，越来越多的企业开始寻求通过合理避税来最大限度地增加自身收益。于是，合理且能动地利用税收杠杆谋取最大的经济利益，已经成为企业财务管理的一个重要方面。

1. 税收对企业筹资活动的影响

任何一项决策的做出，均是对其成本和效益均衡的结果。做筹资决策时，不仅要求筹集到足够的资金，还应当考虑筹资成本。税收通过对企业资金成本的影响，进而影响企业筹资方式的选择。负债筹资产生的利息费用可以在缴纳所得税前扣除，使企业应纳税所得额减少，从而起到一定的税盾作用。当债务资金成本率低于投资收益率时，在不影响企业资本结构合理性的前提下，通过发行债券、向银行贷款等方式进行负债筹资可使企业获取财务杠杆效益。但使用权益资本筹资时，向投资者分配的利润只能从税后支付，导致权益资金的资本成本相对较高。

2. 税收对企业投资活动的影响

在企业投资活动中，税收必然会影响企业的投资收益，不同的企业类型、投资地点和经营业务等面临不同的税收政策。例如，国家对社会福利性生产企业、高新技术企业等实行税收优惠政策，企业在投资时可以通过比较不同类型企业的税负，选择税负较轻的企业形式；国家对高新技术开发区、经济特区、革命老根据地、少数民族地区、边远和贫困地区等实行税收优惠政策，企业可以选择税负较轻的地区作为注册地点；国家对重点扶持和鼓励发展的产业和项目给予企业所得税优惠，企业也可据此选择新的投资行业或项目，以减轻企业的税收负担；国家对企业开发新技术、新产品、新工艺发生的研究开发费用允许税前扣除，对购置环境保护、节能节水、安全生产等专用设备的投资额允许按一定比例实行税额抵免，企业可充分利用国家的税收优惠政策，加大新产品、新技术等的开发研究力度，更好地实现财务管理目标。

3. 税收对企业经营决策的影响

企业筹集到的资金经过合理的对内对外投资之后，企业经济活动进入经营阶段。税收对经营决策的影响主要表现在纳税人类型的选择和产品销售渠道等方面。例如，我国税法将增值税纳税人分为一般纳税人和小规模纳税人两种。

一般纳税人可以开具增值税专用发票，进项税额可以抵扣，而小规模纳税人则不可以抵扣。所以，企业向一般纳税人和小规模纳税人购进原料和产品所负担的流转税不同。另外，我国税法对不同的出口产品分别采用又免又退、只免不退或不免不退的政策，因而在销售时，内销和出口产品所负担的税收也不相同。此外，存货计价方法的选择、资产摊销方法的运用等，都会影响到企业的税负。所以，企业一定要考虑到税收因素的影响，做出最有利于企业发展的生产经营决策。

4. 税收对企业利润分配的影响

税收的一个重要特征就是无偿性。企业必须按一定税率直接从利润中拿出一部分上缴国家财政，税额和企业的可分配利润呈反向变动关系。在一定的利润水平下，如果企业税负重，则可分配利润减少；如果企业税负轻，则可分配利润增加。因此，企业的财务人员必须考虑如何合法节税，进行税务筹划。企业的财务决策者需要在既定的税法和税制框架内，对多种纳税方案进行科学、合理的事前选择和规划，使自身税负得以减轻，以合法方式保护企业的正当权益，增加企业效益。

5. 税收对企业机构设置的影响

当企业发展到一定程度时，会考虑设置分支机构的问题，如通过设置分公司或子公司来拓展业务，但二者在税收处理上却截然不同，企业需要仔细权衡。设立分公司相当于设置一个办事处，它不具备独立的法人资格，分公司的财务全部由总公司控制，一切法律责任也由总公司承担，只有增值税等流转税须在当地缴纳，利润由总公司汇总，由总公司统一缴纳所得税；而子公司则具备独立的法人资格，与母公司不是从属关系，自己交税。假如说企业需要在某一高新技术开发区增设分支机构，如果预计该分支机构将会在一定时间内发生亏损，则可以选择设立分公司，这样通过将分公司的亏损加到总公司的利润当中，冲减总企业的盈利，能够达到少交所得税的目的；而如果预测该分支机构会盈利，则应选择设立子公司，以享受一系列的税收优惠。

第二节　金融环境

[案例思考8]

中国电建的全资子公司中水电海外投资有限公司（以下简称“海投公司”）以所属香港公司为发行主体，通过电建集团担保，在2014年5月顺利发行了3年期15亿元离岸人民币债券（俗称点心债），息率为4.35%。此后，公司及时通过招标敲定了“美元-人民币交叉货币互换”（CCS）金融衍生品管理人民币债券外汇风险方案并顺利完成交易，不仅规避了境外用款、还款资金与发债资金币种不匹配的风险，而且获得了融资利率下降 0.95%的附带收益。公司在合同中增加了一条保障条款，承诺 5 年期满如不赎回则将息率提高一倍，巧妙地将永续债变成了实质上的 5 年期美元债券，不仅提高了债权人的购买意愿，也增强了议价能力，使其 15 亿元点心债实际付出的利息降至 3.4%，资金成本甚至低于市场通行以集团信用担保贷款的一半。

思考： 该案例给你哪些启示？

企业筹资和投资都离不开金融环境，金融环境是影响企业融通资金最主要的外部环境，包括金融市场、金融工具、金融机构等。

一、金融市场

金融市场是指资本供应者和资本需求者相互融通资本的场所。借助这一场所，供需双方可以实现资本的借贷与融通，有效配置金融资源。

（一）金融市场的分类

金融市场按照不同的标准可以进行不同的分类。

（1）按交易的对象，可以分为黄金市场、外汇市场和资金市场。

（2）按交易的期限，可以分为短期资金市场和长期资金市场。短期资金市场是指期限不超过一年的资金交易市场，因为短期有价证券易于变成货币或作为货币使用，所以短期资金市场也叫作货币市场；长期资金市场是指期限在一年以上的股票和债券交易市场，因为发行股票和债券的资金主要用于固定资产等资本的购置，所以长期资金市场也叫资本市场。

货币市场主要包括短期存放市场、短期证券市场、票据贴现市场、银行间同业拆借市场等；资本市场主要包括银行长期存放市场和长期证券市场。

（3）按交割的时间，可以分为现货市场和期货市场。现货市场是指买卖双方成交后，当场或几天之内买方付款、卖方交出证券的交易市场；期货市场是指买卖双方成交后，在双方约定的未来某一特定日期才交割的交易市场。

（4）按交易性质，分为发行市场和流通市场。发行市场是指从事新证券和票据等金融工具买卖的转让市场，也叫一级市场或初级市场；流通市场是指从事已上市的旧证券或票据等金融工具买卖的转让市场，也叫次级市场或二级市场。

金融市场的基本构成如图 4－5 所示。

（二）金融市场的构成要素

金融市场的构成要素有：交易对象、交易主体、交易工具和交易组织。

（1）交易对象是指金融市场参与者进行交易的标的物，是市场的客体。金融市场的交易对象是货币资金，无论是银行的存贷款，还是证券市场上的证券交易，或是黄金市场上的黄金买卖，其实质都是货币资金的转移。资金

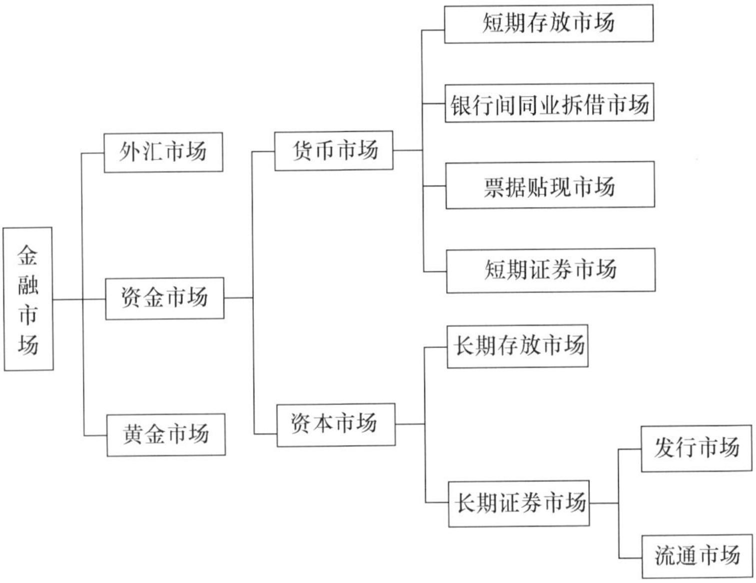

图 4－5　金融市场的基本构成

需求者希望通过金融市场筹集资金，资金供给者则希望通过金融市场获得投资收益。

（2）交易主体是指在金融市场上进行金融交易的参与者，包括投资者、筹资者、中介机构和监管机构。筹资者一般是缺少资金的企业，其参与金融交易的目的是通过金融市场筹集生产经营所需资金，如利用向银行借款、发行公司债券、发行股票等方式筹集资金；投资者可以是企业及其他单位，也可以是个人，其参加交易的目的主要是将闲置的资金使用权转让给资金需求者，以获得一定的利息或红利收益；中介机构是为金融交易双方提供中介服务的机构，其参与交易的主要目的是通过提供中介服务收取服务费，如银行、证券公司等；监管机构通常是政府机构，如银监会、证监会等，监管机构依法对金融市场参与者进行监督，并通过有关法律手段、经济手段或者行政手段对金融市场进行宏观调控，稳定金融市场，保证金融市场正常运行。

（3）交易工具又称金融工具，是指在金融市场上资金供需双方进行交易时所使用的信用工具。主要有各种商业票据、可转让定期存单、股票、债券、期货合约、期权合约等。有了金融工具，资金交易双方的资金融通就变得方便和快捷，同时，金融工具作为合法的信用凭证，使交易双方的债权债务关系或产权关系更加清晰，并能得到法律的保护。

（4）交易组织是指金融市场上资金供需双方采取的交易形式，主要包括交易所方式、柜台交易方式和中介方式等。交易所方式是指在特定的交易所（如证券交易所）买卖双方通过公开竞价实现交易的一种交易方式。柜台交易方式是指在金融机构的柜台进行金融交易的一种交易方式。中介方式是指通过中介人（如经纪人等）进行的一种交易方式。

（三）金融市场的功能

金融市场是市场经济体系的一个重要组成部分，无论是政府的宏观经济调节，还是企业的投融资活动，金融市场都发挥着重要的作用。

（1）融通资金功能。金融市场作为资金融通的重要场所，其首要功能就是将资金供给者的剩余资金的使用权有偿地转让给资金需求者。资金供需双方通过金融市场上各种金融工具的买卖交易，实现资金的流通转让。通过金融市场上的金融交易，资金供需双方各得其所，充分利用了社会闲置资金，提高了资金利用率，有利于社会经济的发展。

（2）优化资源配置的功能。金融市场为资金的自由流动提供了一个最有效的场所，它通过金融市场的利率机制来调节资金的流量、流向和流速，使其从利润低的行业流向利润高的行业，从经济效益差的企业流向经济效益好的企业，从而打破资金利用在时间和空间上的限制，实现经济资源的优化配置。

（3）分散和转移投资风险的功能。在金融市场上有各种各样的金融工具可供选择，投资者可以将资金分散投资于各种证券，形成科学的投资组合，分散投资风险。同时，金融市场提供的期货交易、期权交易等交易方式，提高了投资者转移和防范风险的可能性。

（4）信号传递功能。金融市场是一个信息迅速传播的市场，企业的经营状况和财务状况、国家经济政策的变化、国际经济形势都可以反映在金融市场上。尤其是在经济全球化的背景下，世界金融市场已经连为一体，各种信息可以通过现代通信网络迅速传遍世界各地，并反映在金融市场上。通过金融市场可以了解国家乃至世界的经济状况和经济前景，所以人们常把金融市场比作国民经济的“晴雨表”。

（四）金融市场与企业财务管理

金融市场对企业财务管理影响重大，是企业财务管理工作面临的主要外部环境。

（1）金融市场是企业进行财务管理活动的基础。金融市场为企业投融资行为提供了极大的便利，为企业财务管理的灵活性提供了基础，为企业财务决策和市场评价提供了依据。金融市场作为资金融通的场所，为资本之间相互转换（如债权转股权）、资金时间长度（长期资金与短期资金）的相互转换、货币和利率互换以及资本在不同区域的流动等提供了场所，为企业投融资行为提供了便利，为企业财务管理的灵活性提供了基础；金融市场的无偏性和公正性，可以使企业通过市场反应判断其财务决策的好坏，将市场评价作为财务评价的基点。

（2）金融市场对企业财务管理活动有重要影响。金融市场对企业财务管理活动的影响主要表现在筹资活动、投资活动和利润分配三个方面。当市场利率上升、汇率下降、证券价格和指数下跌，或者政府控制货币发行、提高银行存款准备金率和再贴现率、参与公开市场卖出业务时，将对企业的筹资、投资和股利分配政策产生不同程度的影响。所以，企业财务人员应能够预测这种情况的出现，提前采取措施应对。如在资金筹集上，可以采取固定利率的长期筹资，以规避筹资成本上升和风险增加的可能。在投资时则可以通过银行存款获取高额利息，或将原来用于证券投资的资金转向其他方面，同时将外汇投资转为人民币投资。此时，如果企业在未来有良好的投资计划需要资金，则应采取较低的股利支付率，保留大量留存收益以满足企业发展的资金需求。如果金融市场出现相反的情况，则企业可以采用相反的筹投资策略和股利分配政策。

二、金融工具

[案例思考9]

2013年8月，一批学者对某冶金企业进行调研。交谈中，该公司领导对两个问题十分重视：一是美国政府何时退出量化宽松政策；二是人民币的发展趋势，即人民币是走强还是趋弱，抑或波动。显然，问题的提出与该冶金企业的盈利模式密切相关：由于中国冶金产品的同质化和市场的充分竞争，产品价格由市场决定，企业的利润只能来自有效的成本控制；而生产的高度自动化和智能化使得生产过程中的成本控制已经没有空间和可能，只能着眼于外购材料成本的控制，因为该公司的铁矿石是从国外购进的。这时，铁矿石的成本和企业的利润高低在相当程度上取决于人民币的走势。

思考：汇率作为重要的金融工具是如何影响该公司财务的？该公司依据对人民币汇率变动趋势的判断将采取哪些措施规避风险？

金融工具是在金融市场上资金供需双方进行交易时所使用的信用工具，是金融市场的基本构成要素，提供金融交易的期限、价格和金额等信息。金融工具是金融市场上交易的主要对象和投资者证券投资的主要方式。

1. 金融工具的分类

（1）金融工具按交易期限分类。金融工具按交易期限的长短，可分为货币市场金融工具和资本市场金融工具。货币市场金融工具主要有商业票据、短期债券、银行承兑汇票、可转让大额定期存单等；资本市场金融工具主要有股票、债券等。

（2）金融工具按其衍生性分类。金融工具按其衍生性，分为原生金融工具和衍生金融工具。近年来，随着人们投资偏好的变化和预防交易风险意识的增强，金融期货交易、期权交易、可转换证券交易等衍生金融工具的交易日益增多。衍生金融工具是以股票、债券等原生性证券为基础发展起来的金融商品，它的价格取决于其原生性证券的价格。

2. 金融工具的特点

金融工具具有可分割性、流动性、风险性、收益性等特点。

(1) 可分割性。指金融工具能够被切割成等份或不等份以便以小部分进行买卖的特性。金融工具的可分割性一方面解决了企业巨额资金需要与社会零星资金盈余的矛盾，使企业的筹资工作变得容易；另一方面使有资金盈余的企业可以进行证券的组合投资，分散和减少了投资风险。

(2) 流动性。指金融工具能在短期内迅速地、不受重大损失地转变为现金的特性。流动性高的金融资产容易兑现，价格变动风险较小。金融工具的流动性可以使企业分散金融风险，并解决社会短期资金盈余与企业长期资金需要的矛盾。

(3) 风险性。指购买金融工具的本金遭受损失的可能性。金融市场上的任何金融工具均有一定的风险，包括违约风险和市场风险等。违约风险指证券发行人由于经营状况恶化、破产等原因无法偿还金融工具本息的风险；市场风险指金融工具的价格波动给投资者带来经济损失的风险。

(4) 收益性。指金融工具能定期或不定期给持有人带来收益的特性。金融工具的收益性通常用所得收益与投入本金之比来表示，即收益率。证券种类不同，其收益也大不相同。一般来说，金融工具的收益性与其风险具有一定的关系，风险大的金融工具往往收益较高，风险低的金融工具往往收益较低。如股票通常比债券的风险大，其收益也大于债券。

不同金融工具可融通资金的性质、规模、期限以及法律效力不同，具有不同的适用场合及风险收益特性。企业无论是进行金融筹资还是投资，都必须充分考虑自身的具体情况与承受能力，审慎地选择最为恰当的金融工具，实现收益和风险的最佳匹配。

三、金融机构

金融机构是金融市场主体的重要组成部分，在提供金融服务、稳定金融市场方面起着非常重要的作用，通常可分为金融中介机构和金融监管机构。

（一）金融中介机构

金融中介机构可分为银行金融机构和非银行金融机构。

1. 银行金融机构

银行在金融市场上发挥着重要作用，尤其是在证券市场不发达的国家。银行金融机构按地位和功能可分为中央银行、商业银行和政策性银行。

(1) 中央银行。中国人民银行是我国的中央银行。其作为金融中介机构的职责主要表现在：制定和执行国家的金融政策，起草有关法律和行政法规；确定人民币汇率政策，维护合理的人民币汇率水平；制定和执行货币政策；发行人民币，管理人民币流通；持有、管理和经营国家外汇储备和黄金储备；制定和组织实施金融业综合统计制度，负责数据汇总和宏观经济分析与预测；作为国家的中央银行，从事有关国际金融活动等。

（2）商业银行。商业银行在金融市场中占有非常重要的地位，在证券市场不发达的国家，商业银行是市场的主要参与者。社会的闲置资金基本上都要存入商业银行，企业的大部分借款也来自商业银行。商业银行通过存贷款业务，在考虑自身收益和风险的基础上，为客户提供金融服务，办理非现金结算以及其他符合政策规定的业务。我国主要的商业银行有中国农业银行、中国工商银行、中国建设银行、中国银行、邮政储蓄银行、交通银行、民生银行、光大银行等。目前这些银行许多已是股份制银行，甚至是上市公司。

（3）政策性银行。政策性银行是由政府创立、参股或保证，不以盈利为目的，专门经营政策性金融业务的银行。由于专门从事某一特定领域的金融活动，故也称政策性专业银行。根据政策性金融与商业性金融相分离的原则，1994年，我国相继组建了国家开发银行、中国进出口银行和中国农业发展银行三家政策性银行。政策性银行不吸收存款，资金以财政拨款和发行政策性金融债券为主，经营时主要考虑国家的整体利益。

2. 非银行金融机构

非银行金融机构也是金融市场上的主要参与者，包括保险公司、证券公司、基金公司等。

（1）保险公司。保险公司是将投保者的钱集中起来，当被保险者发生保险条款所列事项时进行赔偿的金融机构。主要经营的保险业务包括财产保险、责任保险、保证保险和人身保险等。保险公司从投保者那里集中大量资金用于各种投资活动，如购买政府债券、投资基金等。

（2）证券公司。证券公司是从事证券发行和交易工作的金融机构。在证券市场发达的国家，证券公司在金融市场中发挥着重要的作用。我国对证券公司实行分类管理，分为综合类证券公司和经纪类证券公司。综合类证券公司可经营证券经纪业务、自营业务、承销业务；经纪类证券公司只允许专门从事证券经纪业务。我国规模较大的证券公司主要有申银万国、国泰君安、海通等。

（3）基金公司。基金公司是一种进行集合投资的金融机构，通常由基金发起人发行基金证券汇集一定数量的资金，委托由投资专家组成的专门投资机构进行各种分散的投资组合，投资者按出资比例分享投资收益，并共同承担投资风险。

（4）投资银行。投资银行是专门从事有价证券承销、证券代理交易和自营买卖、投资顾问、财务顾问、公司并购中介、资产证券化创新、新工具开发等业务的非银行金融机构。投资银行的传统运作机制是通过在一级市场承销过程中充当发行者的顾问来获取报酬，其后投资银行逐渐参与更多的二级市场业务。20世纪90年代以来，投资银行呈现出金融创新步伐加快、与商业银行业务日益融合和更加注重通过网络开展各项业务的发展趋势。

（5）财务公司。财务公司是由大型集团出资建立，以母公司及其客户、股东为服务重点但不局限于母公司或股东内部融资，旨在帮助该企业集团进行内部资金管理，促进产品销售和资金运作的非银行金融机构。随着金融自由化、多元化以及企业集团的跨国化运作，“全能型”财务公司成为发展趋势。

（6）信托投资公司。信托投资公司是主要以受托人的身份接受信托和处理信托事务的经营主体。其主要业务有经营资产和财产委托、代理资产保管、金融租赁、经济咨询以及投资等。

（7）金融租赁公司。指办理筹资租赁业务的公司组织。其主要业务有动产和不动产的租赁、转租赁和回租租赁等。

（二）金融监管机构

金融监管机构是指依法对金融市场的其他参与者进行监督，并通过有关法律手段、经济手段或者行政手段对金融市场进行宏观调控，稳定金融市场，保证金融市场正常运行的机构。我国目前的金融监管机构是中国人民银行、银保监会、证监会，简称“一行二会”。

1. 中国人民银行

中国人民银行作为金融监管机构，其主要职责是监督管理银行间同业拆借市场和银行间债券市场、外汇市场、黄金市场；会同有关部门制定支付结算规则，维护支付、清算系统的正常运行；防范和化解系统性金融风险，维护国家金融稳定；对其他银行和非银行金融机构进行监督管理等。

2. 银保监会

银保监会是中国银行保险监督管理委员会的简称，其主要职责是：依法依规对全国银行业和保险业实行统一监督管理，维护银行业和保险业合法、稳健运行，对派出机构实行垂直领导；对银行业和保险业改革开放和监管有效性开展系统性研究。参与拟订金融业改革发展战略规划，参与起草银行业和保险业重要法律法规草案以及审慎监管和金融消费者保护基本制度。起草银行业和保险业其他法律法规草案，提出制定和修改建议；依据审慎监管和金融消费者保护基本制度，制定银行业和保险业审慎监管与行为监管规则。制定小额贷款公司、融资性担保公司、典当行、融资租赁公司、商业保理公司、地方资产管理公司等其他类型机构的经营规则和监管规则。制定网络借贷信息中介机构业务活动的监管制度；依法依规对银行业和保险业机构及其业务范围实行准入管理，审查高级管理人员任职资格。制定银行业和保险业从业人员行为管理规范；对银行业和保险业机构的公司治理、风险管理、内部控制、资本充足状况、偿付能力、经营行为和信息披露等实施监管；对银行业和保险业机构实行现场检查与非现场监管，开展风险与合规评估，保护金融消费者合法权益，依法查处违法违规行为；负责统一编制全国银行业和保险业监管数据报表，按照国家有关规定予以发布，履行金融业综合统计相关工作职责；建立银行业和保险业风险监控、评价和预警体系，跟踪分析、监测、预测银行业和保险业运行状况；会同有关部门提出存款类金融机构和保险业机构紧急风险处置的意见和建议并组织实施；依法依规打击非法金融活动，负责非法集资的认定、查处和取缔以及相关组织协调工作；根据职责分工，负责指导和监督地方金融监管部门相关业务工作；参加银行业和保险业国际组织与国际监管规则制定，开展银行业和保险业的对外交流与国际合作事务；负责国有重点银行业金融机构监事会的日常管理工作；完成党中央、国务院交办的其他任务。

3. 证监会

证监会作为我国证券行业的监管部门，其主要职责为：研究和拟订证券期货市场的方针政策、发展规划；起草证券期货市场的有关法律、法规，制定证券期货市场的有关规章、规则和办法；垂直领导全国证券监管机构，对证券期货市场实行集中统一监管；监管境内期货合约的上市、交易和清算；监管股票、债券和其他证券的发行、上市、交易、托管和结算；监管证券投资基金活动；批准企业债券的上市；监管上市国债和企业债券的交易活动；监管境内企业直接或间接到境外发行股票、上市等。

第三节　法律环境

企业的财务管理活动总是在一定的法律环境中进行的。法律环境是指企业和外部发生经济关系时所应遵循的各种法律、法规和规章。市场经济是法制经济，法律环境一方面为企业的经营活动确定了合规的界限，另一方面为企业各项经济活动营造了公正有序的自由空间。企业的各项财务管理活动，无论是筹资活动、投资活动还是利润分配活动，都要和外部发生经济关系，在处理这些经济关系时，应遵循有关的法律规范。

和企业财务管理活动密切相关的法律规范包括企业组织法律规范、财务与会计法律规范、金融证券法律规范、税收法律规范以及清算终止的法律规范等。

一、企业组织法律规范

企业组织必须依法成立。企业形式不同，组建时所依据的法律规范也不相同：组建个人独资企业和合伙企业需遵循《个人独资企业法》和《合伙企业法》的规定，组建公司制企业需遵照《公司法》和《证券法》等的规定。因为大部分财务管理课程均以公司制企业为基础进行讲解，所以此处主要以公司制企业为例进行说明。

2005年10月27日第十届全国人大代表大会常务委员会第十八次会议修订通过的《中华人民共和国公司法》(以下简称《公司法》)第一条明确规定,《公司法》的立法宗旨是:为了规范公司的组织和行为,保护公司、股东和债权人的合法权益,维护社会经济秩序,促进社会主义市场经济的发展。为此,《公司法》从公司设立、组织机构、股份发行、股权转让、公司董监事和高级管理人员的资格和义务、公司财务与会计、公司组织变更等方面,对公司的组织和行为进行了明确规范。

而同日同次会议修订通过的《证券法》,则从规范证券发行和交易行为、保护投资者合法权益的角度对公司制企业的投融资行为进行了规范。《证券法》的内容涉及公司制企业证券的首次发行、再次发行、配股、可转换公司债券的发行与转换、证券的上市交易、退市等,这些规定均与公司制企业的财务管理活动密切相关,财务人员一定要熟悉这些法律规定的内容,并加以有效利用。

二、财务与会计法律规范

财务与会计法律规范主要是涉及企业具体财务与会计活动的法律规范,主要包括财务会计法律、财务会计行政法规、财务会计规章制度等。

《中华人民共和国会计法》(以下简称《会计法》)指由全国人民代表大会及其常务委员会制定的会计法律规范。现行《会计法》共七章五十二条,对会计核算、会计监督、会计机构和会计人员、法律责任等做出了规定,是财务会计法规体系中权威性最高、最具法律效力的法律规范,是制定其他各层次财务会计法规的依据,是财务会计工作的基本大法。

财务会计行政法规是指调整经济生活中某些方面财务会计关系的法律规范,是对财务会计法律的补充和具体化。财务会计行政法规由国家最高行政机关——国务院制定或发布,如《企业财务会计报告条例》等。《企业财务会计报告条例》于2000年6月21日由国务院发布,共六章四十六条,主要对企业财务会计报告的构成、编制、对外提供和法律责任等做出了规定。

财务会计规章制度是指由国家主管财务会计工作的行政部门——财政部以及其他相关部委制定的财务会计方面的法律规范,包括企业会计准则、企业财务通则以及内部控制规范等。企业会计准则于2006年颁布,后经几次修订,现包括一项基本准则和42项具体准则,对确保企业的会计信息质量起到了很好的促进作用,在一定程度上有利于企业财务管理工作的开展;企业财务通则、企业内部控制规范等法规也对企业财务管理活动的开展起到一定的规范和制约作用。

三、金融证券法律规范

企业财务管理工作的开展离不开金融市场,因此应当遵守与金融市场相关的法律规范。如有关银行业务的法律规范：《银行结算管理办法》《票据法》《贷款通则》等，以及有关证券市场交易和管理的法律法规《证券法》等。

四、税收法律规范

任何企业均有依法纳税的义务。税务工作是企业进行财务管理和财务决策必须考虑的一项重要内容，越来越多的企业开始寻求通过合理避税的途径来最大限度地增加自身收益。税收不仅影响企业的筹资成本、投资的地域分布、投资规模和方向、投资方式的选择、投资项目的现金流量，而且会影响企业经营决策的方式以及利润分配政策的制定。所以，财务人员一定要熟悉国家的税收法律法规，如企业所得税的法律法规、流转税的法律法规、出口退税的法律法规等，以便做出最有利于企业财务管理目标实现的财务决策。

五、企业终止清算的法律规范

尽管投资者总是希望企业能够持续经营下去，但由于方方面面的原因，企业可能会出现财务困难和财务拮据的情况，如果处理不善，则可能会导致企业破产清算或终止经营。在企业清算过程中，应当遵循相关的法律法规，如《破产法》等，按照法定程序开展清算工作，充分保障国家、职工和债权人的权益。

思考题

1. 技术进步对财务管理的影响表现在哪些方面？其中最深远的影响是什么？
2. 周期变化是如何影响企业财务管理的？应该考虑哪些周期因素？
3. 中国人民银行经常采用的金融工具有哪些？可以采用哪些金融工具来应对通货膨胀？
4. 基于区块链的Libra是否属于金融创新？人工智能、区块链、大数据、云计算将对企业的金融环境产生什么影响？

计算题

1. 某企业2019年5月1日对外销售一批商品，总计100万美元，成本75万美元，当日汇率1∶6.731 9。该笔款项于2019年8月20日收到，当日汇率1∶7.045 4。

思考：

（1）该笔交易将导致何种账务处理？将对企业产生什么影响？

（2）购买方曾经提议，如果折扣为1.5%可以付现金，你认为合适吗？

2. 甲企业属于生物药品制造业，所得税税率为25%。2014年1月1日后购进设备，总值5 000万元，平均使用年限15年，采用使用年限法计算折旧。

思考：

（1）甲企业应该利用哪种财税政策的改变计提固定资产折旧，从而获得利益？

（2）利用财税政策的改变计提固定资产折旧，对企业利润的影响有多大？在所得税税率为25%时，减少多少应交所得税？

（3）利用财税政策的改变计提固定资产折旧，对企业现金流的影响有多大？

第五章

财务估值基础

王爵看到一种5年前发行的长期债券，挂牌交易价格为85元。这是一种期限20年、票面金额100元的债券，票面利率为6%，每年年末支付一次利息，第5次利息刚刚付过。目前市场发行的与之条件相同的债券，票面利率为8%。

王爵想：购买该债券不仅每年可以得到6元的利息，到期还可以收到100元的付款，但只需要付85元，有点心动。于是找郭天讨教，郭天的一席话和一番计算使王爵打消了购买的念头。

该案例是财务估值在投资决策中的应用，请大家应用本章知识寻找答案。

财务管理的本质在于估值，而估值建立在资金时间价值、资金成本、风险报酬等确认和计量的基础上。资金筹集、资金投放、资金运营和收益分配，都必须以资金时间价值、资金成本和风险价值为估值基础。

第一节 资金时间价值

一、资金时间价值的概念

一定数量的货币在不同时点上具有不同的价值，年初1万元，到年终其价值要大于1万元。

甲企业拟购买一台设备，如采用现金付款方式，价款为40万元；若延期至5年后付款，则价款为52万元。试问现金付款与延期付款哪个更有利？

假设该企业目前已筹集到40万元资金，如暂不付款，将款项存入银行，如5年期存款年利率为10%，按单利计算，5年后的本利和为40万元×(1+10%×5年)=60万元。因而与延期至5年后付款的52万元比较，企业可得到8万元（60—52）的利益。可见，延期至5年后付款52万元比现金付款40万元更为有利。这说明，年初的 40 万元，5 年以后价值就升到 60 万元了。随着时间的推移，周转使用中的资金发生了增值。

资金在周转使用中因时间因素而形成的差额价值（即资金在生产经营中产生的增值额），称为资金的时间价值。

资金在周转使用中为什么会产生时间价值呢？这是因为任何资金使用者把资金投入生产经营以后，劳动者借以生产新的产品，创造新价值，都会带来利润，实现增值。周转使用的时间越长，所获得的利润越多，实现的增值额越大。所以资金时间价值的实质是资金周转使用后的增值额。资金使用者从资金所有者处筹集来资金进行周转使用后，资金所有者当然要分享一部分资金的增值额。（西方学者认为：投资者进行投资就必须推迟消费，对投资者推迟消费的耐心应该付以报酬，报酬的数额应与推迟消费耐心的时间成正比，因此，单位时间的这种报酬对投资的百分比称为时间价值。）

资金时间价值通常以利息率进行计量。各种形式的利息率（贷款利率、债券利率等）的水平是根据社会资金利润率确定的。但是，一般的利息率除了包括资金时间价值因素外，还包括风险价值和通货膨胀因素。因此，资金时间价值通常被认为是没有风险和没有通货膨胀条件下的社会平均利润率，是利润平均化规律作用的结果。

在资金时间价值的学习中，应注意三点：

（1）时间价值产生于生产流通领域，消费领域不产生时间价值。因此，企业应将更多的资金或资源投入生产流通领域而非消费领域。（问题：人们口袋里的货币与银行金库中的货币有何不同？企业保险柜中的货币与银行金库中的货币有何不同？）

（2）时间价值产生于资金运动之中，只有运动着的资金才能产生时间价值，凡处于停顿状态的资金（从资金增值的自然属性讲已经不是资金）不会产生时间价值，因此，企业应尽量减少资金的停顿时间和数量（问题：必要停顿的资金会不会有时间价值问题？）

（3）时间价值的大小取决于资金周转速度的快慢，时间价值与资金周转速度成正比。因此，企业应采取各种有效措施加速资金周转，提高资金使用效率。（问题：企业采取措施提高资金周转速度，是否一定产生时间价值？）

二、资金时间价值的基本计算

资金时间价值的计算通常以复利为基础。在复利方式下，不仅本金要计算利息，以前期间的利息也要并入本金作为以后期间利息计算的依据。

（一）一次性收付款终值和现值的计算

所谓一次性收付款是指在生产经营过程中收款、付款各发生一次的经济活动，如定期存款。

1. 复利终值

在复利方式下，本生利，利也生利，也就是说，利息要计入本金作为计算下期利息的依据。

复利终值是本金与利息之和，复利终值计算解决的是现在的1元钱 n 年后取出是多少钱的问题（如图5-1所示）。

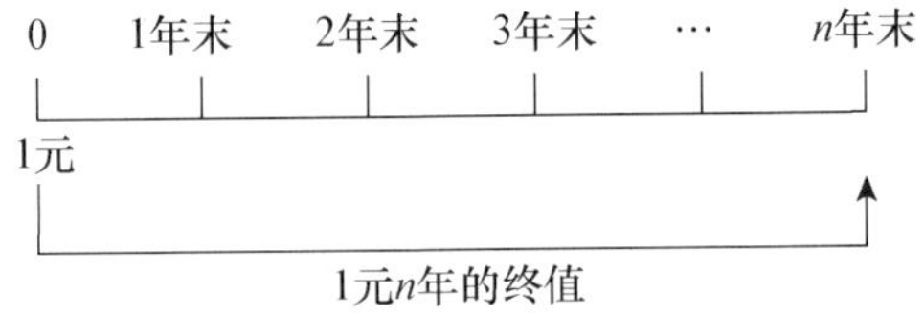

图5-1　复利终值计算

现在的1元钱，在年利率10%时，从第1年到第5年，各年年末的终值可计算如下：

1元1年的终值 $=1\times(1+10\%)=1.1$（元）

1元2年的终值 $=1.1\times(1+10\%)=1\times(1+10\%)^2=1.21$（元）

1元3年的终值 $=1.21\times(1+10\%)=1\times(1+10\%)^3=1.331$（元）

……

因此，复利终值的一般计算公式为：

$$FV_n=PV_0\times(1+i)^n$$

式中，FV_n 为终值，即第 n 年末的价值；PV_0 为现值，即0年（第1年初）的价值；i 为利率；n 为计息期数。

2. 复利现值

复利现值是指以后年份收到或付出资金的现在价值，复利现值计算解决的是 n 年后的1元钱现在值多少钱的问题（如图5-2所示）。

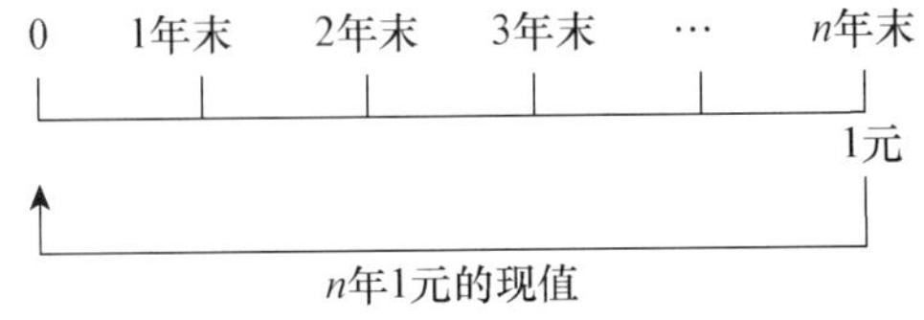

图5-2　复利现值计算

若年利率为10%，从第1年到第 n 年，各年末的1元钱的现值可计算如下：

1年1元的现值 $=1\div(1+10\%)^1=1\div1.1=0.909$（元）

2年1元的现值 $=1\div(1+10\%)^2=1\div1.21=0.826$（元）

3年1元的现值 $=1\div(1+10\%)^3=1\div1.331=0.751$（元）

……

因此，复利现值的一般计算公式为：

$$PV_0=FV_n\times\frac{1}{(1+i)^n}$$

式中，$(1+i)^n$和$\frac{1}{(1+i)^n}$分别称为复利终值系数（future value interest factor）和复利现值系数（present value interest factor）。其简略表示形式为$FVIF_{i,n}$和$PVIF_{i,n}$。在实际工作中，其数值可以查阅复利终值系数表和复利现值系数表（见本书附表一和附表二）。

以上两个公式，可分别改写为：

$$FV_n= PV_0\times FVIF_{i,n}$$
$$PV_0=FV_n\times PVIF_{i,n}$$

[例 5 - 1]

利民公司有一笔 123 600 元的资金，准备存入银行，希望在 7 年后利用这笔款项的本利和购买一套生产设备，当时的银行存款利率为复利 10%，该设备的预计价格为 240 000 元。试用数据说明 7 年后利民公司能否用这笔款项的本利和购买设备。

$$FV_n=123\ 600\times FVIF_{10\%,7}=123\ 600\times 1.949=240\ 896.4(\text{元})$$

可见，7 年后利民公司能够用这笔款项的本利和购买设备。

（二）普通年金终值和现值的计算

年金（annuity）是指一定期间内每期相等金额的收付款项，如固定资产折旧、无形资产摊销、房屋和设备的租金、利息、保险金、养老金等通常都采取年金形式。由于年金每次收付发生的时点各有不同，因而分为后付年金和先付年金：每期期末相等金额的收款或付款称为后付年金，由于该类年金发生更为普遍，又称普通年金；每期期初相等金额的收款或付款称为先付年金，或称预付年金。

1. 普通年金终值

普通年金终值犹如零存整取的本利和，是一定时期内每期期末收款或付款项的复利终值之和。

如每年存款 1 元，年利率 10%，经过 5 年，年金终值的计算如图 5 - 3 所示。

上例逐年的终值和年金终值，可计算如下：

1 元 1 年的终值$=1.000$(元)

1 元 2 年的终值$=(1+10\%)^1=1.100$(元)

1 元 3 年的终值$=(1+10\%)^2=1.210$(元)

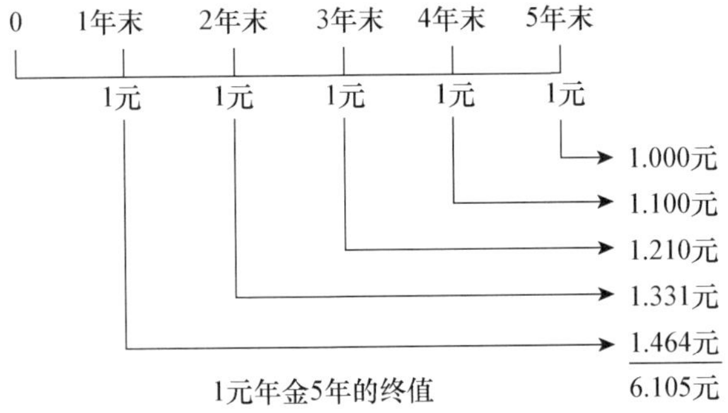

图 5-3　普通年金终值计算

1 元 4 年的终值 $=(1+10\%)^3=1.331$(元)

1 元 5 年的终值 $=(1+10\%)^4=1.464$(元)

1 元年金 5 年的终值 $=6.105$(元)

因此，年金终值的一般计算公式为：

$$FVA_n = A\sum_{t=1}^{n}(1+i)^{t-1}$$

式中，FVA_n为年金终值；A 为每次收付款项的金额；i 为利率；t 为每笔收付款项的计息期数；n 为全部年金的计息期数。

上式中的 $\sum_{t=1}^{n}(1+i)^{t-1}$ 称为年金终值系数（future value interest factors for annuity），其简略表示形式为 $FVIFA_{i,n}$。年金终值的计算公式可写成：

$$FVA_n=A\times FVIFA_{i,n}$$

普通年金终值系数可以通过查阅年金终值系数表（见本书附表三）获得。

［例 5-2］

一女孩每年得压岁钱 3 000 元，父母称钱先帮她攒着，等她上大学用。正常上大学年龄为 18 岁，如该期间投资报酬率为 5%，而大学期间总支出为 10 万元。若上大学时该女孩向其父母索要压岁钱，试问其父母应补她多少钱?

$$FVA_n=3\,000\times FVIFA_{5\%,18}=3\,000\times 28.132=84\,396(\text{元})$$

上大学时该女孩的压岁钱的本利和只有 84 396 元，无法满足她上大学期间的开支需要，因此父母还要补她 15 604 元。

2. 普通年金现值

普通年金现值是一定时期内每期期末收款或付款项的复利现值之和。如某项投资每年取得收益 1 元，年利率为 10%，为期 5 年，则该项投资收益的年金现值计算如图 5-4 所示。

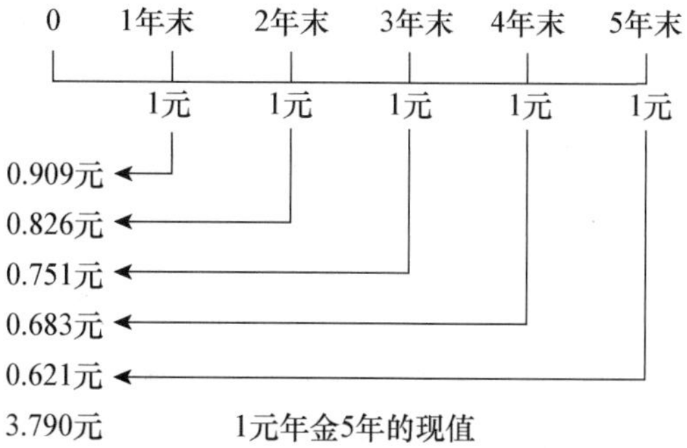

图 5-4 普通年金现值计算

上例逐年的现值和年金现值，可计算如下：

1 年 1 元的现值 $=1/(1+10\%)^1=0.909$(元)

2 年 1 元的现值 $=1/(1+10\%)^2=0.826$(元)

3 年 1 元的现值 $=1/(1+10\%)^3=0.751$(元)

4 年 1 元的现值 $=1/(1+10\%)^4=0.683$(元)

5 年 1 元的现值 $=1/(1+10\%)^5=0.621$(元)

1 元年金 5 年的现值 $=3.790$(元)

因此，年金现值的一般计算公式为：

$$PVA_n = A\sum_{t=1}^{n}\frac{1}{(1+i)^t}$$

式中，$\sum_{t=1}^{n}\frac{1}{(1+i)^t}$ 称为年金现值系数（present value interest factors for annuity)，其简略表示形式为 $PVIFA_{i,n}$。年金现值的计算公式可写成：

$$PVA_n = A \times PVIFA_{i,n}$$

后付年金现值系数可以通过查阅年金现值系数表（见本书附表四）获取。

[例 5-3]

某企业计划租用一设备，租期为 6 年，合同规定每年年末支付租金 1 000 元，年利率为 5%，试计算 6 年租金的现值是多少？

$$PVA_n = 1\,000 \times PVIFA_{5\%,6} = 1\,000 \times 5.076 = 5\,076(元)$$

6 年租金的现值是 5 076 元。

三、资金时间价值的灵活应用

(一) 递延年金现值的计算

递延年金是指在最初若干期没有收付款项的情况下，随后若干期等额的系列收付款项。m 期以后的 n 期年金现值的计算如图 5－5 所示。

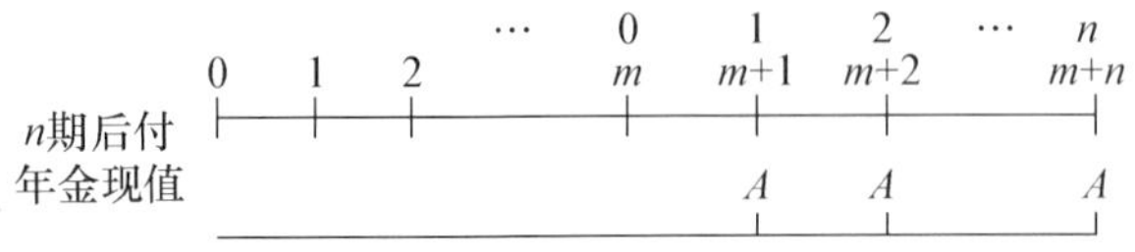

图 5－5　递延年金现值计算

递延 m 期后的 n 期年金与 n 期年金相比，两者付款次数相同，但这项递延年金现值是 m 期后的 n 期年金现值，还需再折现 m 期。因此，为计算 m 期年金现值，要先计算出该项年金在 n 期期初（m 期期末）的现值，再将它作为 m 期的终值贴现至 m 期期初。计算公式如下：

$$V_0 = A \times PVIFA_{i,n} \times PVIF_{i,m}$$

此外，还可求出 $m+n$ 期后付年金现值，减去没有付款的 m 期的后付年金现值，即为递延 m 期的 n 期后付年金现值。计算公式如下：

$$V_0 = A \times PVIFA_{i,n+m} - A \times PVIFA_{i,m}$$

［例 5－4］

老王将于 5 年后退休，为保证晚年幸福，计划从退休起的 30 年间，每年拿出 24 万元用于补充社会养老金账户。如未来期间平均收益率为每年 6%，那老王现在手里有多少钱才能满足其愿望？

$$\begin{aligned} V_0 &= A \times PVIFA_{i,n} \times PVIF_{i,m} \\ &= 24 \times PVIFA_{6\%,30} \times PVIF_{6\%,5} \\ &= 24 \times 13.765 \times 0.747 \\ &\approx 246.76(\text{万元}) \end{aligned}$$

或

$$\begin{aligned} V_0 &= A \times PVIFA_{i,n+m} - A \times PVIFA_{i,m} \\ &= 24 \times PVIFA_{6\%,35} - 24 \times PVIFA_{6\%,5} \\ &= 246.76(\text{万元}) \end{aligned}$$

（二）先付年金终值和现值的计算

先付年金是指一定时期内每期期初等额的系列收付款项。先付年金与后付年金的差别在于收付款的时间不同。由于年金终值系数表和年金现值系数表是按常见的后付年金编制的，在利用这种后付年金系数表计算先付年金的终值和现值时，可在计算后付年金的基础上加以适当调整。

1. 先付年金终值

n 期先付年金终值和 n 期后付年金终值之间的关系如图 5－6 所示。

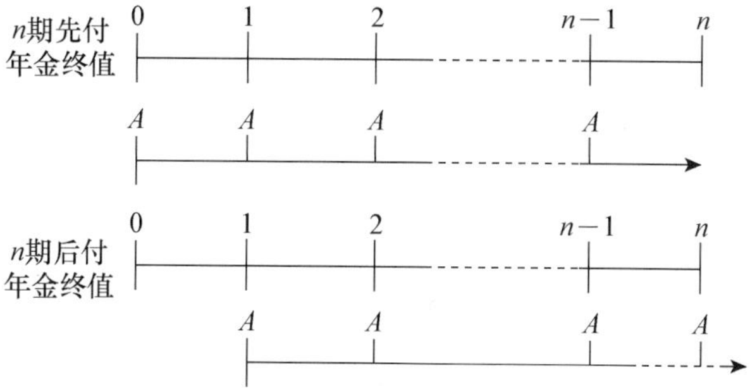

图 5-6　先付年金终值计算

n 期先付年金与 n 期后付年金比较，两者付款次数相同，但先付年金终值比后付年金终值多一个计息期。为求得 n 期先付年金终值，可在求出 n 期后付年金终值后，再乘以 $(1+i)$。计算公式如下：

$$V_n = A\times FVIFA_{i,n}\times(1+i)$$

此外，根据 n 期先付年金终值和 $n+1$ 期后付年金终值的关系，还可推导出另一公式。n 期先付年金与 $n+1$ 期后付年金比较，两者计息期数相同，但 n 期先付年金比 $n+1$ 期后付年金少付一次款。因此，只要将 $n+1$ 期后付年金的终值减去一期付款额，便可求得 n 期先付年金终值。计算公式如下：

$$V_n = A\times FVIFA_{i,n+1}-A$$

[例 5-5]

张先生每年年初存入银行 2 000 元，年利率 7%，则 5 年后本利和为：

$$2\,000\times\sum_{t=1}^{5}(1+7\%)^{t-1}\times(1+7\%)=2\,000\times5.751\times1.07 \approx 12\,307(\text{元})$$

或

$$2\,000\times\sum_{t=1}^{6}(1+7\%)^{t-1}-2\,000=2\,000\times7.153-2\,000 =12\,306(\text{元})$$

2. 先付年金现值

n 期先付年金现值和 n 期后付年金现值之间的关系如图 5-7 所示。

n 期先付年金现值和 n 期后付年金现值比较，两者付款次数相同，但先付年金现值比后付年金现值少折一期。为求得 n 期先付年金现值，可在求出 n 期后付年金现值后，再乘以 $(1+i)$。计算公式如下：

$$V_0 = A\times PVIFA_{i,n}\times(1+i)$$

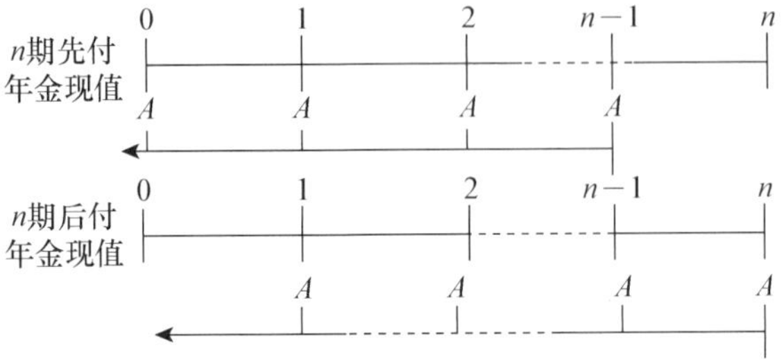

图 5-7　先付年金现值计算

此外，根据 n 期先付年金现值和 $n-1$ 期后付年金现值的关系，还可推导出另一公式。n 期先付年金与 $n-1$ 期后付年金比较，两者贴现期数相同，但 n 期先付年金比 $n-1$ 期后付年金多一期不需折现的付款。因此，先计算出 $n-1$ 期后付年金的现值，再加上一期不需折现的付款，便可求得 n 期先付年金现值。计算公式如下：

$$V_0 = A \times PVIFA_{i,n-1} + A$$

[例 5-6]

某公司租入 B 设备，若每年年初支付租金 4 000 元，年利率为 8%，则 5 年租金的现值为：

$$4\,000 \times \sum_{t=1}^{5} \frac{1}{(1+8\%)^t} \times (1+8\%) = 4\,000 \times 3.993 \times 1.08 \approx 17\,250(\text{元})$$

或

$$4\,000 \times \sum_{t=1}^{4} \frac{1}{(1+8\%)^t} + 4\,000 = 4\,000 \times 3.312 + 4\,000 = 17\,248(\text{元})$$

（三）不等额系列收付款现值的计算

在经济活动中，往往会发生每次金额不相等的系列收付款，这就需要计算不等额系列收付款的现值之和。不等额系列收付款的现值计算就是在若干次收付款复利现值计算的基础上，求其代数和。不等额系列收付款现值的计算公式如下：

$$PV_0 = U_1 \frac{1}{(1+i)^1} + U_2 \frac{1}{(1+i)^2} + U_3 \frac{1}{(1+i)^3} + \cdots + U_n \frac{1}{(1+i)^n} = \sum_{t=1}^{n} U_t \frac{1}{(1+i)^t}$$

[例 5-7]

5 年年末的现金流量如表 5-1 所示。

表 5-1　5 年的不等额系列付款　　单位：元

年 (t)	现金流量 (U_t)
1	1 000
2	2 000
3	3 000
4	2 000
5	1 000

若贴现率为 10%，则此项不等额系列付款的现值为：

$$\begin{aligned}&1\,000\times[1\div(1+10\%)^{1}]+2\,000\times[1\div(1+10\%)^{2}]\\&+3\,000\times[1\div(1+10\%)^{3}]+2\,000\times[1\div(1+10\%)^{4}]\\&+1\,000\times[1\div(1+10\%)^{5}]\\=&1\,000\times0.909+2\,000\times0.826+3\,000\times0.751+2\,000\times0.683\\&+1\,000\times0.621\\=&6\,801(\text{元})\end{aligned}$$

如果遇到年金与不等额系列收付款混合的情况，则可分段计算其年金现值与复利现值，然后加总。

[例 5-8]

某系列现金流量如表 5-2 所示，贴现率 10%，试计算该项系列收付款的现值。

表 5-2　年金和不等额系列收付款　　单位：元

年 (t)	现金流量 (U_t)
1	3 000
2	3 000
3	3 000
4	2 000
5	2 000
6	2 000
7	2 000
8	2 000
9	1 000

在这个例子中，1～3 年为等额收付款，可求 3 年期的年金现值，4～8 年亦为等额收付款，可求 8 年期的年金现值，但要扣除前三年的年金现值（即延期年金现值），第 9 年的现金流量可计算其复利现值。该项不等额系列收付款现值计算如下：

$$PV_0 = 3\,000 \times PVIFA_{10\%,3} + 2\,000 \times (PVIFA_{10\%,8} - PVIFA_{10\%,3}) + 1\,000 \times PVIF_{10\%,9}$$
$$= 3\,000 \times 2.487 + 2\,000 \times (5.335 - 2.487) + 1\,000 \times 0.424$$
$$= 13\,581(元)$$

（四）计息期短于一年的计算和折现率、期数的推算

上述计算资金时间价值的前提是计息期为一年，而且折现率和计息期数也定了。但在经济生活中，往往有计算期短于一年，或者需要根据已知条件确定折现率和计息期数的情况。

1. 计息期短于一年时间价值的计算

计息期就是每次计算利息的期限。在单利计算中，通常按年计算利息，不足一年的存款的利率可根据年利率乘以存款日数除以 365 天来计算，所以不需要单独规定计息期。在复利计算中，如按年复利计息，一年就是一个计息期；如按季复利计算，一季是一个计息期，一年就有四个计息期。计息期越短，一年中按复利计息的次数就越多，利息额就会越大。因此要事先规定计息期的长短。

一般而言，计息期以年为单位，n 是指计息年数，i 是指年利率。在实际经济生活中，计息期有时短于一年，如半年、季、月等，期利率应与之相匹配。如计息期为一季，就要求采用计息季数、季利率；如计息期为一月，就要求采用计息月数、月利率。为此，要研究不同计息期下终值和利息之间的关系。

按国际惯例，如果未做特别说明，i 是指年利率。大多数国家规定的利率是年利率。当计息期短于一年，而利率是年利率时，期利率和计息期数应加以换算，复利终值和现值的计算公式也要做适当调整。

当计息期短于一年时，期利率和计息期数的换算公式如下：

$$r = \frac{i}{m}$$
$$t = n \times m$$

式中，r 为期利率；i 为年利率；m 为每年的计息期数；n 为年数；t 为换算后的计息期数。

计息期换算后，复利终值和现值的计算可按下列公式进行：

$$FV_t = PV_0(1+r)^t = PV_0 \times \left(1+\frac{i}{m}\right)^{mn}$$

$$PV_0 = FV_t \times \frac{1}{(1+r)^t} = FV_t \times \frac{1}{\left(1+\frac{i}{m}\right)^{mn}}$$

[例 5-9]

张某将 1 000 元存入银行，年利率为 8%，按单利计算。如半年后取出，

其本利和为：

$$FV_{0.5}=1\,000\times(1+8\%\times1/2)=1\,040(\text{元})$$

［例 5－10］

北方公司向银行借款 1 000 元，年利率为 16%。按季复利计算，两年后应向银行偿付本利多少？

首先应换算 r 和 t，然后计算终值 FV_t。

$$r=16\%\div4=4\%$$

$$t=2\times4=8$$

$$FV_8=1\,000\times(1+4\%)^8=1\,000\times1.369=1\,369(\text{元})$$

［例 5－11］

某助学基金会想存一笔钱，在第 5 年年底获得 20 000 元，年利率为 12%，每季计息一次。现在应存入多少款项？

$$r=12\%\div4=3\%$$

$$t=5\times4=20$$

$$PV_0=20\,000\times\frac{1}{(1+3\%)^{20}}=20\,000\times0.554=11\,080(\text{元})$$

如果规定的年利率，而计息期短于一年，则规定的年利率将小于分期计算的年利率。分期计算的年利率可按下列公式计算：

$$k=(1+r)^m-1$$

式中，k 为分期计算的年利率；r 为计息期规定的年利率；m 为一年的计息期数。

上式是通过对一年期间利息的计算过程进行推导求得的。如果一年后的终值是 V_m，则一年期间的利息是 V_m，分期计算的年利率计算如下：

$$k=\frac{V_m-V_0}{V_0}=\frac{V_0\times(1+r)^m-V_0}{V_0}=(1+r)^m-1$$

［例 5－12］

北方公司向银行借款 1 000 元，年利率为 16%。按季复利计算，试计算其实际年利率。

这时 $r=4\%$，$m=4$，则

$$k=(1+4\%)^4-1=1.170-1=0.17=17\%$$

为了验证，可用分期计算的年利率 k 按年复利计算，求本利和。这时 $k=17\%$，$n=2$。计算出来的两年后终值，与用季利率按季复利计算的结果完全一样。

$$FV_2=1\ 000\times(1+17\%)^2=1\ 000\times1.369=1\ 369(\text{元})$$

在例 5－10 中，按 $r=4\%$，$t=8$ 计算的结果为：

$$FV_8=1\ 000\times(1+4\%)^8=1\ 000\times1.369=1\ 369(\text{元})$$

2. 折现率的推算

在计算资金时间价值时，如果已知现值、终值、年金和期数，而要求 i，就要利用已有的计算公式加以推算。

根据前述各项终值和现值的计算公式进行移项，可得出下列各种系数：

$$FVIF_{i,n}=\frac{FV_n}{PV_0}$$

$$PVIF_{i,n}=\frac{PV_0}{FV_n}$$

$$FVIFA_{i,n}=\frac{FVA_n}{A}$$

$$PVIFA_{i,n}=\frac{PVA_n}{A}$$

求出换算系数后，可从有关系数表的 n 期各系数中找到最接近的系数。这个最接近的系数所属的 i，就是要求的折现率的近似值。

现以普通年金为例，说明推算折现率的步骤：

（1）计算出 $FVA_n\div A$ 的值，假设 $FVA_n\div A=\alpha$。

（2）查普通年金现值系数表。沿着 n 所在的那一行横向查找，若恰好找到表中某一系数值等于 α，则该系数所在列的利率，便是所要求的 i 值。

（3）如果无法找到恰好等于 α 的系数值，就要在表中 n 行找出与 α 最接近的两个上下临界系数值，取其中与 α 更接近的一个系数值作为要选用的 i。

（4）如果要求折现率计算准确一些，则可用插值法来进行计算。假设在表中找出与 α 最接近的两个临界系数值为 β_1，β_2（$\beta_1>\alpha>\beta_2$ 或 $\beta_1<\alpha<\beta_2$），查出与 β_1，β_2 对应的临界利率 i_1，i_2，则可用插值法计算 i。计算公式如下：

$$i=i_1+\frac{\beta_1-\alpha}{\beta_1-\beta_2}\times(i_2-i_1)$$

［例 5－13］

现在存入银行 2 000 元，要想 4 年后能得到本利和 3 000 元，存款利率应为多少？

$$FVIF_{i,4}=3\ 000\div2\ 000=1.5$$

在复利终值系数表中，凡属 4 年期的各系数中，年利率 11%的值为 1.518，与 1.5 十分接近。可见，年利率大约为 11%时才能保证 4 年以后得到 3 000 元。

要使折现率更加准确，可用插值法来进行计算。

[例 5－14]

现在存入银行 5 000 元，问年利率 i 为多少时，才能保证在以后 10 年中每年得到 750 元利息。

$$PVIFA_{i,10}=5\ 000\div750=6.667$$

从年金现值系数表中可以看到，在 $n=10$ 的各系数中，i 为 8%时，系数是 6.710；i 为 9%时，系数是 6.418。可见，利率应在 8%～9%之间。假设 x 为超过 8%的百分数，可用插值法计算：

利率	年金现值系数
8%	6.710
?	6.667
9%	6.418

$$\left.\begin{array}{l}8\%\\ ?\end{array}\right\}x \quad \left.\begin{array}{l}8\%\\ 9\%\end{array}\right\}1\% \qquad \left.\begin{array}{l}6.710\\ 6.667\end{array}\right\}0.043 \quad \left.\begin{array}{l}6.710\\ 6.418\end{array}\right\}0.292$$

$$\frac{x}{1\%}=\frac{0.043}{0.292} \qquad x=0.147\%$$

所以　　$i=8\%+0.147\%=8.147\%$

此外，还要说明几点：

（1）对于先付年金利率 i 的推算，同样可采用上述方法。不同的是，求出 $FVA_n\div A$ 的值以后，令 $\alpha=(FVA_n\div A)+1$，然后在普通年金终值系数表中沿 $n+1$ 所在的行纵向查找，找出与 α 相等或相近的系数，据以确定 i。

（2）永续年金贴现率 i，可根据年金现值计算公式直接求得。

因为 $V_0=A\div i$，所以

$$i=A\div V_0$$

（3）一次性收付款的折现率，也可根据复利终值（或现值）的计算公式直接求得，而无须查表。

因为 $FV_n=PV_0\times(1+i)^n$，所以

$$FV_n\div PV_0=(1+i)^n$$

移项，得

$$i=\left(\frac{FV_n}{PV_0}\right)^{1/n}-1$$

[例 5－15]

现在存入银行 2 000 元，期望 4 年后得到本利和 3 000 元，存款利率应为多少？试直接计算求得（即不用查表）。

$$
\begin{aligned}
i &= (FV_n \div PV_0)^{1/n} - 1 \\
&= (3\,000 \div 2\,000)^{1/4} - 1 \\
&= (1.5)^{1/4} - 1 = 11\%
\end{aligned}
$$

（五）计息期长于附表所列期数的计算

在时间价值的计算中，会遇到计息期长于附表所列期数（30期）的情况，这时比照递延年金现值的计算进行一定的技术处理即可。

[例5-16]

老李计划贷款200万元用来改善居住条件，预计贷款期为5年，合同规定年利率为12%，按月支付利息（即采取等额本息法）。老李每个月应还多少钱？

这时，$n=5\times12=60$，则

$$
\begin{aligned}
i &= 12\% \div 12 = 1\% \\
2\,000\,000 &= A \times PVIFA_{1\%,30} \times PVIF_{1\%,30} + A \times PVIFA_{1\%,30} \\
&= A \times 25.808 \times 0.742 + A \times 25.808 \\
&= 44.957\,5A \\
A &= 2\,000\,000 \div 44.957\,5 \\
&= 44\,486.46(\text{元})
\end{aligned}
$$

第二节　资金成本

一、资金成本的概念及作用

1. 资金成本的概念

资金成本又称资本成本，是指企业筹集和使用资金必须支付的各种费用。包括：

（1）用资费用，是指企业在使用资金过程中支付的费用，如股利、利息等，其金额与使用资金的数额多少及使用时间的长短成正比，是资金成本的主要内容。

（2）筹资费用，是指企业在筹集资金过程中支付的费用，如借款手续费、证券发行费等，其金额与资金筹措有关，与使用资金的数额多少及使用时间的长短无关。

由于存在筹资费用，企业计划筹资额与实际筹资额往往并不相等，实际筹资额等于计划筹资额减筹资费用，因此企业使用资金的实际代价高于名义代价。如果不考虑所得税因素，资金成本应按下列公式计算：

$$
\text{资金成本} = \frac{\text{每年的用资费用}}{\text{筹资数额} - \text{筹资费用}}
$$

在资金成本的计算中，应注意两点：

(1) 所得税影响。如果管理者可以获得银行贷款100万元，利率10%，在所得税税率为25%时，10%为名义利率，真实利率（即资金成本）为7.5%（100×10%×(1−25%)÷100）。

原因在于各国税法规定，企业支付的股息、红利不能计入成本，只能列为利润分配；而支付的利息则可以计入企业成本，从而导致用资费用减少。所以，从税收的角度看，借债筹资比股本筹资更有利。

(2) 实际使用资金的数额。如果管理者从银行贷款100万元，利率10%，而银行要求企业必须有10%的存款才会考虑此笔贷款。不考虑所得税时，10%为名义利率，真实利率（即资金成本）为11.11%［100×10%÷(100−10)］。

原因在于管理者从银行实际只取得90万元的增量资金，从而导致实际使用资金的减少。

2. 资金成本的作用

(1) 在企业筹资决策中，资金成本是企业选择资金来源、拟定筹资方案的依据。这种影响主要表现在四个方面：资金成本是影响企业筹资总额的重要因素、是企业选择资金来源的基本依据、是企业选用筹资方式的参考标准、是确定最优资本结构的主要参数。

(2) 在企业投资决策中，当采用净现值指标决策时，常以资金成本作为折现率，此时净现值为正则投资项目可行，否则不可行。当以内部收益率指标决策时，资金成本是决定项目取舍的一个重要标准。只有当项目的内部收益率高于资金成本时，项目才可能被接受，否则就必须放弃。

二、个别资金成本的计算

个别资金成本是指各种筹资方式的资金成本，个别资金成本是综合资金成本计算及相关决策的重要依据。

1. 债券成本

由于债券利息在税前支付，具有减税效应，因此债券成本的计算公式为：

$$K_b=\frac{I(1-T)}{B_0(1-f)}=\frac{B\times i\times(1-T)}{B_0(1-f)}$$

式中，K_b为债券成本；I为债券每年支付的利息；T为所得税税率；B为债券面值；i为债券票面利息率；B_o为债券筹资额，按发行价格确定；f为债券筹资费率。

［例5－17］

某公司拟溢价10%发行总面额为100万元，票面利率为8%的5年期债券，每年付息一次。发行费用为发行价格的 5%，公司所得税税率为 25%，该债券的成本为：

$$K_b=\frac{100\times8\%\times(1-25\%)}{110\times(1-5\%)}\times100\%=5.74\%$$

本例中如果按面额平价发行，则债券的成本为：

$$K_b=\frac{100\times8\%\times(1-25\%)}{100\times(1-5\%)}\times100\%=6.32\%$$

如果折价 10%按 90 万元发行，则债券的成本为：

$$K_b=\frac{100\times8\%\times(1-25\%)}{90\times(1-5\%)}\times100\%=7.02\%$$

由以上计算可以看出，与平价发行相比，溢价发行使得公司债券成本降低，而折价发行使得公司债券成本升高。

2. 银行借款成本

银行借款与债券都属于负债，借款利息同样计入企业成本，享受减税利益，其计算公式为：

$$K_l=\frac{I(1-T)}{L(1-f)}=\frac{L\times i\times(1-T)}{L(1-f)}$$

式中，K_l为银行借款成本；I 为银行借款年利息；L 为银行借款筹资总额；T 为所得税税率；i 为银行借款利息率；f 为银行借款筹资费率。

[例 5-18]

某企业从银行取得长期借款 100 万元，年利率为 8%，期限为 3 年，每年付息一次，到期一次还本。假定筹资费率为 2%，企业所得税税率为 25%，则借款成本为：

$$K_l=\frac{100\times8\%\times(1-25\%)}{100\times(1-2\%)}\times100\%=6.12\%$$

3. 优先股成本

优先股的成本由筹资费用和股利构成，股利在税后支付，无法享受减税利益。优先股成本的计算公式为：

$$K_p=\frac{D}{P_0(1-f)}$$

式中，K_p为优先股成本；D 为优先股每年的股利；P_o为发行优先股总额；f 为优先股筹资费率。

[例 5-19]

某公司拟发行面值总额为 200 万元的优先股，固定股息为 12%，发行价格为 250 万元，筹资费率为 5%，则优先股成本为：

$$K_p=\frac{200\times12\%}{250\times(1-5\%)}\times100\%=10.11\%$$

4. 普通股成本

普通股成本的计算主要采用估价法，这是一种利用普通股现值的公式计算普通股成本的方法。普通股现值的计算公式为：

$$V_0=\sum_{i=1}^{n}\frac{D_i}{(1+K_s)^i}+\frac{V_n}{(1+K_s)^n}$$

式中，V_o为普通股现值；D_i为第 i 期支付的股利；V_n为普通股终值；K_s为普通股成本。

由于股票没有到期日，当 $n\rightarrow\infty$时，普通股现值的计算公式为：

$$V_0=\sum_{i=1}^{n}\frac{D_i}{(1+K_s)^i}$$

许多公司的股利都是不断增加的，假设年增长率为 g，则普通股成本的计算公式为：

$$K_s=\frac{D_1}{V_0(1-f)}+g$$

式中，D_1为第 1 年的股利；f 为普通股筹资费率。

[例 5-20]

某公司新发行股票，每股市场价格 10 元，发行费率为股票市价的 5%，若每年股利固定为 1 元，长期保持不变，该公司新发行股票的成本为：

$$K_0=\frac{D_1}{V_0(1-f)}=\frac{1}{10\times(1-5\%)}\times100\%=10.53\%$$

[例 5-21]

仍按上例的资料，若每年股利不固定，预计第一年的股利为 0.8 元，未来每年股利按 6%的比率增长，则该公司新发行股票的成本为：

$$K_s=\frac{0.8}{10\times(1-6\%)}\times100\%+6\%=14.51\%$$

5. 未分配利润成本

未分配利润成本的计算与普通股基本相同，因为未分配利润的最终所有权归普通股股东，但不用考虑筹资费用。未分配利润成本的计算公式为：

$$K_e=\frac{D}{V_0}$$

式中，K_e为未分配利润成本；D 为股利；V_0为普通股现值。

股利不断增加的企业，其公式为：

$$K_e=\frac{D_1}{V_0}+g$$

式中，K_e为未分配利润成本；D_1 为第 1 年股利；V_0 为普通股现值；g 为普通股年增长率。

三、综合资金成本的计算

企业的筹资方式往往是多样化的，因此企业总的资金成本应是各类资金资本的加权平均，即综合资金成本。综合资金成本是以各类资金在全部资金中所占的比重为权数，对各类资金的资金成本进行加权平均后形成的，其计算公式为：

$$K_w = \sum_{j=1}^{n} K_j W_j$$

式中，K_w为综合资金成本；K_j为第 j 类个别资金成本；W_j为第 j 类个别资金占全部资金的比重。

在计算加权平均资本成本时，最关键的问题是如何确定各类资本的权数。各类资本权数的确定通常有三种方法，即账面价值权数法、市场价值权数法和目标价值权数法。

（1）账面价值权数法的主要优点是资料容易取得，但是由于资本的账面价值常常与市场价值差别较大，特别是股票、债券等的市场价格变动较大，如果以账面价值作权数进行计算，结果会与实际有很大的差别。

（2）市场价值权数法以股票、债券的市场价格为基础，确认各类资本的权数，用此方法计算出的综合资本成本与实际较为接近。但由于股票、债券的市场价格变动频繁，所以有时采用它们的市场平均价格作为确认权数的基础。

（3）账面价值权数法和市场价值权数法计算权数的基础是资本过去或现在的价值，有时为了反映企业预期的资本结构，可以采用股票、债券预计的目标市场价值计算权数，这种确定权数的方法就叫作目标价值权数法。这种方法最大的问题是很难客观合理地确定股票、债券的目标价值，因此很难推广使用。

[例 5－22]

某公司资本总量为 1 000 万元，其中长期借款 200 万元，年利息 20 万元，手续费忽略不计；企业发行总面额为 100 万元的 10 年期债券，票面利率为

12%，发行费率为5%；此外公司普通股为500万元，预计第1年的股利率为15%，以后每年增长1%，筹资费率为2%；优先股150万元，股利率固定为20%，筹资费率也是2%；公司未分配利润总额为50万元。该公司所得税税率为25%。

借款成本为：

$$K_l=\frac{I(1-T)}{L(1-f)}=\frac{20\times(1-25\%)}{200}=7.5\%$$

债券成本为：

$$K_b=\frac{I(1-T)}{B_0(1-f)}=\frac{100\times12\%\times(1-25\%)}{100\times(1-5\%)}=9.47\%$$

普通股成本为：

$$K_s=\frac{D_1}{V_0(1-f)}+g=\frac{500\times15\%}{500\times(1-2\%)}+1\%=16.31\%$$

优先股成本为：

$$K_p=\frac{D}{P_0(1-f)}=\frac{150\times20\%}{150\times(1-2\%)}=20.41\%$$

未分配利润成本为：

$$K_e=\frac{D_1}{V_0}+g=\frac{50\times15\%}{50}+1\%=16\%$$

综合资金成本为：

$$\begin{aligned}K_w &= \sum_{j=1}^{n}K_jW_j\\ &=7.5\%\times(200\div1\,000)+9.47\%\times(100\div1\,000)+16.3\%\times(500\div1\,000)\\ &\quad+20.41\%\times(150\div1\,000)+16\%\times(50\div1\,000)\\ &=1.5\%+0.947\%+8.15\%+3.06\%+0.8\%\\ &=14.46\%\end{aligned}$$

第三节 风险报酬及其计量

一、风险及其基本分类

1. 风险

风险是指某一行动的结果具有变动性。

从财务管理的角度讲，风险是指企业在各项财务活动过程中，由于各种难以预料或难以控制的因素的作用，企业的实际收益与预计收益发生背离，从而蒙受经济损失的可能性。

由于风险与收益同方向变动，因而正确地估计风险可能给企业带来超过预期的收益，而错误地估计风险则可能给企业带来超过预期的损失。

因此，风险管理的目的是正确地估计和计量风险，在对各种可能结果进行分析的基础上，趋利防弊，以求以最小的风险谋求最大的收益。

风险原理揭示了风险同收益之间的关系，它同资金时间价值原理一样，是财务决策的基本依据。

2. 风险的基本分类

风险可以基于不同的管理需要进行分类，对未来情况的掌握程度是风险分类的基础，包括以下三种：

（1）确定性决策。指未来情况能够确定或已知的决策。如购买政府发行的5年期国库券10 000元，年利率6%，就属于确定性决策。因为国家经济实力雄厚，事先规定的债券利息到期肯定可以实现，是可预知归还日期、归还金额并且没有风险的。需要强调的是，风险是从不同角度观察的结果，如购买5年期的美元债券10 000元，年利率6%，在单利计息时，5年后收回本利和13 000元，属于确定性决策，似乎没有风险。但如果5年内美元汇率波动了，那么从别的层面（美元汇率波动）看风险就产生了。

（2）风险性决策。指未来情况不能完全确定，但各种情况发生的可能性即概率已知的决策。如购买某家用电器公司的股票，已知该公司股票在经济繁荣、一般、萧条时的收益率分别为15%，10%，5%；另根据有关资料分析，认为近期该行业繁荣、一般、萧条的概率分别为30%，50%，20%，这种决策就属于风险性决策。

（3）不确定性决策。指未来情况不仅不能完全确定，而且各种情况发生的可能性即概率不清楚的决策。如投资某煤炭工程，若开发顺利可获得100%的收益，但若找不到理想的煤层将发生亏损。至于是否能找到理想的煤层，获利与亏损的可能性各有多少事先很难预料，这种决策就属于不确定性决策。

企业的经济活动大多是在风险和不确定的情况下进行的，离开了风险因素就无法正确评价企业收益的高低。在财务管理中对风险性决策和不确定性决策并不做严格区分，对管理者来说，应通过提高自己的能力和水平，把不确定性决策转为风险性决策，进行定量化最优决策。

3. 风险报酬

风险在投资中是经常存在的。投资者讨厌风险，不愿遭受损失，但为什么要进行风险投资呢？这是因为风险投资有可能获得额外的收益——风险报酬。

风险报酬有两种表示方法：风险报酬额和风险报酬率。投资者冒风险进行投资而获得的超过资金时间价值的额外收益，称为风险报酬额；风险报酬额与原投资额的比率，就是风险报酬率。

由于风险与报酬同增（高风险、高报酬，低风险、低报酬），因而在面临风险与报酬的选择时，人们总想冒较小的风险而获得较多的收益，至少要使所得的收益与所冒的风险相当，这是对投资的基本要求。

二、单项资产（投资）风险价值的计算

如上所述，风险是指某一行动的结果具有变动性，因而与概率直接相关。在衡量单项资产（投资）风险时应按以下步骤进行：

（1）确定某一行动结果的变动性，即概率分布。如对 A 企业 2015 年度利润的预测为：在市场销售状况良好时利润为 100 万元、在市场销售状况一般时利润为 60 万元、在市场销售状况较差时利润为 30 万元，而市场销售状况良好、市场销售状况一般、市场销售状况较差等三种市场状况出现的概率分别为 20%，50%，30%。由于三种市场状况出现的概率之和为 100%，因而符合风险价值计算的要求。

[例 5-23]

南方公司某投资项目有甲、乙两个方案，投资额均为 10 000 元，其收益的概率分布如表 5-3 所示。

表 5-3 某投资项目甲、乙两方案收益的概率分布表

经济情况	概率（P_i）	收益（随机变量 X_i）	
		甲方案	乙方案
繁荣	$P_1=0.20$	$X_1=600$	$X_1=700$
一般	$P_2=0.60$	$X_2=500$	$X_2=500$
较差	$P_3=0.20$	$X_3=400$	$X_3=300$

概率以 P_i 表示。任何概率都要符合以下两条规则：

1）$0\leqslant P_i\leqslant 1$；

2）$\sum_{i=1}^{n} P_i = 1$。

这就是说，每一个随机变量的概率最小为 0，最大为 1，不可能小于 0，也不可能大于 1。全部概率之和必须等于 1，即 100%。n 为可能出现的所有结果的数量。

（2）计算该行动结果的期望值，即上述概率分布中所有行动未来结果的加权平均值。其计算公式如下：

$$\bar{E}=\sum_{i=1}^{n}X_iP_i$$

式中，X_i为概率分布中第i种可能结果；P_i为概率分布中第i种可能结果的相应概率。根据表5-3，分别计算甲、乙两方案的预期收益如下：

$$\bar{E}_{甲}=600\times0.2+500\times0.6+400\times0.2=500(万元)$$
$$\bar{E}_{乙}=700\times0.2+500\times0.6+300\times0.2=500(万元)$$

应强调的是，上述期望收益值是各种未来收益的加权平均数，并不反映风险程度的高低。

（3）标准离差。反映各随机变量偏离期望收益值程度的指标之一，以绝对额反映风险程度的高低。其计算公式如下：

$$\delta=\sqrt{\sum(随机变量X_i-期望值E)^2\times概率P_i}$$

代入表中数据求得：

$$\delta_{甲}=[(600-500)^2\times0.20+(500-500)^2\times0.60+(400-500)^2\times0.20]^{1/2}$$
$$=63.25$$
$$\delta_{乙}=[(700-500)^2\times0.20+(500-500)^2\times0.60+(300-500)^2\times0.20]^{1/2}$$
$$=126.49$$

从标准离差来看，乙方案的风险比甲方案的大。

（4）标准离差率。反映各随机变量偏离期望收益值程度的指标之一，以相对数反映风险程度的高低。其计算公式如下：

$$V=\frac{\delta}{E}$$

根据以上公式，代入上例数据求得：

$$V_{甲}=(63.25\div500)\times100\%=12.65\%$$
$$V_{乙}=(126.49\div500)\times100\%=25.30\%$$

从标准离差率来看，乙方案的风险比甲方案的大。

标准离差属于绝对额指标，适用于单一方案的选择，不适用于多方案的选择；标准离差率属于相对数指标，常用于多方案的选择。

（5）风险报酬率。标准离差率可以反映投资者所冒风险的程度，但无法反映风险与收益的关系。风险越大，收益率应越高，而风险报酬与反映风险程度的标准离差率成正比例关系。风险报酬率可按下述公式计算：

$$风险报酬率R_R=风险价值系数b\times标准离差率V$$

$$风险报酬额P_R=收益期望值\bar{E}\times\frac{风险报酬率R_R}{无风险报酬率R_F+风险报酬率R_R}$$

上例中，如果风险价值系数为8%，则风险报酬率为：

$$R_{R甲}=8\%\times12.65\%=1.012\%$$

$$R_{R乙}=8\%\times25.30\%=2.024\%$$

（6）风险决策的基本规则。由于风险与报酬同增，人们的风险好恶不同，因此为了在风险条件下做出正确的决策，对单个方案往往是将该方案的标准离差（或标准离差率）与企业设定的标准离差（或标准离差率）的最高限值比较，当前者小于或等于后者时，该方案可以接受，否则拒绝；对多个方案则是将该方案的标准离差率与企业设定的标准离差率的最高限值比较，当前者小于或等于后者时，该方案可以接受，否则拒绝。只有这样，才能选择标准离差最低、期望收益最高的最优方案。

三、组合投资的风险与报酬

（一）组合投资的风险

投资者同时把资金投给多个投资项目，称为组合投资。由于投资项目往往是有价证券，故又称证券组合。按是否可以分散，投资风险分为可分散风险和不可分散风险。

1. 可分散风险

可分散风险又称非系统性风险或公司特别风险，是指某些因素给单一投资造成经济损失的可能性。这种风险可以通过投资的多样化来抵消。一般讲只要投资多样化，这种风险是可以分散的。随着投资种类的增加，该风险将逐渐减少，并最终降为零。此时，组合投资的风险只剩下不可分散风险了。

例如，某公司所购的W股票和M股票构成某一证券组合，每种股票各占50%，它们的报酬率和风险的情况见表5-4。

表5-4 完全负相关的两种股票构成的证券组合的报酬情况

年份（t）	W股票 K_W	M股票 K_M	WM的组合 K_P
1977	40%	−10%	15%
1978	−10%	40%	15%
1979	35%	−5%	15%
1980	−5%	35%	15%
1981	15%	15%	15%
平均报酬率（K）	15%	15%	15%
标准离差（δ）	22.6%	22.6%	0.0%

根据表5-4，可以绘制出W股票、M股票及其证券组合的报酬图，如图5-8所示。

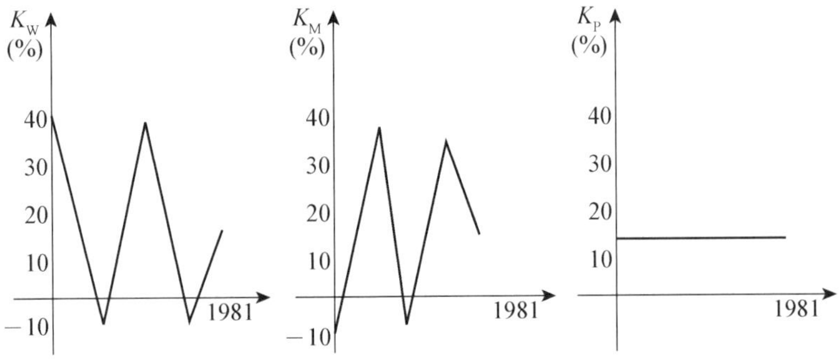

图 5-8 两种完全负相关股票的报酬图

从表 5-4 和图 5-8 中可以看出，如果分别持有 W 股票和 M 股票，都有很大风险，但如果把它们组合成一个证券组合，则证券组合的可分散风险降到零。

W 股票和 M 股票之所以能组成一个无风险的证券组合，是因为其报酬率呈相反的变化，即当 W 股票的报酬下降时，M 股票的报酬正好上升；而当 W 股票的报酬上升时，M 股票的报酬正好下降。股票 W 和 M 呈完全负相关，相关系数 $r=-1.0$。当然上面这个例子是极端的，在实际生活中两种股票之间不可能出现这种绝对的负相关，但此例展现了负相关的典型状态。

与完全负相关相反的是完全正相关，相关系数 $r=1.0$。两个完全正相关的股票的报酬将一起上升或下降，由这样的两种股票组成的证券组合不能抵消风险。

根据以上分析可知，当两种股票完全负相关时，同时持有两种股票，所有的非系统性风险都可以分散掉；当两种股票完全正相关时，分散持有股票不能抵减风险。实际上，大部分股票都是正相关，但并不是完全正相关。一般来说，随机选取两种股票，其相关系数为+0.6 左右的最多，而在绝大多数情况下，两种股票的 r 往往位于+0.5～+0.7 之间。在这种情况下，把两种股票组合成证券组合有可能抵减风险，但不能全部消除风险。如果股票种类较多，则能分散掉大部分风险；而当股票种类足够多时，则几乎能把所有的非系统性风险分散掉。

2. 不可分散风险

不可分散风险又称系统性风险或市场风险，是指某些因素给市场上所有投资带来经济损失的可能性。如宏观经济状况的变化、国家税法的变化、国家财政政策和货币政策的变化、世界能源状况的改变等，都会使投资报酬发生变动。这些风险影响到所有的证券，不可能通过证券组合分散掉。即使投资者持有的是收益水平及变动情况相当分散的证券组合，也无法避免这种风险。对投资者来说，这种风险是无法消除的。但是，这种风险对不同企业、不同证券的影响不同。例如，例 5-23 中，南方公司在经济情况发生变化时，甲、乙两个方案的风险是不同的。乙方案的风险要大于甲方案的风险。

不可分散风险通常用β系数来衡量。其计算公式如下：

$$\beta=\frac{\text{某种证券的风险报酬率}}{\text{证券市场上所有证券平均的风险报酬率}}$$

这是一个高度简化的公式，实际计算过程非常复杂。在实际工作中，β系数一般不是投资者自己计算的，而是由一些机构定期计算并公布。美国几家公司的β系数和我国几家上市公司的β系数如表5-5、表5-6所示。

表5-5　美国有关公司的β系数

公司名称	β系数
通用汽车	1.00
苹果电脑	1.25
STORAGE TECHNOLOGY	1.50
克莱斯勒汽车	1.35
IBM	0.95
AT&T	0.85
杜邦	1.10

资料来源：美国价值线投资公司，1991-05-31.

表5-6　我国有关公司的β系数

股票代码	公司名称	β系数
600886	湖北兴化	0.590 5
600887	伊利股份	0.621 6
600742	一汽四环	0.707 6
600874	渤海化纤	1.166 0
600871	仪征化纤	1.252 8
600872	中山火炬	1.354 8

资料来源：1997年中国证券市场展望. 北京：中国人民大学出版社，1997. 所列β系数名为中国人民大学β系数，由中国人民大学金融与证券研究所编制。

整体的股票市场组合的β系数为1。如果某种股票的风险情况与整个股票市场的风险情况一致，则其β系数等于1；如果某种股票的β系数大于1，说明其风险高于整个市场的风险；如果某种股票的β系数小于1，说明其风险低于整个市场的风险。

以上说明了单个股票β系数的计算方法。至于证券组合的β系数，应当是单个证券β系数的加权平均，权数为各种股票在证券组合中所占的比重。其计算公式如下：

$$\beta_p=\sum_{i=1}^{n}x_i\beta_i$$

式中，β_p 为证券组合的 β 系数；x_i 为证券组合中第 i 种股票所占的比重；β_i 为第 i 种股票的 β 系数；n 为证券组合中股票的数量。

上述内容可归结如下：

（1）一种股票的风险由两部分组成，包括可分散风险和不可分散风险。可用图 5－9 加以说明。

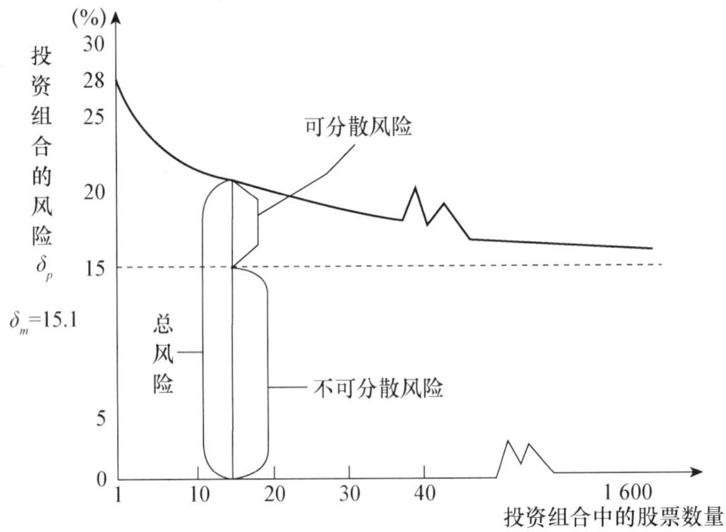

图 5－9 证券风险构成图

（2）可分散风险可通过证券组合来消除或减少。从图 5－9 中可以看到，可分散风险随证券组合中股票数量的增加而逐渐减少。根据国外近几年的资料，一种股票组成的证券组合的标准离差 δ_1 大约为 28%，而由所有股票组成的证券组合叫市场证券组合，其标准离差 δ_m 为 15.1%。这样，一个包含 40 种股票而又比较合理的证券组合，通常可消除大部分可分散风险。

（3）股票的不可分散风险由市场变动产生，它对所有股票都有影响，不能通过证券组合来消除。不可分散风险用 β 系数来测量，几项标准的 β 值如下：

β=0.5，说明该股票的风险只有整个市场股票风险的一半；

β=1.0，说明该股票的风险等于整个市场股票的风险；

β=2.0，说明该股票的风险是整个市场股票风险的两倍。

（二）组合投资的报酬

风险与报酬总是相适应的，低风险则低报酬，高报酬意味着高风险。因此：

（1）由于多样化投资可以把所有的非系统风险分散掉，因而组合投资的风险只剩下系统风险。从这一点来讲，组合投资的收益只反映系统风险（暂不考虑时间价值和通货膨胀因素）的影响程度，组合投资的风险报酬是投资者因冒不可分散风险而要求得到的超过时间价值的那部分额外报酬。用公式表示为：

$$R_p=\beta_p(K_m-R_f)$$

式中，R_p为组合投资的风险报酬率；β_p为组合投资的β系数；K_m为所有投资的平均报酬率，又称市场报酬率；R_f为无风险报酬率，一般用国家公债利率表示。

（2）组合投资的风险和报酬的决定因素。决定组合投资风险和报酬高低的关键因素是不同组合投资中各证券的比重，因为个别证券的β系数是客观存在的，是无法改变的。但人们可以通过改变组合投资中的证券种类或比重来改变组合投资的风险和报酬。

由于$\beta_p=\sum_{i=1}^{n}x_i\beta_i$，因此人们可以通过调整某一组合投资内各证券的比重来控制该组合投资的风险和报酬。

（3）组合投资的风险和报酬的关系可以用资本资产定价模型来表示：

$$K_i=R_f+\beta_p(K_m-R_f)$$

此时，K_i代表的是在不考虑通货膨胀情况下无风险报酬率与风险报酬率之和。

[例 5－24]

某企业持有甲、乙、丙三种股票构成的证券组合，其β系数分别是 1.2，1.6 和 0.8，它们在证券组合中所占的比重分别是 40%，35%和 25%，此时证券市场的平均报酬率为 10%，无风险报酬率为 6%。问：

（1）上述组合投资的风险报酬率和报酬率是多少？

（2）如果该企业要求组合投资的报酬率为 12%，可以采取何种措施来满足投资的要求？

解：

（1）$\beta_p=1.2\times40\%+1.6\times35\%+0.8\times25\%=1.24$

$R_p=1.24\times(10\%-6\%)=4.96\%$

$K_i=6\%+4.96\%=10.96\%$

（2）由于该组合的报酬率（10.96%）低于企业要求的报酬率（12%），因此，可以通过提高β系数高的甲种或乙种股票的比重、降低丙种股票的比重来实现这一目的。

思考题

1. 如何理解“飞机只有在天上才能赚钱”这句话？请说明理由。
2. 资本成本是成本吗？这里成本的内涵是什么？

3. 为什么资本成本计算中包含支付给股东的股息和红利？它不是利润的分配吗？

4. 在风险管理中，一定是风险越大报酬越高吗？

5. 人们对风险的态度是什么？是越大越好，还是越小越好？为什么？

6. 确定性决策就没有风险吗？为什么？

7. 资本资产定价模型的作用是什么？

计算题

1. 王先生打算在每年年初存入一笔相等的资金以备第三年年末使用，假定存款年利率为3%，单利计息，王先生第三年年末需用的资金总额为31 800元。

思考：

王先生每年年初需存入的资金是多少？

2. 任女士采用分期付款方式购买一套房子，贷款共计50万元，在20年内等额偿还，年利率为6%，按复利计息。

思考：

任女士每年应偿还银行的金额是多少？

3. 老王参加保险，每年投保金额为2 400元，投保年限为15年，在投保收益率为8%的条件下，每年年末支付保险金。

思考：

（1）15年后老王可得到多少现金？

（2）如果每年年初支付保险金，15年后老王又可得到多少现金？

4. 老刘计划购买一套商品房，有三种付款方式可以选。

A：每年年初支付购房款80 000元，连续支付8年。

B：从第三年开始，每年年末支付房款132 000元，连续支付5年。

C：现在支付房款100 000元，以后在每年年末支付房款90 000元，连续支付6年。

思考：

在市场资金收益率为14%的条件下，选择何种付款方式最为有利？

5. 债券市场有一个3年前发行的8年后一次还本债券，债券票面金额为100元，票面利率为6%，每年年末付一次利息，第3次利息刚刚付过，目前市场利率为5%。

思考：

（1）该债券目前的价值为多少？

（2）若该债券此时市价为105元，是否值得购买？

6. 证券市场的平均收益率为10%，国家公债利率为6%。

思考：

(1) 市场风险报酬率为多少?

(2) 当β值为1.5时，必要报酬率应为多少?

(3) 如果一投资计划的β值为0.5，期望报酬率为9.8%，是否应当进行投资?

7. 老王将于10年后退休，为使晚年幸福，计划从退休起的30年间，每年从养老金账户支出24万元用于养老。老王的儿子小王为此计划在未来10年内每年等额存入银行一笔钱，未来年平均收益率为6%。

思考：

小王每年存入银行多少钱才能满足老王的愿望?

第六章

基于报表的财务分析

弗兰克用他自己的现金和银行借款创办了一家公司。前两年，公司略有亏损，但他觉得可以承受。第 3 年，公司财务报表显示有超过 100 000 美元的利润，弗兰克认为这是件好事。

直到会计人员告诉他公司没有足够的现金来支付所得税时，他才发现情况不妙。弗兰克不相信会计人员告诉他的结果，直到会计人员为他编制了一份现金流量表，并告诉他现金与利润之间的差别。由于利润与现金流量并不相等，因此，现金对所有企业，特别是小企业十分重要。那些不懂得现金流量的经理人员，即使在企业真的有利润时，也可能碰到问题。因为现金既可能占用在因预期销售增长而增加的存货上，也可能占用在应收款项上而得不到收回。

弗兰克遇到了麻烦：为创业而向银行所借的款项恰恰在公司扭亏为盈时到期归还，此时公司需要更多的资金来支持未来的扩张。这时，现金预算将会告诉弗兰克经营活动产生的现金流入情况，因偿还借款而产生的现金流出情况，以及占用在存货和应收款项上的现金流量变化情况。显然，如果现金占用在因预期销售增长而增加的存货上，弗兰克不会有麻烦，因为盈利产生的扩张将使公司未来获得更多的利润，其债务不仅可以延期，而且还会获得新的贷款。但是如果现金占用在应收款项上而得不到收回，弗兰克将遇到麻烦，糟糕的财务状况不仅使债务无法延期，而且公司不能获得新的贷款。

第一节　利润表

一、利润表的结构与功能

利润表是反映企业在一定期间（月、季、年）生产经营成果的财务报表，该表提供有关企业获利能力以及利润增减变化原因等信息，但按权责发生制填制时，对未来的反映会受到一定程度的影响。

管理者非常重视利润是怎么形成的，因为利润的多少并不一定能反映企业的质量。

以中兴通讯为例，至2017年年底前10年的利润总计262.2亿元，其中处置股权的投资收益为88.8亿元，各种退税及政府补贴收入扣减营业外支出的金额为180.87亿元，合计占利润总额的102.85%。这说明中兴通讯的主营业务利润是负的，企业的价值不高。

设置利润表是为了反映利润的形成。利润＝收入－成本－费用，但利润的形成有不同的来源（不是利润表中的自然分类），以制造业为例：

1. 销售利润

销售利润＝销售收入－销售成本－销售税金及附加

销售利润反映现有产品的核心盈利能力和核心竞争力，在企业盈利能力和竞争力体系中至关重要。

2. 经营利润

经营利润＝销售利润－销售费用－管理费用－研发费用－财务费用

经营利润反映企业正常经营管理所取得的成效，体现“管理出效益”的要求。

3. 营业利润

营业利润＝经营利润＋投资收益

营业利润反映企业在正常经营活动中取得的全部所得。其中，投资收益反映投资的效益，并对企业未来发展有积极的促进作用。

也就是说，企业的利润来自产品、经营管理、投资，反映了企业的现在（产品、经营管理）和未来（投资），对企业健康持续发展有重要、关键的影响（如表6-1所示）。

表6-1　利润表

编制单位：　　　　××××年

项目	本期金额	上期金额
营业总收入		
营业收入		
营业总成本		
营业成本		
税金及附加		
销售费用		
管理费用		
研发费用		
财务费用		

续表

项目	本期金额	上期金额
加：公允价值变动收益		
投资收益		
其中：对联营企业和合营企业的投资收益		
资产减值损失		
营业利润		
加：营业外收入		
其中：非流动资产处置利得		
减：营业外支出		
其中：非流动资产处置净损失		
利润总额		
减：所得税费用		
净利润		

利润表具有以下功能：评价经营成果和获利能力，帮助管理者做出经营决策，评价管理人员的工作绩效，预测企业未来获利和偿债能力。

二、责任及责任的履行

在利润的形成过程中，各司其职是有明确含义的。因此，利润表在反映利润的形成过程中，首先要确定责任单位，然后根据职责和权力确定责任单位所负责任，最后根据责任的履行情况考核各个责任单位的业绩（如图6-1所示）。

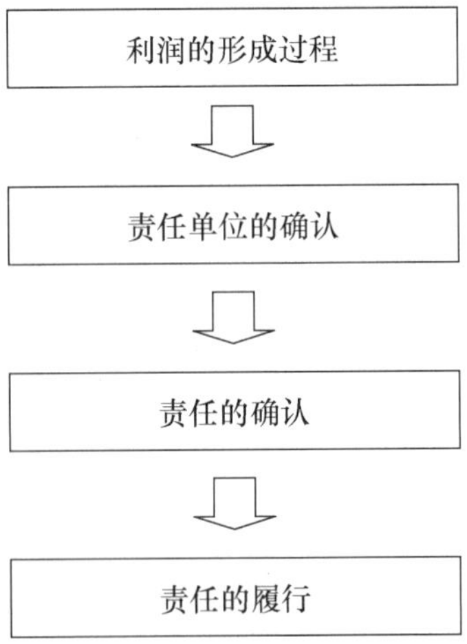

图6-1　利润实现中的责任关系

从利润表反映利润的形成过程看，利润形成主要经历了四个阶段（如图 6－2 所示），每一个阶段都有相关的责任单位负责，其所负的责任是不同的。

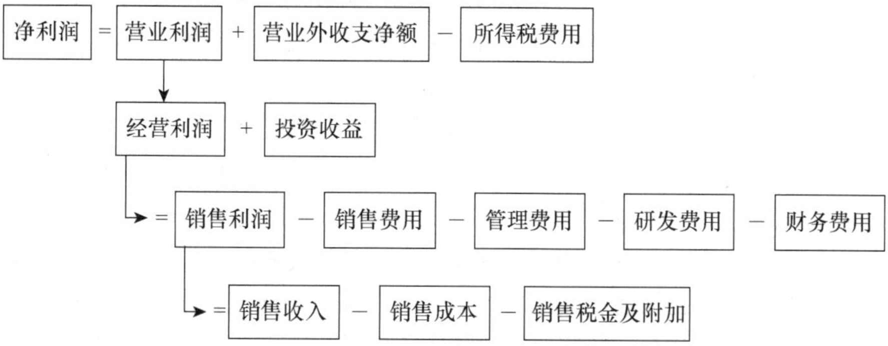

图 6－2 利润的形成过程

（一）纳税筹划

由于所得税的支付将减少企业的净利润，因此纳税筹划是企业一项重要的财务工作（如图 6－3 所示）。

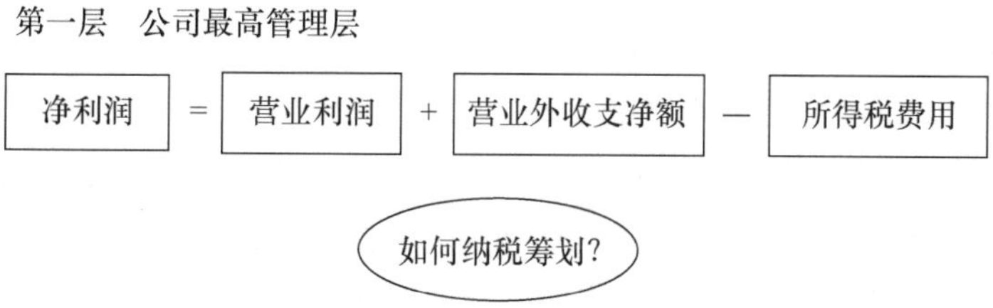

图 6－3 纳税筹划与责任归属

纳税筹划是指纳税人通过非违法的避税方法和合法的节税方法以及税负转嫁方法来减少税收负担、增加公司价值的行为。

在这一过程中，最高管理层（指投资人、董事会和总经理办公会）承担纳税筹划的重要责任。投资人在投资时可以通过选择地区（受国家政策的引导，不同地区在税率等方面有不同的优惠规定，如经济开发区、高新技术园区等的所得税税率比一般地区要低）达到减少税收负担的目的；董事会在公司业务扩张需要设置分支机构时，是设子公司还是分公司（按照法律规定，子公司是独立法人，在注册地交税后再与母公司合并财务报表；分公司不是独立法人，其利润与总公司汇总后一并计算和缴纳税金），税收负担可能不一样；当公司组织结构为母子公司时，它们之间相互提供产品或服务可采用内部结算价格，而内部结算价格的高低会影响母子公司的利润，进而影响税收负担，内部结算价格往往由总经理办公会决定。

纳税筹划一般可以采用以下基本方法。

1. 避免应税所得的实现

各国税法都规定所得一般通过市场交易来实现，只有经过交易实现的所得才需要纳税。因此，纳税人可以避免取得实际的经济所得，而是尽量取得不被税法认定为应税所得的经济财富，以达到减少税收负担的目的。

我国税法规定，纳税人接受捐赠的实物资产不计入应纳税所得额，只有企业出售该资产或进行清算时，这笔实物资产的价值才需要计入应纳税所得额缴纳所得税。所以，企业可以考虑以接受实物资产捐赠的方式获得一部分经济利益。只要这部分实物资产不出售，就可以不缴纳所得税。

例如，在地震时，甲公司决定捐1 000万元现金，乙公司决定捐价值1 000万元的水泥。由于乙公司捐赠的水泥没有通过市场交易来实现，因而不需要缴纳流转税和所得税。而甲公司捐赠1 000万元现金，一定是通过市场交易实现的，是已经缴纳流转税和所得税后的收入。大家会发现，虽然爱心一样，但乙公司要比甲公司少支出现金101万元（如果乙公司增值税的销项税是170万元，进项税是119万元，则节税51万元；如果销售利润率20%，所得税税率25%，则节税50万元）。

再比如，各国税法都规定有一些免税的所得。如我国税法就规定企业取得的国债利息收入不计入应纳税所得额，所以企业应充分利用这类规定来避免应税所得额的实现。

2. 推迟应税所得的实现

纳税人推迟纳税有两个好处：一是可以继续享用这笔资金，并从中获利；二是用利率进行贴现后，未来应纳税款的现值会有所减少。

例如，企业可以利用加速折旧或快速折旧的办法来推迟所得的实现。在这两种情况下，企业应缴纳的所得税总额不会减少，但由于企业前期计入成本费用的折旧额较大，应税所得额较小，税款被推迟到后期缴纳，所以各年缴纳税款之和的现值会有所降低。

例如，华安公司出资5 000万元购买A专利5年的使用权，由于在合同中明确约定A专利使用权为5年，所以5 000万元专利费将按5年平均摊销，每年摊销额为1 000万元（如图6－4所示）。

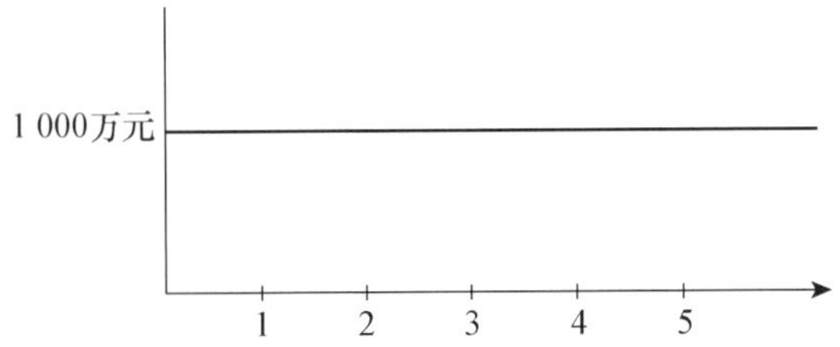

图6－4　5年平均摊销

如果换个思路，在A专利可能提前失效的情况下，稳妥起见，华安公司在合同中约定3+2模式（即甲企业支付5 000万元购买A专利3年的使用权，但3年后A专利如能继续使用，则甲企业可以无偿使用2年）的效果会更好。这时，5 000万元专利费将按3年平均摊销，每年摊销额为1 667万元（如图6-5所示）。

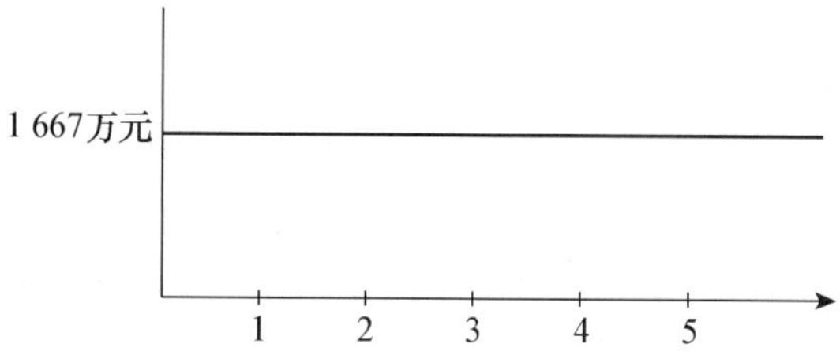

图6-5 3年平均摊销

这时华安公司将获得以下好处：

（1）节税。由于摊销额每年增加667万元而使利润减少了667万元，在所得税税率为25%时，前三年每年节税166.75万元。前三年总节税500.25万元被推到第4、第5年支付，相当于若干年内华安公司无偿使用了这笔资金。

（2）华安公司使用这笔资金进行再投资时，可以获得额外收益。

（3）资金提前收回虽然会导致业绩下滑，但可以降低经营风险。

3. *在关联企业之间分配利润*

企业之间的关联关系主要反映在管理、控制和资本三个方面。例如，我国税法规定，一个企业如果直接或间接持有另一个企业股权总和的25%或以上，那么这两个企业为关联企业。

关联企业之间由于在资金和管理上具有特殊的关系，因此当企业之间的关系转变为关联关系时，它们之间的关系将不同于一般企业之间的关系，它们之间进行交易不一定完全采用市场价格，因而关联企业之间可以通过转让定价来转移利润。尤其是在关联企业适用的所得税税率存在差异时，利用转让定价向适用税率低的关联企业转移利润就成为企业税务筹划的一个重要方法。

例如，母子公司之间可以通过价格制定、控制权比例变化等转移利益，从而影响税金的计算和缴纳。

4. *控制企业的资本结构*

企业对外筹资有两种方式：一是股本筹资；二是负债筹资。这两种筹资方式的税收处理不尽相同，在税务筹划时应慎重考虑。

各国的税法规定，企业支付的股息红利不能计入成本，而支付的利息则可以计入企业成本。所以，从税收的角度看，借债筹资比股本筹资更有利。

例如，如果银行贷款利率为10%，在所得税税率为25%时，银行贷款利率10%为名义利率，实际利率在扣除所得税影响后只有7.5%。可见，税收因素使得企业的直接融资成本下降。

当然，在综合考虑所得税影响及资本结构（即负债占资产的百分比）时，可以进一步降低总体融资成本。

例如，如果投资人投资100万元，要求的报酬率为18%，当A项目的报酬率是15%时，管理者将放弃A项目，因为企业资本成本为18%（对投资者来说是报酬率，而对资金使用者来说是成本率，因为这是资金的两个方面），投资A项目将亏损3%（准确地说，比既定的考核报酬率18%要低3%，无法完成考核指标），A项目将被放弃。

但如果此时管理者获得银行贷款100万元，利率10%，所得税税率为25%，则A项目可取，因为企业资本成本为12.75%（自有资本成本为18%，借入资本的实际成本为7.5%，平均资本成本为12.75%），企业因A项目将获得2.25%的收益，A项目将被采纳。

（二）核心盈利能力和核心竞争力的培养

企业利润总额的形成来源是不同的，不同来源的利润其质量是不一样的，对企业健康持续发展的影响也是不一样的。因此，企业的高级管理层（是指董事会和总经理办公会）必然要担负起培养企业的核心盈利能力和核心竞争力的责任（如图6-6所示）。

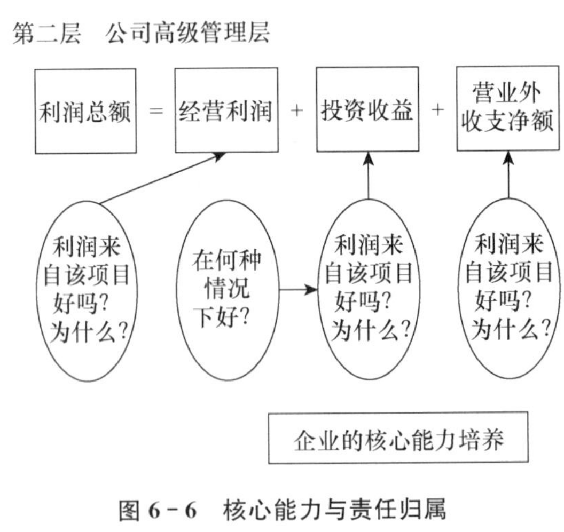

图6-6　核心能力与责任归属

企业的利润是通过多种方式形成的，有的是通过产品得到的（这是利润最重要的构成部分，反映企业目前的核心盈利能力和核心竞争力）；有的是通过投资获得的（这是利润重要的构成部分之一，反映企业未来的盈利能力和竞争力）；有的是营业外活动形成的（虽然也会增加企业的利润，但对企业的核心盈利能力和核心竞争力不产生重要、积极的贡献）；有的来自非经常性收益（例如变卖优质资产以形成利润，但会损害企业的长远利益）。

显然，营业外收支活动对企业健康持续发展起不到支持作用，应以平常心对待，否则会舍本逐末（如图 6－7 所示）。

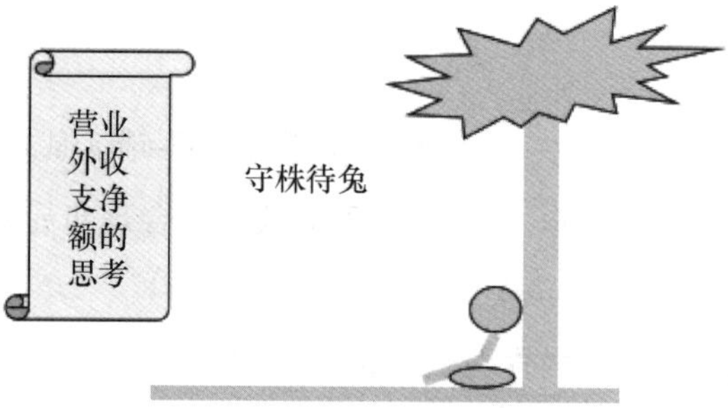

图 6－7　营业外收支与核心能力

企业利润主要来源于投资收益好不好呢？显然，如果一个企业的利润主要来源于短期证券投资收益，则对企业的核心盈利能力和核心竞争力不会有什么积极的贡献，因为在正常情况下，企业进行证券投资是为了调度资金、提高闲置资金的利用率，因而产生的投资收益不会构成企业利润的重要部分。企业的利润主要来源于直接投资收益对企业的核心盈利能力和核心竞争力的贡献：或者扩大企业的规模，使企业在竞争中处于有利地位；或者形成多元化的格局，对企业的稳定发展和未来发展方向的选择产生积极的贡献（如图 6－8 所示）。

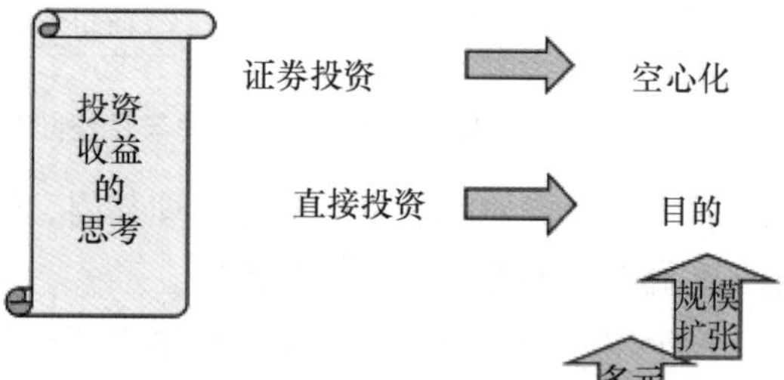

图 6－8　投资收益与核心能力

企业的利润主要来源于经营利润好不好呢？答案是肯定的，因为经营利润越多、经营利润率越高，表明企业的核心盈利能力和核心竞争力越强。因此，管理者一直致力于增加企业的营业利润以满足各利益相关者的需要（如图 6－9 所示）。

在这一过程中，公司高级管理层的战略管理有两个重点并形成相应的政策：对经营活动的政策是充分挖掘现在，即充分挖掘现有资源的利用潜能和现

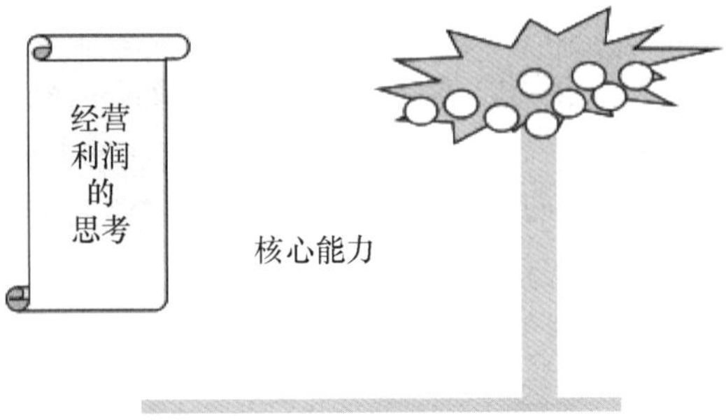

图 6－9　经营利润与核心能力

有产品的盈利潜力；对投资活动的政策是合理布局未来，形成持续健康发展的能力。

（三）公司中级管理层的职能管理

从图 6－10 可以看出，在销售利润不变时，企业经营利润的多少取决于各职能部门的管理，正所谓管理出效益。因此，企业的中级管理层（各个职能部门及其负责人）必然要担负起责任，充分发挥各职能部门的组织和管理能力，提升企业的核心盈利能力和核心竞争力。

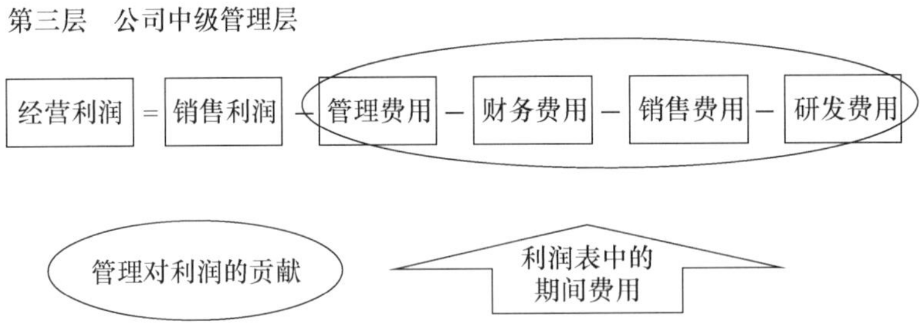

图 6－10　职能管理与责任归属

在此，管理者考虑的问题是：增加管理部门、管理人员，发生管理活动的目的是什么？显然是增加利润、提升价值。

例如，一个木匠带两个徒弟，在小规模生产模式下，木匠是生产者，附带履行管理职能。当木匠看到一个徒弟到整料堆放处取整料锯短时，他告诉他们一个道理："长木匠，短铁匠"，建议他们去废料堆放处寻找可以使用的边角料加以利用。这样做的结果是提高了材料利用率，降低了成本，这里并没有专门的管理者。当一个木匠带 20 个徒弟时，上述管理模式就不适用了，这时可能要为每 10 个徒弟设一个专门的管理者，即工长，来履行专职管理职能。如果工长每月工资是 3 000 元，在其监督和指导下每月销售利润能增加 5 000 元，那么工长岗位的设置显然是有效的，因为利润增加了 2 000 元；但如果在其监督和指导下每月销售利润仅增加 2 000 元，那工长岗位的设置显然是无效的，因为利润减少了 1 000 元。

可见，无论是增加管理部门、管理人员，还是发生管理活动，都是为了实现某一管理的功能，只要实现功能的所得大于所费，该管理的功能就是必要的、合理的（如图 6－11 所示）。这一表述在财务管理中总结为成本效益原则。

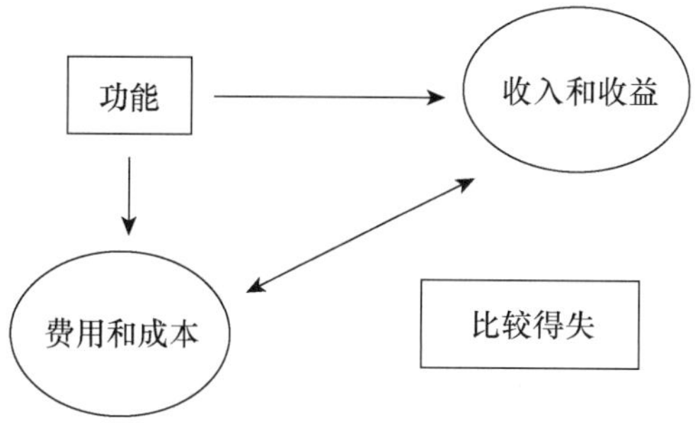

图 6－11　管理功能的所得与所费比较

再来看看营销部门发生的广告费用应该如何控制？是越多越好还是越少越好？显然，广告的功能在于广而告之，广而告之必然要发生广告费用，也势必导致更多的购买，只要增加的销售毛利比增加的广告费用多，广告宣传就达到了预期目的（如图 6－12 所示）。在此基础上，通过对怎么做、何时做等的进一步分析，可以提高广告宣传的经济效果。

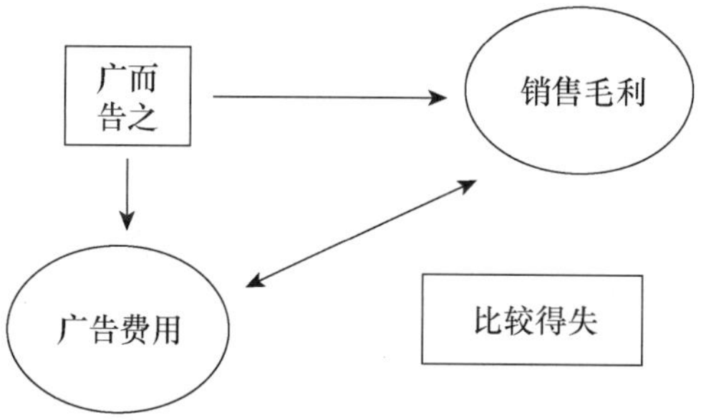

图 6－12　广告宣传所得与所费比较

对财务部门发生的借款利息又应如何理解？如果把借款利息作为一个整体考虑，人们往往认为借款利息越少越好。实际上借款利息是由借款金额和利率两个因素决定的，从各自对财务结果的贡献看：借款金额应控制在一定的范围内，表现为对资产负债率的控制；而利率则是越低越好。

因此，我们的态度是“降低成本、节约费用”，还是“控制成本、控制费用”？三个和尚的寓言故事似乎可以给出正确的答案。

（四）特定职能部门的管理

在产品生产和销售过程中，销售收入和销售成本是两个最重要的影响因素，归企业特定职能部门负责。其中，销售成本归生产部门（如车间）负责，旨在有效使用资源，提高材料利用率、工时利用率、设备利用率以有效控制成本。而销售收入归研发部门和营销部门负责，旨在理解和把握市场，其中研发部门对市场的理解和把握更为重要（如图 6－13 所示）。

第四层　公司特定中级管理层

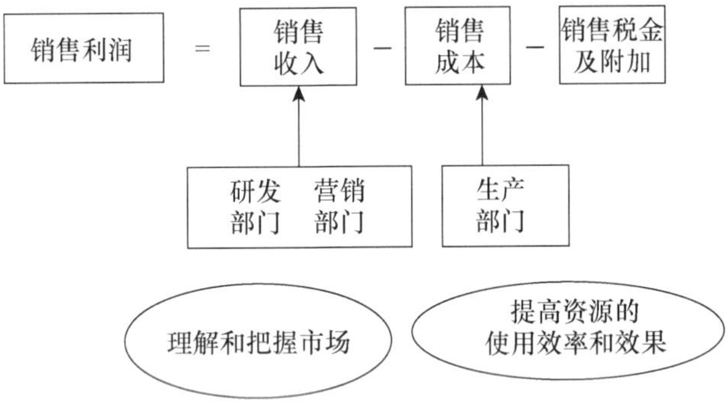

图 6－13　特定职能部门与责任归属

三、损益变动的原因

利润从 100 万元增加到 200 万元好不好？利润率从 10％增加到 15％好不好？也许我们会说今年比去年做得好，但为什么好就不是仅用利润和利润率增加可以简单概括的了。

管理者对业绩的理解是不一样的：从考核角度出发重视利润和利润率，因为这两个指标反映业绩的完成情况。但是利润和利润率只是结果，管理者对导致利润和利润率变动的原因更重视，因为管理者要针对原因进行管理。

因此，我们可以把形成损益的因素重新排列，找出损益的原因（如表 6－2、表 6－3 所示）。

表 6－2　收入收益变动分析

项目	规模			结构（％）		
	2019 年	2018 年	增减％	2019 年	2018 年	结构变动
营业收入	509 111	485 896	4.78	98.6	98.07	0.53
投资收益	7 243	7 565	－4.26	1.4	1.53	－0.13
营业外收入	4	1 989	－99.80	—	0.40	－0.40
合计	516 358	495 450	4.22	100	100	—

从表 6－2 可以看出，2019 年的规模比 2018 年扩大了 4.22％，规模扩大来自营业收入，说明企业产品的竞争力增强；从形成利润的来源看，营业活动的贡献达到了 98％以上，说明该企业的盈利点单一；投资收益占比 1.4％，而且在下降，说明该企业目前没有通过投资更新产品的打算，或该企业目前投资

项目的效果较差。综上所述，该企业的最大困惑是：如果现在还可以，将来怎么办？

从表 6－2 和表 6－3 可以看出，2019 年与 2018 年相比，有利因素（即收入收益项目）的增长（4.22%）低于不利因素（即成本费用项目）的增长（4.47%），从而使得企业总利润下降 0.25%。具体分析后发现，营业成本作为最重要的影响因素（占比 80%以上），对企业总利润的下降至关重要：按同口径计算，营业收入增长了 4.78%，而营业成本却增长了 5.38%，营业利润下降了 0.6%。因此，该企业应该重点分析营业利润下降的原因到底是市场还是管理，如果是前者，要考虑更新产品，如果是后者，要考虑改进设计、质量或控制成本。

表 6－3 成本费用变动分析

项目	规模			结构（%）		
	2019 年	2018 年	增减（%）	2019 年	2018 年	结构变动
营业成本	423 666	402 026	5.38	95.39	94.56	0.82
税金及附加	2 995	1 189	151.89	0.67	0.28	0.39
销售费用	168	152	10.53	0.04	0.04	—
管理费用	3 021	6 493	－53.47	0.68	1.53	－0.85
财务费用	2 047	2 897	－29.34	0.46	0.68	－0.22
研发费用	12 263	12 378	－0.93	2.76	2.91	－0.15
合计	444 160	425 135	4.48	100	100	—

当然，在成本费用变动分析中，我们还需要关注一些重要项目的分析，如管理费用。管理费用下降 53.47%好不好？有人认为是好事，费用节约在收入不变的情况下将导致利润增加，难道不好吗？

[案例思考 1]

某上市公司经审计后的报表显示，该公司计划利润 5 000 万元，实际盈利 6 800 万元，超额完成利润 1 800 万元。在向董事会提交的总结报告中，经理层认为对超额利润按董事会规定应计提奖励基金。独立董事王华对其中费用节约产生超额利润一项提出异议：(1) 如果认为费用节约额是利润增加额，问题是少干多少事给公司少挣了多少钱？(2) 如果因费用节约产生利润增加而计提奖励基金，那么董事会在制定费用预算时如果不是 5 000 万元而是 8 000 万元，是否费用节约将增加利润 3 000 万元。

如何理解王华的异议？显然，就第一点而言，应从成本效益的角度去理解，如果费用节约是在完成各项预算任务（不仅仅是完成利润）的情况下实现的，当然是利润增加额，因为用较少的费用完成预算任务是好事；而如果是因为不做事或少做事而减少费用支出就不是好事，这会损害企业的必要功能和正常运转。就第二点而言，应从预算的合理性角度去理解，讨论费用预算的合理性和有效性。

因而对管理费用的分析不应只从总额入手，因为管理费用是企业管理部门为组织和管理企业而发生的各项费用的集合，总额差异不能说明任何问题。正确的分析思路是：对管理费用进行明细分类（按20%的项目，金额占80%分类），以便确定分析重点；对重要项目再按成本效益原则进行分析，以确定其合理性和有效性。

思考：我们应如何正确理解成本费用？成本费用和收入、收益是什么关系？

四、盈利能力分析

盈利能力是指企业获取利润的能力，反映企业的财务状况和经营绩效，是企业偿债能力和营运能力的综合体现。

1. 销售净利润率

销售净利润率等于税后净利润除以销售收入，是反映产品核心盈利能力和核心竞争力的重要指标。

$$销售净利润率=\frac{税后净利润}{销售收入}\times100\%$$

销售净利润率越高，产品核心盈利能力和核心竞争力就越强。该指标主要用于制造业的盈利能力分析。

2. 销售毛利率

销售毛利率等于销售毛利除以销售收入，是反映产品核心盈利能力和核心竞争力的重要指标：

$$销售毛利率=\frac{销售毛利}{销售收入}\times100\%$$

销售毛利是销售收入扣除销售成本后的余额，是企业用以补偿期间费用的重要资金来源。也是企业获取利润的重要来源。一个企业能否实现利润，首先要看有无毛利以及毛利是多少。因此，销售毛利率越大，说明销售收入的盈利贡献越大，实现价值增值的盈利水平就越高。该指标主要用于商业企业的盈利能力分析。

3. 成本利润率

成本利润率等于税后净利润除以成本总额，是反映资源创造价值的重要指标。

$$成本利润率=\frac{税后净利润}{成本总额}\times100\%$$

成本是企业生产经营中为实现销售收入和利润而发生的资源耗费，成本利润率是反映企业生产经营耗费获利水平的重要财务指标，成本利润率越高，说明企业生产经营耗费获利水平越高，资产使用效益越好，企业获利能力越强。

4. 所有者权益报酬率

所有者权益报酬率等于税后净利润除以所有者权益，是反映所有者投资取得报酬的重要指标。

$$\text{所有者权益报酬率}=\frac{\text{税后净利润}}{\text{所有者权益}}\times 100\%$$

所有者权益报酬率是一个综合性的评价指标，它反映股东财富最大化的基本要求，在杜邦分析体系中居于核心地位。

五、利润表与资产负债表

利润表是反映企业在某一会计期间经营成果的财务报表，其质量高低取决于资产负债表，准确讲取决于资产、负债、所有者权益这三大资源的利用效率和利用效果。资产负债表所反映的三大资源的使用，一方面产生收入或收益，另一方面形成成本或费用，而资源使用结果的两个方面都在利润表中有所反映，进行配比形成利润或亏损（如图 6－14 所示）。

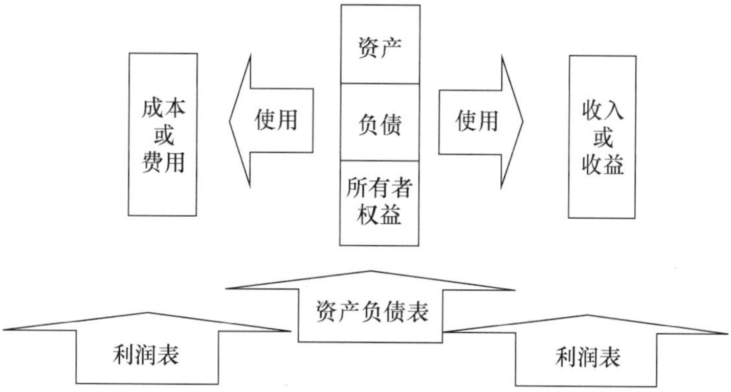

图 6－14 利润表与资产负债表的关系

资产负债表与利润表之间的因果关系说明：

（1）要提高利润的质量水平，一定要紧紧抓住资源使用这个重要环节。资源只有使用才有价值，也就是说，资源的价值取决于使用而不取决于购买。

（2）资源使用一定要紧紧围绕资源使用的效率和效果这两个方面。使用效率是指资源使用的程度，如设备利用率、工时利用率、存货周转率等；使用效果是指资源使用产生的收入或收益大于为此发生的成本或费用。提高经济效益，实际上就是提高效率和效果。

（3）要正确理解和把握成本的本质：成本是为取得未来经济利益的消耗。

掌握成本效益原则的有效实践。从这个意义上讲，有效控制成本比降低成本、节约费用更能体现成本的本质和实践要求。

第二节　资产负债表

一、资产负债表的结构与功能

资产负债表是反映企业在一定时点（如月末、季末、年末）财务状况的财务报表，表内项目按权责发生制填制，由于反映应收、应付、预收、预付、预提、待摊等的影响，因而对未来的反映受到一定程度的影响。也就是说，资产负债表的数字反映和价值表现可能不一致，价值可能被高估或低估。

资产负债表反映企业拥有的三大资源：资产、负债和所有者权益，并采用左资产、右负债和所有者权益的列示方法。表内各项目按流动性的强弱上下排列，以反映偿债能力。资产负债表强调拥有哪些资源以及资源利用的效率和效果对价值的贡献（如图 6－15 所示）。

资产负债表

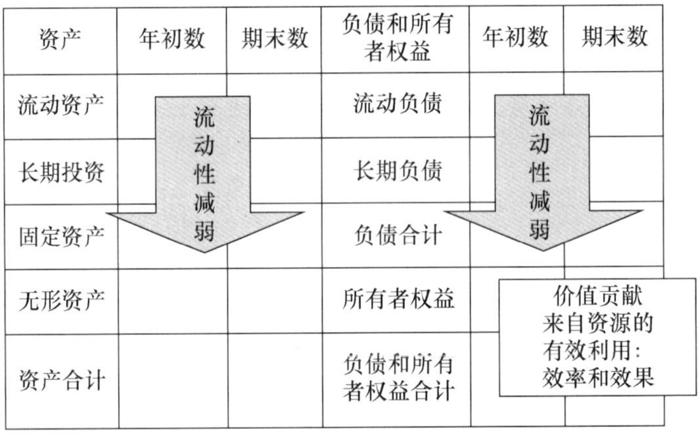

图 6－15　资产负债表的列示

资产负债表根据企业经营需要和管理要求可以详细列示，如表 6－4 所示。

表 6－4　××公司资产负债表

××××年 12 月 31 日

资产	年初数	年末数	权益	年初数	年末数
货币资金	21 400	8 000	短期借款	48 000	54 500
短期投资	29 000	38 000	应付账款	25 200	23 600
应收账款	47 000	78 000	应交税费	20 600	72 900
减：坏账准备			应付工资	16 500	19 100

续表

资产	年初数	年末数	权益	年初数	年末数
应收账款净额	47 000	78 000	流动负债合计	110 300	170 100
存货	150 000	158 000	长期借款	39 500	29 000
流动资产合计	247 400	282 000	应付债券	18 500	19 000
长期投资	60 000	13 000	长期负债合计	58 000	48 000
固定资产	658 300	658 300	实收资本	500 000	500 000
减：累计折旧	100 000	110 000	资本公积	107 400	114 000
固定资产净值	558 300	548 300	盈余公积	27 000	44 000
在建工程			未分配利润	70 000	49 800
无形资产	7 000	82 600			
其他资产	—	—			
长期资产合计	625 300	643 900	所有者权益合计	704 400	707 800
资产合计	872 700	925 900	权益合计	872 700	925 900

利用资产负债表可以履行各种管理功能，如评价企业的流动性、评价企业的筹资结构、评价企业的财务弹性、反映资源规模和分布。

二、流动性分析

（一）流动性与负债管理

所谓流动性是指资产变为现金的能力，包括资产变为现金的程度和速度。财务管理考虑流动性是因为负债，企业流动性的强弱取决于负债总额的多少及负债偿还的期限。负债总额越多，企业流动性就越强；负债偿还期限越短，企业流动性也越强。

由于负债偿还的强制性，负债总额的多少及负债偿还期限的长短将给企业管理者带来两方面的损害：一是偿还债务本金及利息的压力；二是无法清偿债务所带来的财务风险。

管理者为避免损害往往会采取两项措施：一是配置资产时注意与负债在期限上、数量上保持一致，也就是长期资产使用长期负债，短期资产使用短期负债；二是通过提高收益能力来增强偿债能力（如图 6－16 所示）。

（二）短期偿债能力分析

短期偿债能力是指企业以其流动资产或劳务支付一年内即将到期的流动负债的能力。如果短期偿债能力减弱，往往意味着企业的信用可能会受到损害，从而增大筹资成本，对企业的投资能力和获利能力产生重大的影响。

1. 流动比率

流动比率是指企业流动资产与流动负债之间的比率关系，反映每一元流动

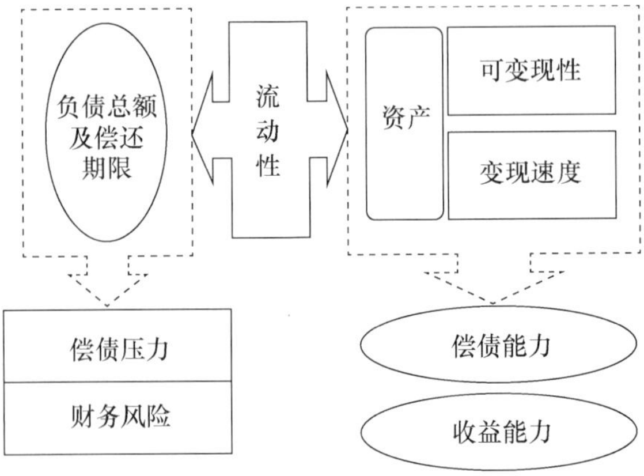

图 6-16 流动性的思考与应对

负债有多少流动资产可以作为支付保证。其计算公式是：

$$流动比率=\frac{流动资产}{流动负债}$$

从流动比率的计算结果看，该比率越高，似乎说明企业短期偿债能力越强，短期债权人债权的保障程度也就越高。但该指标并不是越高越好：第一，由于资产的流动性与资产的盈利能力负相关，流动性强的资产增加必然意味着企业整体资产的盈利能力下降，从而不利于实现企业的经营目标。第二，对任何一个企业来说，流动资产与非流动资产都有一个适当的比率，流动比率过高，说明企业资源未得到充分利用（如材料、在产品、产成品过多，从而造成存货积压）。一般认为，该比率在制造业保持在 2 左右比较适宜。正常情况下，企业的存货约占流动资产的一半左右，只要流动比率能保持在 2 左右，就说明企业即使不依赖出售存货，也可以偿清短期债务，短期债权人的求偿权就能得到企业流动资产百分之百的变现偿债保证。

2. 速动比率

速动比率是指企业速动资产与流动负债的比例关系，说明企业在一定时期内每一元流动负债有多少速动资产作为支付保证。

速动资产是流动资产扣除存货等后的余额，具体包括现金及各种存款、有价证券、应收账款等。一般来讲，存货是企业流动资产中变现能力较弱的资产，同时也是企业持续经营必备的资产（只要企业仍在持续经营，存货就不能变现）。因此在短期偿债能力评价中，应考察企业不依赖出售存货而能清偿短期债务的能力。速动比率的计算公式是：

$$速动比率=\frac{速动资产}{流动负债}$$

式中，速动资产＝流动资产－存货－待摊费用－预付费用。

速动比率是评价企业流动资产可以迅速变现用于偿付流动负债的指标，是衡量企业即期偿债能力强弱的重要财务指标。

速动比率一般为1比较适宜。如果速动比率大于1，说明企业有足够的偿还短期债务的能力，同时也说明企业拥有较多的不能盈利的速动资产；如果速动比率小于1，企业将依赖出售存货或举借新债来偿还到期债务，这会给企业造成削价损失或新的债务负担。

3. 增强或减弱偿债能力的因素

企业流动资产的实际变现能力，可能由于以下几个因素的存在而比财务报表项目反映的偿债能力要好一些：

（1）可动用的银行贷款指标。银行已同意、企业未办理贷款手续的银行贷款限额，是可以随时动用的现金，它的存在必然能够提高企业的支付能力。该项目不在报表中反映，需要时可在财务状况说明书中查找。

（2）准备近期变现的长期资产。出于某种原因，企业可能会将某些长期资产在近期出售变现以增强短期偿债能力。它的存在将提高企业的支付能力。

（3）企业的信誉。如果企业的偿债能力一贯很好，在融资市场上有着较好的信誉，那么即使在短期偿债方面出现困难，也能够很快地通过发行债券和股票等办法筹措到资金，从而提高其短期偿债能力。

当然，未在财务报表中反映而减弱企业偿债能力的因素也是存在的，主要有：

（1）未做记录的或有负债。或有负债是企业可能在未来发生的债务。这些尚未发生的或有负债，按《企业会计准则》的规定并不作为现实负债登记入账，也不在财务报表中反映，只有已办贴现的商业承兑汇票才作为附注列示在资产负债表的下端。其他的或有负债，包括售出产品可能发生的质量事故赔偿、尚未解决的税额争议、未决诉讼和经济纠纷等，都不在财务报表中反映。但是，这些或有负债一旦成为事实上的负债，必然会加重企业的偿债负担，所以报表阅读者应给予重视。

（2）由担保责任引起的负债。在商业交往中，企业有可能以自己的一部分资产为他人提供担保，如为他人向金融机构借款提供担保，为他人购物担保或为他人履行有关经济责任提供担保等。如果借款单位不能按规定还款，那么这种担保就可能成为企业的一项真实负债，从而增加其偿债负担。

（三）长期偿债能力分析

长期偿债能力是指企业以其资产或劳务支付长期债务的能力。企业的长期偿债能力主要受获利能力影响，因为增加流动资产和现金流入的程度，最终取决于获利情况。企业长期偿债能力减弱，不仅意味着财务风险增大，而且意味着在利用财务杠杆获取负债利益等方面的政策失败。

资产负债率是企业负债总额与资产总额的比率，反映企业全部资产中负债所占的比重，以及企业资产对债权人的保障程度。其计算公式为：

$$资产负债率=\frac{负债总额}{资产总额}\times 100\%$$

资产负债率反映企业长期偿债能力的强弱，衡量企业总资产中所有者权益与债权人权益的比例是否合理。此指标的作用在于：

（1）资产负债比率反映长期债权人的债权安全程度，是企业以其资产提供的物质保障程度。资产负债率越低，说明债权资金的安全程度越高，企业信用的物质保障程度越高；资产负债率越高，说明企业总资产中借入资金所占的比重越大，企业的经营风险将主要由债权人承担，债权资金的安全程度就很低。

（2）资产负债比率是经营者赖以举债经营的支撑点，是衡量举债经营是否有利的重要比率。资产负债比率越高，意味着举债经营程度越高，在投资收益率高于借债利率的前提下，带给企业的财务杠杆利益越大，会使所有者报酬率增大，筹资风险也随之增加。过度的举债经营会使企业陷入财务危机甚至因资不抵债而破产。

三、筹资结构分析

（一）筹资结构

所谓筹资结构是指资金来源及其比例关系，具体讲是指流动负债、长期负债、所有者权益之间的比例关系。筹资结构分析的目的在于有效利用资金、提升利益，同时加强对风险的管理。

流动负债也叫短期负债，是指将在一年（含一年）或者超过一年的一个营业周期内偿还的债务，主要有短期借款、应付账款、应付票据、应付职工薪酬、应交税费等，分计息流动负债（如短期借款、应付票据）和不计息流动负债（如应付账款、应付职工薪酬、应交税费）两类。

长期负债是指偿还期在一年或一个营业周期以上的债务，主要有长期借款、应付债券、长期应付款等，长期负债一般都要计算利息。

所有者权益是指投资人投资形成以及经营中形成的、归属于投资人的资金，主要有实收资本（投资人投资形成的注册资本，有限责任公司称实收资本，股份有限公司称股本）、资本公积（投资人投资超过注册资本的部分以及资本在经营中的溢价）、留存收益（包括盈余公积和未分配利润）等，是企业可以长期使用的资金。

显然，不同企业的筹资结构是不同的，因为它们对财务风险、资本成本、资本收益的理解和把握是不一样的（如图6-17所示）。

（二）影响筹资结构的因素

企业筹资是为了满足经营和投资的需要，最终是为了满足获得盈利和持续发展的需要。筹资中必须考虑三大因素的影响。

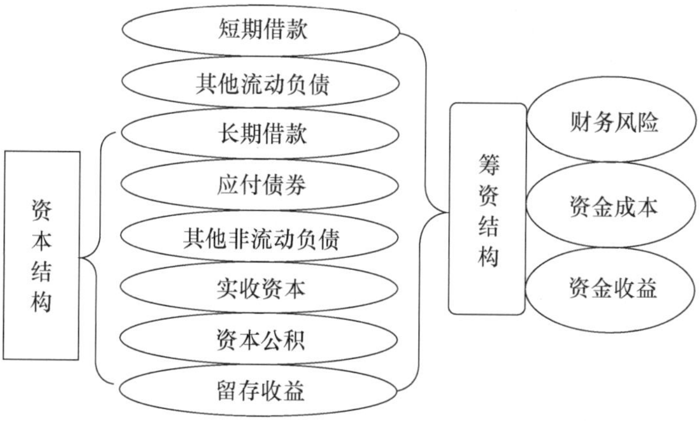

图 6－17　筹资结构及其影响因素

1. 财务风险

企业在筹资时，首先要考虑财务风险。所谓财务风险是指企业利用负债筹资时，由于需要支付固定数额的利息和归还本金而可能给企业造成的损害。

利用各种负债方式筹措资金在财务上给企业带来两大好处：一是企业规模扩张，导致竞争力的增强及规模效益的产生；二是在报酬率大于利率时获得超额收益（在利率为7%、报酬率为15%时，所有者将获得8%的超额收益）。但负债的本质特征是归还性，如果不能按期付息、到期还本，就会给企业造成损害，严重的将导致企业破产。因此，人们不能无限制地利用负债，要有一定量的所有者权益（即自有资金）做保障，目的是降低负债的财务风险。

2. 资金成本

资金成本是指企业在筹措和使用资金过程中所产生的各种费用，其中最主要的是资金使用费用，对负债而言是指利息，对所有者权益而言是指股利或利润。由于不同投资者（短期债权人、长期债权人、优先股股东、普通股股东等）要求的报酬水平不一样，所得税的影响不同，因此以不同方式获得资金的成本是不一样的。

（1）所得税的影响不同。负债筹资的利息作为费用处理，在所得税前列支，因而实际支付费用降低，资金成本低；所有者权益筹资所支付的股利和利润作为利润分配处理，在所得税后列支，没有降低实际支付金额，资金成本高。

（2）不同投资者要求的报酬水平不同。短期债权人要求的利率低于长期债权人，因为期间内的风险小，于是短期债权人的资金成本低于长期债权人；优先股股东要求的报酬率低于普通股股东，因为他们获得了两项优先权（支付股利优先于普通股股东，对公司剩余财产的分配权优先于普通股股东），必然要放弃对剩余财产的分配权，于是优先股的资金成本低于普通股。

在获得同样数量资金的情况下，选择资金成本最低的将产生最大的净利益，于是有便宜的不用贵的就成为必然。

3. 资金收益

资金收益是指资金收入减资金成本的差，反映资金投资的效果。例如，企业利用8%的银行贷款进行投资，项目息税前投资报酬率为15%，如果不考虑所得税影响，则资金收益为7%；如果考虑利息影响所得税（所得税税率为25%），则资金收益为9%。

（三）筹资结构管理

企业在筹资时，需要对财务风险、资金成本、资金收益进行综合平衡，以满足价值最大化的要求。

（1）通过个别资金成本的计算，尽可能选择资金成本低的筹资方式，以提高资金收益。

（2）通过改变筹资结构来降低企业整体资金成本（即加权平均资金成本），一方面可以直接提高资金收益，另一方面能使原来不能做的项目变得可以做，以此提高资金收益。

（3）权衡资金收益与财务风险，在满足价值最大化要求的基础上进行有效的风险管理。

四、财务弹性分析

（一）财务弹性与环境适应性

所谓财务弹性是指当企业出现预料之外的突发事件或突如其来的投资机会时，财务方面有无回旋余地以及回旋余地的大小。

财务弹性是为了解决以下重要问题（如图6－18所示）：

（1）资金短缺时的再筹资问题；

（2）有良好投资机会时的紧急投资问题；

（3）巨额债务到期时能否按时偿还问题；

（4）出现预料之外的突发事件时的应对问题。

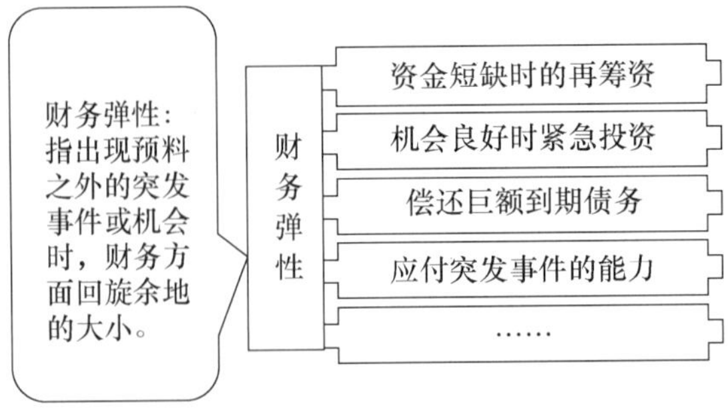

图6－18 财务弹性的产生

可见，财务弹性管理旨在解决财务管理的环境适应性问题。企业所处的环境是不同的，并且环境在不断变化，如何解决这一问题一直困扰着财务工作者。

（二）财务弹性管理

传统企业解决财务环境适应性问题主要通过建立储备的方法，如定额备用金、安全库存、备用设备等，这样做虽然能够在一定程度上解决财务环境适应性问题，但超过正常需求的部分会造成闲置和浪费。

现代企业通过形成良好的信誉、产品达到竞争要求的规模和效益、具有良好的前景等解决财务环境适应性问题，既实现了财务环境适应性，又能有效使用资源。

五、资源利用分析

资产负债表可以反映一个企业拥有的资源总量、资源构成、资源内部结构及资源比例关系（如图 6－19 所示）。

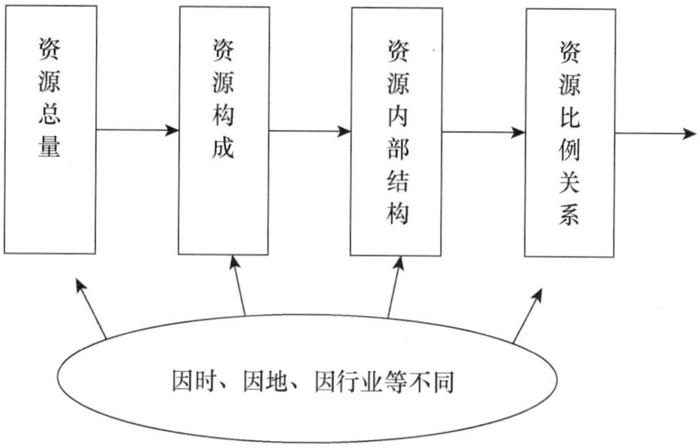

图 6－19　资源规模和分布

（一）资源总量

资产负债表资产合计数，可以反映一个企业拥有的资源总量，其基本作用在于反映企业生产经营规模的大小及生产能力的强弱，但只适合同行业的比较，例如 A，B 企业同属冶金行业，A 企业的资产总额是 50 亿元，而 B 企业的资产总额是 30 亿元，则资产总额多的 A 企业生产经营规模大、生产能力强。

但是，资产的多少并不代表一个企业的盈利能力和偿债能力。有人认为：资产越多，企业的盈利能力和偿债能力也就越强。这个观点是错误的。

资产只能代表一个企业拥有或控制的经济资源，只有使用中的资产才是经济资源（资产的使用能够给企业带来未来的经济利益），才有价值（价值取决于资产使用的效率和效果）。

[案例思考 2]

一个用过的水杯有没有价值？如果该水杯的购置价格是 200 元，可以使用 2 年，已经使用 1 年，该水杯的价值应如何衡量？

有人说该水杯值 100 元，因为购置价格是 200 元，还有 1 年的使用期限，因而还有一半的价值。这恐怕是会计的观点，因为会计认为资产的价值取决于购买的价格，某项资产的购买价格越高，则其价值越大。其实，资产的购买价格是用来确定资产成本的，是用来与销售或使用该项资产形成的收入进行配比以确定损益的。

从本质上讲，资产价值取决于资产使用的效率和效果，它们共同构成了经济效益的内涵。

思考：该案例对你有什么启示？你已有的认知会有哪些修正？

（二）资源的构成

资产负债表在反映一个企业拥有的资源总量的基础上，进一步反映资源的分类：资产、负债、所有者权益。资产是直接盈利的手段，负债和所有者权益则是形成资产的资金保障。

（1）资金来源（负债、所有者权益）与资金使用（资产）的匹配性。在财务管理过程中，首先必须关注钱从哪里来，用到哪里去，解决资金来源与资金使用的匹配性问题。在实际工作中，人们总是问两个问题：

1）投资为什么要保持流动性？因为资金的来源不同：如果是自有资金（即所有者权益），往往投资于土地、固定资产、长期周转使用的流动资产等，形成企业生产经营的基本条件；如果是借入资金（即负债），则往往投资于短期周转使用的流动资产（如购买材料、支付工资、交水电费等），形成企业生产经营的补充条件。

2）资产流动性的强弱取决于什么？显然取决于资金的性质和资金使用的期限：使用自有资金形成的资产，其流动性可以弱些，因为自有资金不需要归还；使用借入资金形成的资产，其流动性则要强些，因为借入资金必须归还，而且借入资金的使用期越短，其流动性越强。

（2）资产的有效使用问题。资产价值取决于资产使用的效率和效果。效率是资产使用程度的指标，但对不同的资产来说效率的含义是不一样的：对固定资产而言，效率是指固定资产的使用程度，如设备利用率、客房利用率、餐厅翻台率等，显然，固定资产使用程度越高，盈利的可能性就越大。对流动资产而言，效率是指流动资产的周转速度，如流动资产周转率、存货周转率、应收账款周转率等。显然，流动资产周转速度越快，盈利的可能性越大。于是，形成了流动资产管理中的两个重要指标：

$$存货周转率(次)=\frac{销售成本}{存货平均占用额}$$

$$应收账款周转率(次)=\frac{赊销收入净额}{应收账款平均占用额}$$

效果是资产使用的产出指标，强调所得大于所费的效益观念。例如，大型商场的第一层往往卖化妆品、首饰等女性用品，因为女性购物的特点是逛中买，一定要方便女性才会形成更多的利益；而男性在购买时往往有很强的目的性，买了就走，因而男性用品经常放在较高的楼层。这实际上是基于效果做出的安排。

(3) 资本结构的合理性问题。对负债的利用，一方面可以取得规模效益和财务杠杆利益，另一方面要按期付息、到期还本，从而产生财务风险。因而财务管理一定要控制资本结构，将负债控制在一个合理、有效的区间内，既能有效利用负债，又能有效控制风险。

(三) 资源的内部结构及其比例关系

在有效利用的状态下，资源内部呈现出一定的结构特征和比例关系。

(1) 轻重资产的结构特征。虽然对轻重资产有不同的看法，但如果从资产负债表的资产角度看，人们普遍认为：固定资产属于重资产，而流动资产属于轻资产。制造业往往拥有较高比重的重资产，大多是重资产类型的企业；商业往往拥有较高比重的轻资产，大多是轻资产类型的企业。轻重资产的比例对周转速度、现金流量、盈利能力等产生了不同的影响。

(2) 资源内部的比例关系。例如，资产负债表左方的流动资产与右方的流动负债一般应保持 2∶1 的比例关系，速动资产与流动负债一般应保持 1∶1 的比例关系。当然，上述比例关系对制造业可能更合适，因为其拥有更多的固定资产和较长的周转期。另外，也取决于人们对风险的态度。

第三节　现金流量表

一、现金流量表的结构与功能

现金流量表（如表 6－5 所示）是以现金（企业库存现金以及可以随时用于支付的存款）及现金等价物（企业持有的期限短、流动性强、易于转换为已知金额的现金、价值变动风险很小的投资）为基础编制的财务报表，按收付实现制填列，提供企业一定会计期间内现金和现金等价物流入和流出的信息，能够真实反映对未限定用途资源（资产负债表大多反映对限定用途资源的占有，如存货、固定资产、无形资产等）的掌握和使用。

从表 6－5 可以看出：企业的现金流来自三大活动（经营活动、投资活动和筹资活动）和一个结果（现金及现金等价物的净增加额），它们对价值的贡献是不同的。经营活动现金流对价值的贡献反映在当期，是最直接、最主要的价值创造活动，因而最为重要，排在第一位；投资活动现金流对价值的贡献反映在未来，是间接、重要的价值创造活动，因而排在第二位；筹资是手段，目的在于保障经营活动和投资活动的需要，因而对价值的贡献是最间接的，排在第三位；现金及现金等价物净增加额作为期末减期初的差额，反映对现金及现金等价物调度、使用的结果。

表6－5　现金流量表

××××年度

项目	金额
一、经营活动产生的现金流量	
经营活动现金流入	
经营活动现金流出	
经营活动产生的现金流量净额	
二、投资活动产生的现金流量	
投资活动现金流入	价值贡献 来自三大活动 和一个结果
投资活动现金流出	
投资活动产生的现金流量净额	
三、筹资活动产生的现金流量	
筹资活动现金流入	
筹资活动现金流出	
筹资活动产生的现金流量净额	
四、汇率变动对现金及现金等价物的影响	
五、现金及现金等价物净增加额	

利用现金流量表可以预测企业未来产生现金净流量的能力，从而评价企业的偿债能力、筹资能力以及支付股利能力，因而现金流入、现金流出与现金结存是企业管理者必须关注的信息。作为不同资源转换的结果，现金流量能相互关联地说明企业管理者所关注的问题。

二、经营活动现金流量分析

基于经营活动现金流量（如表6－7所示）进行的分析分为事项分析和净流量分析。

（1）将经营活动现金流量中的“销售商品、提供劳务收到的现金”与利润表中的“主营业务收入”比较（如表6－6所示），可以说明本期销售的质量高低。例如，销售商品、提供劳务收到的现金为800万元，而主营业务收入为1 000万元，说明本期销售的质量降低了，因为有200万元的收入未能回收现金，导致本期应收账款增加了200万元。如果销售商品、提供劳务收到的现金为 1 800 万元，主营业务收入为 1 000 万元，则说明本期销售的质量提高了，因为不仅本期销售本期全部回收现金，并且多收了 800 万元，说明或者前期应收账款本期收回，应收账款管理水平提高，或者预收了以后的销售款，产品销售前景看好。

表 6－6　简要现金流量表

项目	行次	金额
一、经营活动产生的现金流量		
销售商品、提供劳务收到的现金		
收到的税费返还		
收到其他与经营活动有关的现金		
经营活动现金流入小计		
购买商品、接受劳务支付的现金		
支付给职工以及为职工支付的现金		
支付的各项税费		
支付其他与经营活动有关的现金		
经营活动现金流出小计		
经营活动产生的现金流量净额		

主营业务收入

（2）经营活动现金流入量减现金流出量即为经营活动现金净流量，但经营活动现金净流量应该是正、负还是零？我们可以从本质上去把握，就像利润表的结果应该是正、负还是零这一问题一样。利润表的结果应该是正的，因为企业是营利性组织，所以它应该赚钱！当然，利润表的结果也会出现负值，这说明企业经营得不好。

那么经营活动现金净流量应该是什么结果呢？下面请看税后净营业利润（如图 6－20 所示）及营业现金净流量（如图 6－21 所示）的计算过程。

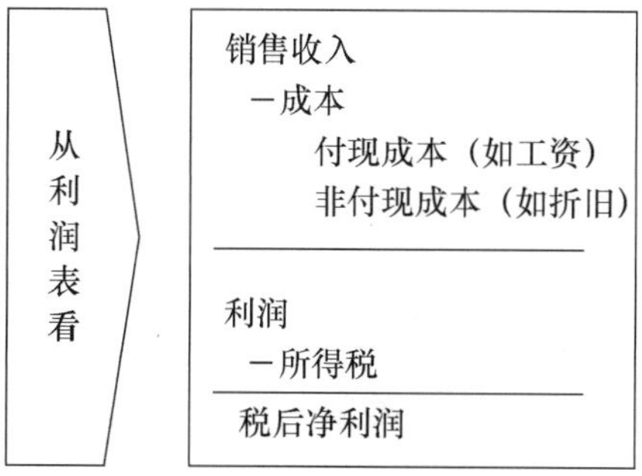

图 6－20　税后净营业利润的计算

从图 6－20 可以看出，税后净营业利润的计算减去了付现成本、非付现成本和所得税三个项目，而从图 6－21 可以看出营业现金净流量的计算减去了付现成本和所得税两个项目，因此营业现金净流量一定大于税后净营业利润（当然这是在权责发生制等于收付实现制的前提下）。于是：

从现金流量表看

现金流入（销售收入）
　－现金流出（付现成本）
　－现金流出（所得税）
―――――――――――――
现金净流量

图 6－21　营业现金净流量的计算

税后净营业利润＋非付现成本＝营业现金净流量

从上式可以看出，在没有外部资金流入的情况下，企业的增量资金是来自销售活动的增量资金（即税后净营业利润）和前期投资本期收回的资金（即非付现成本）。这时，拥有较多重资产的企业抵御亏损的能力较强。例如，甲企业亏损 6 亿元，但有折旧形成的非付现成本 10 亿元，所以甲企业不仅能够维持简单再生产，而且有 4 亿元可以进行扩大再生产。

在收购中，如果面临有产业联系但亏损的甲、乙企业，是否收购？收购哪一家？

	甲企业	乙企业
销售利润	－6 亿元	－6 亿元
非付现成本	10 亿元	5 亿元
营业现金净流量	＋4 亿元	－1 亿元

收购在财务上是为了增加利润或现金，在甲、乙企业均亏损的情况下，收购显然是为了增加现金，因而甲企业可能会被收购。

当然这并不是说营业现金净流量为负对企业无关紧要，相反，这一信息十分重要，它表明：第一，企业经营出现了亏损；第二，企业的资金被其他企业占用，如被供应商占用表现为预付账款，被客户占用表现为应收账款；第三，企业的资金循环减缓或中断，表现为存货增加。可见，营业现金净流量为负的原因不同，对企业的影响是不一样的。

三、投资活动现金流量分析

投资活动现金流量（如表 6－7 所示）分析分为事项分析和流量分析。

表 6－7　简要现金流量表（续）

项目	行次	金额
二、投资活动产生的现金流量		
收回投资收到的现金		
取得投资收益收到的现金		
处置固定资产、无形资产和其他长期资产收回的现金净额		

续表

项目	行次	金额
处置子公司及其他营业单位收到的现金净额		
收到的其他与投资活动有关的现金		
投资活动现金流入小计		
购建固定资产、无形资产和其他长期资产支付的现金		
投资支付的现金		
取得子公司及其他营业单位支付的现金净额		
支付其他与投资活动有关的现金		
投资活动现金流出小计		
投资活动产生的现金流量净额		

（1）现金流入中的“收回投资收到的现金”虽然会增加企业的可用资金，甚至可以使企业扭亏为盈，但是收回投资将导致未来的盈利项目减少，一般来说对企业的持续发展不利。而“取得投资收益收到的现金”对企业的持续发展将产生有利影响。

（2）投资活动现金流入量减现金流出量即为投资活动现金净流量，但投资活动现金净流量应该是正、负还是零？笼统来讲，正、负、零都可能出现。比如，在投资期间是负的，因为投资导致现金流出；而在经营期间是正的，因为净利润和投资收回导致现金流入。但从一个项目的完整循环角度看，投资活动现金净流量应该是正的，表现所得大于所费，项目实现了盈利；从企业发展的角度看，投资活动现金净流量应该是负的，因为只有不断投资才能不断获利。

四、筹资活动现金流量分析

基于筹资活动现金流量（如表 6－8 所示）进行的分析主要表现为净流量分析。

表 6－8　简要现金流量表（续）

项目	行次	金额
三、筹资活动产生的现金流量		
吸收投资收到的现金		
取得借款收到的现金		
收到其他与筹资活动有关的现金		
筹资活动现金流入小计		
偿还债务支付的现金		
分配股利、利润或偿付利息支付的现金		
支付其他与筹资活动有关的现金		
筹资活动现金流出小计		
筹资活动产生的现金流量净额		
四、现金及现金等价物净增加额		

筹资是手段，满足经营和投资的需要才是最终的目的。因而，筹资活动现

金净流量为正、负、零的情况都会出现。当资金无法满足经营和投资的需要时，需要通过外部筹资（负债筹资或权益筹资）增加资金来满足，筹资活动现金净流量为正；而当资金满足经营和投资的需要后还有富余时，需要通过反向筹资（归还负债或进行利润分配）减少资金以提高资金的使用效率和效果，筹资活动现金净流量为负。

五、现金的净增加额分析

现金的净增加额是企业年末现金结余额与年初现金结余额的差额，正、负、零都会出现。

现金净增加额的经济意义在于满足未来的需要。如果说企业经营的目的是盈利，那没有错。但如果说企业经营的目的是增加现金，那就错了。企业在任何情况下保留或增加现金，都是为了满足经营和投资的需要。只要现有产品的生产经营有扩张的需要，有有利的投资机会，现金就将被留存并用于周转；如果现有产品的生产经营不需要扩张，没有有利的投资机会，盈利增加的现金将被用于归还和分配。

因此，对现金净增加额的判断要结合未来生产经营和投资的需要进行，不能简单地认为现金增加是好事。

六、现金流量表的综合分析

企业的现金流量虽然分为三大部分，却互为因果、相互联系，以现金为媒介，共同构成了完整的企业资金循环和资金运动（如图6－22所示）。

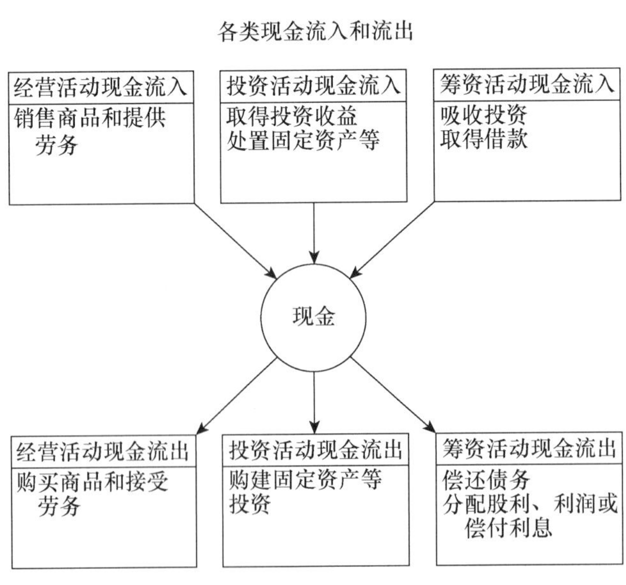

图6－22　三大资金流入、流出及其循环

从图 6－22 可以看出，三大活动的资金流入、流出是动态平衡的。所谓平衡是指三大活动的资金流入总量和流出总量应保持相等，略有结存（表现为现金净增加额与期初现金之和），以满足未来的需要，体现资金的合理配置和有效使用。所谓动态是指三大活动的资金流入总量和流出总量在任何时点都应保持相等，通过预算有效调度资金，以满足任何时点的资金需要。

第四节　综合分析

一、财务报表之间的关系

资产负债表、利润表、现金流量表构成企业完整的报告体系，三张报表之间存在重要的关联关系（如勾稽关系和对应关系），确定这些联系对充分发挥财务管理功能有重要作用。

1. 资产负债表与利润表

利润表是结果报表，收入、成本、利润都是企业在某一期间生产经营的结果，结果的好坏主要取决于资产、负债、所有者权益这三大资源使用的效率和效果，因此资产负债表是行为报表和管理报表。如要寻找损益变动的原因并采取有效的应对之策，应从资产负债表入手。

2. 现金流量表与资产负债表、利润表

由于资产负债表和利润表是以权责发生制为基础编制的，表内一些项目反映了应收、应付、预收、预付、预提、待摊，所以看到的和想到的可能不一致。例如，实现收入为什么没钱用？发生成本为什么资金没有减少？

现金流量表是以收付实现制为基础编制的，收到钱时登记现金流入，付出钱时登记现金流出，结存的肯定是可用的。因而看到的和想到的是一致的。

所以，现金流量表对资产负债表和利润表起到了补充和说明的作用：实现收入但没有钱用的原因在于应收账款，发生成本但可用资金没有减少是因为存在非付现成本。如果进一步把利润表中的“主营业务收入”和现金流量表中的“销售商品、提供劳务收到的现金”比较，可以反映本期销售的质量高低。把现金流量表中的“购建固定资产、无形资产和其他长期资产支付的现金”和资产负债表中“固定资产原值”项目的本年增加数比较，可以大致反映期末在建工程的现状和工程建设的完成情况。

三张报表之间的重要关联关系如图 6－23 所示。

二、杜邦财务分析

（一）杜邦财务分析体系

企业的财务运营是一个完整的系统，各种影响因素相互依存、相互作用，

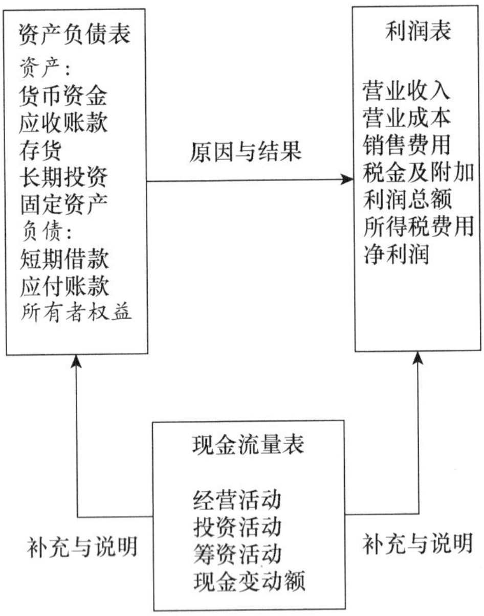

图6-23　三张报表之间的重要关联关系

任何一个因素的变动都会引起企业整体财务状况的变化。因此，进行综合财务分析时，必须深入了解影响企业财务状况变动的各项因素及其相互间的关系，才能揭示企业财务状况的全貌。

杜邦财务分析是利用几种主要财务比率之间的内在联系综合分析企业财务状况的方法。该分析以所有者权益报酬率为主体指标，分别反映营运能力、偿债能力以及盈利能力，并按其内在联系有机结合起来，从而形成一个将资产负债表、利润表的数据综合在一起的指标分析体系（如图6-24所示）。

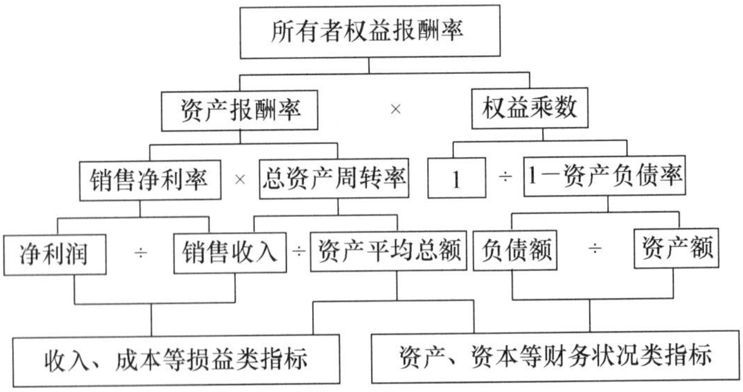

图6-24　杜邦财务分析体系示意图

杜邦分析法反映了以下几种主要的财务比率关系：

（1）所有者权益报酬率与资产报酬率及权益乘数之间的关系。

$$所有者权益报酬率=资产报酬率\times权益乘数$$

（2）资产报酬率与销售净利率及总资产周转率之间的关系。

资产报酬率＝销售净利率×总资产周转率

（3）销售净利率与净利润及销售收入之间的关系。

销售净利率＝净利润÷销售收入

（4）总资产周转率与销售收入及资产平均总额之间的关系。

总资产周转率＝销售收入÷资产平均总额

杜邦财务分析揭示了上述几种财务比率之间的关系，在将净利润、总资产层层分解后，就可以全面、系统地揭示企业的财务状况以及影响财务状况的各个因素之间的相互关系，从而为经营者提供解决企业财务问题的思路及财务目标的分解、控制途径。

（二）杜邦财务分析体系的应用

（1）所有者权益报酬率是杜邦财务分析体系的核心，是综合性最强的指标，反映企业财务管理的目标。企业财务管理的重要目标之一就是实现股东财富的最大化，所有者权益报酬率正是反映了股东投入资金的获利能力，这一比率反映了企业筹资、投资和经营等各方面活动的效率。所有者权益报酬率取决于企业资产报酬率和权益乘数。资产报酬率反映企业在运用资产进行生产经营活动时的效率高低，而权益乘数则主要反映企业的筹资情况，即企业资金的来源结构。

（2）资产报酬率是反映企业获利能力的一个重要财务比率，它揭示了企业生产经营活动的效率，综合性也极强。企业的销售收入、成本费用、资产结构、资产周转速度以及资金占用量等各种因素，都会直接影响资产报酬率的高低。资产报酬率是销售净利率与总资产周转率的乘积。因此，可以从企业的销售活动与资产管理两个方面来进行分析。

（3）从企业的销售方面看，销售净利率反映了企业净利润与销售收入之间的关系。一般来说，销售收入增加，企业的净利润会随之增加，但要想提高销售净利率，必须一方面提高销售收入，另一方面降低各种成本费用，这样才能使净利润的增长高于销售收入的增长，从而使销售净利率得到提高。由此可见，提高销售净利率必须在以下两个方面下功夫：

1）开拓市场，增加销售收入。在市场经济中，企业必须深入调查研究市场情况，了解市场的供需关系。在战略上，从长远利益出发，努力开发新产品；在策略上，保证产品的质量，加强营销手段，努力提高市场占有率。这些都是企业面向市场的外在功夫。

2）加强成本费用控制，降低耗费，增加利润。利用杜邦图可以分析企业的成本费用结构是否合理，以便发现企业在成本费用管理方面存在的问题，为加强成本费用管理提供依据。企业要想在激烈的市场竞争中立于不败之地，不仅要在营销与产品质量上下功夫，还要尽可能降低产品的成本，这样才能增强产品在市场上的竞争力。同时，要严格控制企业的管理费用、财务费用等各种期间费用，降低耗费，增加利润。尤其要研究分析企业的利息费用与利润总额之间的关系，如果企业承担的利息费用太多，就应当进一步分析企业的资金结构是否合理，负债比率是否过高，不合理的资金结构会影响企业所有者的收益。

（4）在企业资产方面，主要应分析以下两个方面：

1）分析企业的资产结构是否合理，即流动资产与非流动资产的比例是否合理。资产结构实际上反映了企业资产的流动性，它不仅关系到企业的偿债能力，也会影响企业的获利能力。一般来说，如果企业流动资产中货币资金所占比重过大，就应当分析企业现金持有量是否合理，有无现金闲置现象，因为过量的现金会影响企业的获利能力；如果流动资产中的存货与应收账款过多，就会占用大量的资金，影响企业的资金周转。

2）结合销售收入分析企业的资产周转情况。资产周转速度直接影响到企业的获利能力，如果企业资产周转较慢，就会占用大量资金，增加资金成本，减少企业的利润。不仅要分析企业总资产周转率，更要分析企业的存货周转率与应收账款周转率，并将周转情况与资金占用情况结合起来进行分析。

通过上述分析，可以发现企业资产管理方面存在的问题，以便加强管理，提高资产的利用效率。

总之，从杜邦分析法可以看出，企业的获利能力涉及生产经营活动的方方面面。所有者权益报酬率与企业的筹资结构、销售规模、成本水平、资产管理等因素密切相关，这些因素构成一个完整的系统，系统内部各因素之间相互作用。只有协调好系统内部各个因素之间的关系，才能使所有者权益报酬率得到提高，从而实现股东财富最大化的目标。

思考题

1. 企业的利润按构成分为销售利润、经营利润和营业利润，你还知道哪些分类？每种分类的作用是什么？

2. 如何理解国家的去杠杆政策？以财务部门发生的借款利息为例，借款利息是多好还是少好？

3. 有人说：东西在我手里就没有损失。你是否同意这一观点？为什么？

4. 企业的资源就是资产吗？负债和所有者权益是资源吗？为什么？

5. 有人说：现金为王，所以现金越多越好。这样做是否符合财务管理的原则？应该如何把握？

6. 在不同发展阶段、采用不同战略的企业，杜邦财务分析的思路一样吗？会有哪些变化？

计算题

1. 已知：甲、乙、丙三个企业的资本总额相等，均为 4 000 万元，息税前利润也都相等，均为 500 万元。负债平均利息率 6%。但三个企业的资本结构不同，具体组成如下：

单位：万元

项目	甲公司	乙公司	丙公司
总资本	4 000	4 000	4 000
普通股股本	4 000	3 000	2 000
发行的普通股股数	400	300	200
负债	0	1 000	2 000

公司所得税税率为 25%。

要求：

请计算各公司的税后净收益和每股净收益。

2. 某企业 2019 年 12 月 31 日的有关报表数据如下：流动负债 40 万元；流动比率 2.2；速动比率 1.2；销售成本 80 万元；毛利率 20%；年初存货 30 万元。

要求：

请根据上述数据计算该企业存货周转率及周转天数。

3. 某企业全部资产总额为 6 000 万元，流动资产占全部资产的 40%，其中存货占流动资产的一半。流动负债占全部资产的 30%。

要求：

请分别计算发生以下交易后的流动比率、速动比率。

(1) 购买材料，用银行存款支付 4 万元，其余 6 万元为赊购；

(2) 购置机器设备，价值 60 万元，以银行存款支付 40 万元，余款以产成品来抵；

(3) 部分应收账款确认为坏账，金额 28 万元。同时借入短期借款 80 万元。

4. 某企业 2017 年、2018 年有关资料见下表：

单位：万元

项 目	2017 年	2018 年
销售收入	280	350
其中：赊销收入	76	80
全部成本	235	288

续表

项 目	2017年	2018年
其中：销售成本	108	120
管理费用	87	98
财务费用	29	55
销售费用	11	15
利润总额	45	62
所得税	15	21
税后净利	30	41
资产总额	128	198
其中：固定资产	59	78
现金	21	39
应收账款（平均）	8	14
存货	40	67
负债总额	55	88

要求：

运用杜邦分析法分析该企业的所有者权益报酬率及其增减变动原因。

5. 某公司资产总额450万元，流动资产占30%，其中货币资金25万元，其余为应收账款和存货。所有者权益项目共计280万元，本年实现毛利90万元。年末流动比率1.5，产权比率0.6，收入基础的存货周转率10次，成本基础的存货周转率8次。

要求：

计算应收账款、存货、长期负债、流动负债、流动资产的金额。

6. 某公司2019年有关财务比率数据见下表：

财务比率	所有者权益报酬率	总资产报酬率	权益乘数	销售净利率	总资产周转率
计划		7.39%	2.02	4.53%	
实际	12.12%		2.02		2

要求：

（1）利用杜邦分析体系填写表中空格。

（2）根据表内数据进行财务分析。

第七章 筹资管理

2012年，会稽山绍兴酒有限公司通过质押其名下的驰名商标“会稽山”，获得了银行的8 200万元授信额度，以无形的商标换得了“真金白银”。绍兴市出台的浙江省首个商标专用权质押办法为企业开拓了新的中小企业融资渠道。面对金融寒流来袭，浙江民企就像八爪鱼，将多只触手伸向更广阔的领域，以吸取资金度时艰、谋发展。

会稽山绍兴酒有限公司董事长傅祖康说：“以前贷款质押的都是厂房、土地、设备等实实在在的固定资产，没想到商标这种无形资产也能质押贷款。这大大降低了企业的经营风险。”

第一节 企业筹资的动机、渠道、方式和要求

企业筹资是指企业向外部有关单位或个人以及从企业内部筹措和集中生产经营所需资金的财务活动。筹集资金是企业资金运动的起点，决定着资金运动的规模和生产经营发展的程度。通过一定渠道，采取一定方式，组织资金的供应，满足企业生产经营活动的需要，是企业财务管理的一项重要内容。

一、企业筹集资金的动机

企业筹资的基本目的是满足生产经营活动正常运营和未来发展的需要。但具体到每次筹资活动，则往往受特定动机驱使。企业筹资的具体动机有四类：新建筹资、扩张筹资、偿债筹资和混合筹资。

1. 新建筹资

新建筹资是指在企业设立时为获得正常生产经营活动所需的铺底资金而产生的筹资需求。企业设立时，要按照经营方针所确定的生产经营规模核定固定

资金需要量和流动资金需要量，并为此筹措相应的资本金，资金不足部分需筹集短期或长期银行借款（或发行债券）。

当然，为满足企业正常经营的需要，新建筹资的数额可以大于注册资本的最低限额，超出部分形成资本公积。

2. 扩张筹资

扩张筹资是指企业因扩大生产经营规模或追加对外投资而产生的筹资需求。拥有良好发展前景、处于成长时期的企业，通常会产生扩张筹资的动机。例如，企业产品供不应求，市场销售潜力较大，需要购置设备增加市场供应；开发生产适销对路的新产品，需要引进技术，扩大生产能力；开拓有发展前途的对外投资领域；等等。扩张筹资所产生的直接结果是企业的资产总额和权益总额的增加。

[案例思考1]

作为国内最大的综合性网络零售企业之一，京东商城在2007年完成第一轮融资，当年销售额即达到3.6亿元，2008年为13.2亿元，2009年近40亿元，2010年销售额达102亿元。2012年上半年，京东商城销售额同比增长超过120%，交易额同比增长161%。京东之所以能保持这样的增长速度，靠的就是底价策略。而维持底价策略的是京东的“融资—扩张—再融资”发展模式。

京东商城此前获得过三轮融资。2007年8月，获今日资本投资1 000万美元；2009年1月，获得今日资本、雄牛资本以及投资银行家梁伯韬的私人公司共计2 100万美元的联合注资；2011年3月，完成15亿美元C轮融资，投资方包括DST、老虎基金等6家基金以及社会知名人士，其中DST以5亿美元获5%的股份，意味着京东估值达100亿美元。

京东商城的前两轮融资是公司发展的两次转折，第一轮融资为1 000万美元，主要用于广州分公司的建立，库房、品牌建设及产品品类的扩充，产品种类从3 000种增加到18 000种，这一阶段主要是提升商城的销售额、订单量和知名度。第二轮2 100万美元的融资主要用于升级物流平台、服务技术和扩建网络，这一阶段主要是扩大商城规模。

思考：企业筹资的目的是什么？

3. 偿债筹资

偿债筹资是指企业为了偿还某项债务而形成的筹资需求。偿债筹资有两种情况：一是调整性偿债筹资，即企业具有足够的能力支付到期旧债，但为了调整原有的资本结构，举借一种新债务，从而使资本结构更加合理；二是恶化性偿债筹资，即企业现有的支付能力不足以偿付到期旧债，被迫举新债还旧债，这表明企业财务状况已经恶化。

[案例思考 2]

1997 年 9 月 18 日，日本零售业的巨头八佰伴日本公司宣布破产，破产前的总负债额为 1 613 亿日元（折合约 13 亿美元）。在东京证券交易所破产在战后的日本还是第一次，同时，这也是日本百货业界最大的一次破产事件，震动亚洲。八佰伴日本公司破产最直接的原因是企业快速扩张，经营业绩低于预期，筹资渠道受阻，导致资金链断裂。

八佰伴日本公司为了快速拓展国际事业，趁着日本泡沫经济在债券市场上大量发行可转换公司债券。这种筹资方法虽然摆脱了从银行取得资金的限制，却因缺乏有效的财务监督，极易陷入债务膨胀的危机。事实上，自 1996 年 11 月以来，八佰伴日本公司的经营状况就已经开始恶化。此外，大量投到海外市场的资金的回收情况不尽如人意。加之在此期间又出现了泡沫经济，业绩欠佳导致股价下跌。通过可转换公司债券筹资 600 亿日元的八佰伴，从 1997 年 12 月到 2001 年，每年要偿还 100 亿日元。假如筹措不到偿还资金，公司的信誉要面临危机。

八佰伴日本公司向金融市场发行没有银行担保的公司债券，直接在市场吸收资金。这一举动虽然反映了日本企业从依赖银行贷款的间接资金来源转变为直接从市场吸收资金的直接资金来源的时代潮流，却得罪了长期交往的主力银行。因此，当八佰伴日本公司资金流通不畅，发行的公司债券又到了必须偿还的时候，曾经担当八佰伴日本公司主力银行角色的往来银行——东海银行、住友信托银行、日本长期信用银行采取了袖手旁观的姿态。

思考：八佰伴日本公司的破产与筹资有什么关系？其深层次的原因又是什么？

从八佰伴的案例中可以发现，制定合理的筹资和投资策略是企业战略管理的一项重要内容。企业对其筹资结构的设计，实质上是对资金筹集中财务杠杆利益、筹资成本、筹资风险和筹资权益的平衡。企业应有一个合理的负债经营政策，确定合理的负债经营规模，选择适当的负债经营方式和期限，确定合适的利率水平以及利息支付方式和清偿方式，形成合理的负债结构。有效利用财务杠杆是企业经营成功的保证。

4. 混合筹资

企业既需要扩大经营的长期资金又需要偿还债务的现金而形成的筹资动机即混合筹资。这种筹资包括扩张筹资和偿债筹资，其结果既可以增加企业资产总额，又能调整企业资本结构。

[案例思考 3]

TCL 集团 2011 年董事会的决议公告称，公司董事会同意发行不超过 12 亿元的短期融资券以及不超过 30 亿元的中期票据，以补充营运资金、偿还银行债务。公告显示，短期融资券将分期发行，发行期限为1年，中期票据发行期限为3～5年，两批债券均无担保。TCL集团发布的2010年年报显示：全年营业收入518.70亿元，其中销售收入502.53亿元，同比增长17.09%；实现净利润4.33亿元，实现经营性现金净流入7.96亿元。

思考： TCL集团此次融资的目的是什么？

二、筹资渠道与筹资方式

1. 筹资渠道

筹资渠道是指筹措资金的来源方向与通道，我国企业目前的筹资渠道主要有：政府财政资金、银行信贷资金、非银行金融机构资金、其他企业单位资金、民间资金、企业自留资金、境外资金等。

2. 筹资方式

筹资方式是指企业筹集资金所采用的具体方式，目前我国企业筹资方式主要有：吸收直接投资、股票投资、银行借款、商业信用、债券投资、融资租赁等。

上述筹资方式按照筹集资金的性质可以分为权益筹资和债务筹资两大类。权益筹资募集的是自有资金，包括投资者投入企业的资金（注册资本和资本公积金）及经营中所形成的积累（盈余公积金和未分配利润），其主要方式包括吸收直接投资、企业内部积累、股票投资等。债务筹资募集的是借入资金，其主要方式包括银行借款、商业信用、债券投资、融资租赁等。

3. 筹资渠道与筹资方式的配合

筹资方式和筹资渠道存在一定的对应关系，一定的筹资方式可能只适用于某一特定的筹资渠道，但某些情况下，同一渠道的资金往往可以用不同的方式取得，同一筹资方式又往往适用于不同的筹资渠道（如表7-1所示）。

表7-1 筹资方式、筹资渠道对应表

筹资方式	筹资渠道						
	直接投资	股票投资	企业内部积累	银行借款	债券投资	融资租赁	商业信用
政府财政资金	√	√					
银行信贷资金				√			
非银行金融机构资金	√	√		√	√	√	
其他企业单位资金	√	√			√		√
民间资金	√	√			√		
企业自留资金			√				
境外资金	√	√					

企业进行筹资，必须实现两者的合理配合。例如，政府财政资金只能通过

直接投资（政府通过注资成立新的企业）和股票投资（通过定向募集或在二级市场购买）进入企业，随着混合经济的发展和国有资产管理向国有资本运营的转变，直接投资将会减少，股票投资将会增加。同样，民间资金通过直接投资、股票投资、债券投资等方式进入企业，而众筹作为直接投资的一种变化方式将被越来越多地采用。

[案例思考 4]

近年来，筹资方式的创新给企业筹资注入新的活力，如 BOT 方式等。BOT 方式是国际上通行的基础设施工程项目“建设—经营—移交”合作方式，即对基础设施工程项目实施投资招标，中标的投资者承担建设资金，建成后投资方按合同获得一定年限的经营收益权，经营期满后再把设施移交回招标建设方。我国广西的来宾电厂 B 厂是我国首个 BOT 项目，法国电力公司与通用电气阿尔斯通公司联合中标，总投资 6 亿多美元。北京市宣武区环卫局在 1997 年建设一批公共厕所时也运用了 BOT 方式，向社会公开招标投资建厕，通过把公厕的产权与经营权分离来解决公益性基础设施的投资问题。花市百货商场率先中标，拥有白广路北口厕所的投资权与 5 年经营收益权，经营 5 年后再把公厕移交回宣武区环卫局。

思考：在中国经济改革不断推进的过程中，企业筹资方式有哪些创新？

三、筹集资金的要求

企业筹集资金的基本要求，是讲求资金筹集的综合经济效益。具体要求如下。

1. 合理确定资金需要量，努力提高筹资效果

不论通过什么渠道、采取什么方式筹集资金，都应该预先确定资金的需要量，既要确定流动资金的需要量，又要确定固定资金的需要量。筹集资金固然要广开财源，但必须有一个合理的界限。要使资金的筹集量与需要量相适应，防止因筹资不足而影响生产经营或因筹资过剩而降低筹资效益。

2. 周密研究投资方向，大力提高投资效果

投资是决定应否筹资和筹资多少的重要因素之一。企业对投资收益与筹资成本进行权衡，决定要不要筹资，而投资规模决定筹资的数量。因此，必须确定有利的资金投向，才能做出筹资决策，避免不顾投资效果的盲目筹资。

3. 适时取得所筹资金，满足资金投放需要

筹集资金要按照资金投放使用的时间来合理安排，使筹资与用资在时间上相衔接。避免取得资金滞后贻误投资的有利时机，防止取得资金过早造成投放前的闲置。

4. 认真选择筹资来源，力求降低筹资成本

企业筹集资金可以采用的渠道和方式多种多样，不同筹资渠道和方式的筹

资难易程度、资本成本和财务风险各不相同。因此，要综合考察各种筹资渠道和筹资方式，研究各种资金来源的构成，求得最优的筹资组合，以便降低组合的筹资成本。

5. 合理安排资本结构，保持适当偿债能力

企业的资本结构由权益资金和债务资金构成。企业负债所占的比率要与权益资金多少和偿债能力高低相适应。要合理安排资本结构，既要防止负债过多，导致财务风险过大，偿债能力不足，又要有效利用负债经营，提高权益资金的收益水平。

6. 遵守国家有关法规，维护各方合法权益

企业的筹资活动影响着社会资金的流向和流量，涉及有关各方的经济权益。企业筹集资金必须接受国家宏观指导与调控，遵守国家有关法律法规，遵循公开、公平、公正的原则，履行约定的责任，维护有关各方的合法权益。

第二节　权益筹资

所有能够形成权益资金的筹资方式叫权益筹资。权益资金是指投资者投入企业的资本金及经营中所形成的积累，它反映所有者在企业中的权益，又称自有资金。出资人拥有对企业的所有权，而企业则拥有出资人投资形成的全部法人财产权。

就一般规模的非股份制企业而言，自有资金的筹资方式主要有吸收直接投资和内部权益筹资。

一、吸收直接投资

吸收直接投资是指企业按照“共同投资、共同经营、共担风险、共享利润”的原则吸收国家、企业（单位）、个人、外商等投入资金的一种筹资方式。吸收直接投资不以证券（如股票、债券等）为中介，是非股份制企业筹集自有资金的基本方式。

（一）投资来源

吸收直接投资的一般来源主要有：

（1）吸收国家投资，是指以国家各级财政资金为来源的投资，由此形成归属于国家的投入资本金。

（2）吸收企业、事业单位等法人单位的投资，由此形成归属于法人单位的投入资本金。

（3）吸收城乡居民和企业内部职工的投资，由此形成归属于个人的投入资本金。

（4）吸收外国投资者和我国港澳台地区投资者的投资，由此形成归属于外商和港澳台地区投资者的投入资本金。

（二）出资形式

投资者可以用货币出资，也可以用实物、知识产权、土地使用权等可以用货币估价并依法转让的非货币财产作价出资。

1. 货币投资

用货币资金对企业投资是直接投资中重要的出资形式。企业可以用货币资金购买各种生产资料、支付工资和各种费用，从而以循环方式支持企业的经营。因此，企业应让投资者尽可能以现金方式出资，并进行最低限额的货币投资。

2. 实物投资

实物投资是指以房屋、建筑物、机器设备等固定资产和材料、燃料、商品等流动资产所进行的投资。

实物投资应符合以下条件：

（1）符合企业生产、经营、科研开发等的需要；

（2）技术性能良好；

（3）作价公平合理。

投资实物的价格可以由出资各方协商确定，也可以聘请专业资产评估机构评估确定。

3. 知识产权投资

知识产权是指权利人对其所创作的智力劳动成果所享有的专有权利，各种智力创造如发明、文学和艺术作品，以及在商业中使用的标志、名称、图像以及外观设计，都可认为是个人或组织所拥有的知识产权。知识产权主要分为专利权、商标权、著作权（版权）、非专利技术等。

知识产权是有时效期的。专利和技术经过一个时期会陈旧老化，其价值也会不断贬低乃至丧失，因此在吸收此项投资时，要进行周密的可行性研究，分析其先进性、效益性和技术更新的速度，并合理作价，以免吸收以后在短期内发生明显的贬值。

《中华人民共和国专利法》规定，从申请之日起计算，发明专利权的期限为 20 年，实用新型专利权和外观设计专利权的期限为 10 年。《中华人民共和国商标法》规定：注册商标的有效期为 10 年，自核准之日起计算，期满可以续展。《中华人民共和国著作权法》规定：自然人作者保护期为作者终生及其死后 50 年，截止于作者死亡后第 50 年的 12 月 31 日。作者的人身权（署名权、修改权、保护作品完整权等）的保护期不受限制。

4. 土地使用权投资

土地使用权是指单位或者个人依法或依约定，对国有土地或集体土地所享有的占有、使用、收益和有限处分的权利。

土地使用权通常以招标、拍卖、挂牌、协议等方式获得。土地使用权出让最高年限：居住用地70年；工业用地50年；教育、科技、文化、卫生、体育用地50年；商业、旅游、娱乐用地40年；综合或者其他用地50年。

土地使用权具有相对的独立性，在土地使用权存续期间，包括土地所有者在内的其他任何人和单位，不能任意收回土地和非法干预使用权人的经营活动。使用权人依法可用土地使用权进行投资。

（三）非货币投资的估价

企业筹集的非货币类财产投资（主要指流动资产、固定资产、知识产权、土地使用权），应按照评估确定的金额或合同协议约定的金额计价，不得高估或者低估作价。

1. 流动资产投资的估价

企业筹集的流动资产投资包括材料、燃料、在制品、自制半成品、产成品、应收账款和有价证券等。

（1）对于材料、燃料、产成品等，可采用现行市价法或重置成本法进行估价。

（2）对于在制品、自制半成品，可先按完工程度折算为相当于产成品的约当量，再按产成品的估价方法进行估价。

（3）对于应收账款和有价证券，应根据具体情况采用合理的估价方法：

1）能够立即收回的应收账款，可以其账面价值作为评估价值。

2）能够贴现的应收票据，可以其贴现值作为评估价值。

3）能够立即变现的有价证券（债券、股票等），可以其现行市价作为评估价值。

4）能够立即变现的带息票据和有息债券，可以其票面金额加上持有期间的利息作为评估价值。

5）凡是不能立即收回的应收账款，应合理估计其坏账损失（如账龄分析法），并以账面价值扣除坏账损失后的金额作为评估价值。

2. 固定资产投资的估价

筹集的固定资产主要是机器、设备、房屋、建筑物等。

（1）对于机器、设备，一般采用重置成本法和现行市价法进行估价；对于有独立生产能力的机器、设备（即设备组合），也可采用收益现值法估价。

（2）房屋、建筑物价值的高低是由多种因素决定的，主要受投资额、地理位置、质量、新旧程度等因素的影响，可采用现行市价法并结合收益现值法进行估价，亦可采用市场价格类比法。

3. 知识产权投资的估价

企业吸收的无形资产投资主要有专利权、专有技术、商标权、商誉、特许经营权、租赁权、版权等。

（1）对于能够单独计算自创成本或外购成本的，如专利权、专有技术等，可采用重置成本法估价。

（2）对于在现时市场上有交易参照物的，如专利权、租赁权等，可采用现行市价法进行估价。

（3）对于无法确定研制成本或购买成本，又不能在市场上找到交易参照物，但能为企业持续带来收益的，如特许经营权、商标权、商誉等，可采用收益现值法估价。

4．土地使用权投资的估价

土地使用权可以按以招标、拍卖、挂牌、协议等方式获得时的总价格，减去按使用年限摊销的部分的余额计算，也可采用现行市价法进行估价。

二、内部权益筹资

企业的内部权益筹资是指由于经营和盈利而产生的增量资金，是权益资本保值和增值的结果，受摊销政策和利润分配政策的影响。

1．内部权益筹资的形成来源

内部权益筹资是怎么形成的？

假设取得销售收入拿到钱了，付现成本（销售成本）给人钱了，于是

销售收入	1 200 万元	现金增加	＋200 万元
－销售成本	1 000 万元		
销售利润	200 万元		
－所得税	50 万元	交税现金减少	－50 万元
税后净利润	150 万元	现金净增加	150 万元

说明在没有外部资金进入的情况下，增量资金（150 万元）来源于税后净利润（150 万元）。

如果上例只有固定资产折旧 100 万元，结果如何？

销售收入	1 200 万元	现金增加	＋200 万元
－销售成本	1 000 万元		
销售利润	200 万元		
－折旧	100 万元		
利润	100 万元		
－所得税	25 万元	交税现金减少	－25 万元
税后净利润	75 万元	现金净增加	175 万元

在同样没有外部资金进入的情况下，此时增量资金（175万元）来源于税后净利润（75万元）和固定资产折旧（100万元）。

可见，在没有外部资金进入的情况下，增量资金来源于税后净利润和前期投资本期收回形成的折旧、摊销。

2. 前期投资本期收回的增量资金影响

企业基于长期利益进行的资本性支出往往形成固定资产、无形资产和长期待摊费用。这些资产（特别是固定资产和无形资产）在较长期间内（数年甚至数十年）使用和发挥作用，但其价值要在期间内逐渐摊销，从而形成价值的双重存在：既存在于实物形态（或使用形态），又存在于货币形态（如图7-1所示）。也就是说，随着资产的使用，实物形态上的价值逐渐减少，而货币形态的价值逐渐增加；当该项资产实物形态的价值为零时，货币形态的价值达到最大，此时就可以用货币对该报废（或失效）资产进行更新，以维持简单再生产。这种资产价值的双重存在，在形成非付现成本时不像付现成本会产生现金流出，因而形成现金增加。

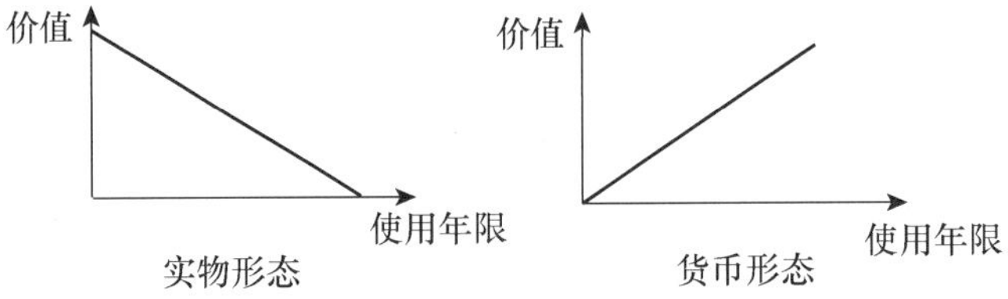

图7-1　资产价值的双重存在

这种资产价值的双重存在对未来扩张产生了积极的作用，等量资金产生了更大的贡献。例如，花50万元购买甲设备，可以使用10年，按使用年限法计提折旧。当甲设备使用到第6年末时，已提折旧形成资金30万元（可用于将来对甲设备的更新），但此时如果用这30万元再购置乙设备会怎么样呢？你会发现在多了一台设备的同时，甲设备依然在正常使用。这时，1元钱发挥了1元多钱的作用。

资产价值的双重存在使得企业拥有了一定的财务弹性，增强了对亏损的抵御能力。如果企业前期投资、本期摊销的费用为10亿元，而该企业同期亏损7亿元，你会发现企业周转中的资金增加了3亿元，不仅能维持简单再生产，而且可以进行扩大再生产。这就是重资产较多的企业比轻资产较多的企业抵御亏损的能力强的原因。

虽然资产价值的双重存在对企业的发展起到了促进作用，但也应强化预算管理以有效安排未来资金。在上例中，基于资金充分有效利用而在第6年末将甲设备的资金30万元用于购买乙设备时，预算管理就需要考虑4年后甲设备更新时的资金安排，否则就会导致甲设备无法按期更新。

3. 利润分配形成的增量资金

从内部筹资形成来源的分析中可以发现，增量资金还来自税后净利润及其分配结果。如果税后净利润全部用于本期对投资者的分配，那可用于积累和发展的资金为零，企业只能维持简单再生产；如果税后净利润较多地用于积累和发展，企业不仅能够维持简单再生产，而且可以进行扩大再生产。

[案例思考 5]

2008 年 3 月，某上市房地产公司召开董事会议。在讨论利润分配政策时，董事长问独立董事孙某：你认为本公司应如何进行本年利润分配？孙某回答：第一，要分，否则投资者会对公司发展产生疑惑；第二，分配宜采用股票股利，而不宜采用现金。建议采用十送六。董事长问为什么？孙某回答：在去年国家对房地产市场进行宏观调控的情况下，公司资金偏紧。加上房地产开发周期长，占用资金量大，加剧了公司资金紧张状态。采用股票股利，对投资者来讲：如果卖出股票，可以获得现金，而且不用交税（因为股票股利适用资本利得税，而我国目前的政策是保留税种，暂缓开征）；如果不卖，则明年股本增加，可以获得更多的利益。对公司来讲：第一，履行了分配义务。第二，保留了现金，可以支持企业业务的发展。第三，十送六的结果，一是公司的股价降低了，可以活跃市场交易，对降低融资成本有益；二是股本增加，显示公司的实力增强了。最后董事长总结说：本年利润分配采用十送十，并请各位董事进行表决。结果，利润分配政策的制定影响了企业的发展。

思考：利润分配以哪些方式影响企业的发展？

三、权益筹资的优缺点

相对于债务筹资，权益筹资作为企业经营最重要和最基本的条件，有以下优缺点。

1. 权益筹资的优点

（1）能提高企业的信誉。利用权益筹集的是主权资金，构成企业借入一切债务的基础。有了较多的主权资金，就可为债权人提供较大的保障。因而，权益筹资既可以提高企业的信用程度，又可为使用更多的债务资金提供有力的支持。

（2）没有固定的到期日，不用偿还。利用权益筹集的资金（尤其是注册资本）是永久性资金，在企业持续经营期间可以长期使用，能充分满足企业生产经营的最低资金需求。

（3）没有固定的利息负担。企业有利润，在满足发展需要的情况下认为适合分配股利，就可以分给股东；企业利润少，或虽有利润但资金短缺或者有更有利的投资机会，也可以少支付或不支付股利。

（4）不仅可以筹措现金，而且能够直接获得所需的土地、先进设备和技术，能够尽快形成生产经营能力。

（5）筹资风险小。权益筹资没有固定的到期日，不用支付固定的利息，不存在不能还本付息的风险。

2. 权益筹资的缺点

（1）资本成本较高。一般来说，权益筹资的成本要大于债务资金，因为投资者往往要求较高的报酬（对资金提供者而言是报酬率，对资金使用者而言是成本率，就像利率对存款人而言是报酬率而对银行来说是成本率）。股利和利润分配要从税后利润中支付，但债务资金的利息可在税前扣除。另外，利用公开市场筹资（如发行普通股）的发行费用较高。

（2）容易分散控制权。当企业发行新股增资时，引进新的股东会使企业控制权分散。

（3）新股东分享企业未增资（如发行新股）前积累的利润，会降低普通股的净收益，可能引起股价的下跌。

（4）由于没有证券为媒介，产权关系有时不够明晰，不便于产权的交易。

第三节 债务筹资

[案例思考6]

M公司是一家加工制造企业，前几年因经营不善亏损严重，总资产不足400万元，几度濒临破产。面对如此窘境，新领导班子决心加强生产管理，加大产品研发投入，并通过资本结构调整来扭转困境。

资本结构调整主要分为两步：一是在产品经营期间，积极增加负债，获取财务杠杆利益。在股份制改造初期，企业的财务策划以增加财务杠杆利益为出发点，采用积极型筹资策略，提高债务比重，同时加强管理，降低资金成本，减少筹资风险，从而提高权益资本收益率，获取较大的财务杠杆利益，为企业快速完成资本原始积累做出积极的贡献。二是在企业高成长期间，保持适度负债，选择最优资本结构。国家大幅下调信贷利率，使企业的债务成本趋低。企业财务策划经广泛深入的研讨后，采用适度负债的中庸型筹资策略，选取综合资金成本最低的方案作为最优资本结构方案，资产负债率稳定在43%左右。这样，既获取了较大的财务杠杆利益，又不影响所有者对企业的控制权，企业财务信誉大大提高，为稳定发展创造了良好的财务环境。

几年间，M公司的产品线增加了几十种，品牌形象和市场销量也不断提高，销售额年增长10%。通过资本结构调整和自身积累，不仅扭亏为盈，而且在资本市场实现了首次公开募股。

思考： 什么是债务筹资？有哪些形式？其对企业的贡献和损害是什么？

所有能够形成债务资金的筹资方式叫债务筹资。债务资金是指企业向银行、非银行金融机构、其他企业单位等吸收的资金，它反映债权人的权益，又称借入资金。债务资金的出资人是企业的债权人，对企业拥有债权，有权要求企业按期还本付息。

就一般规模的非股份制企业而言，债务筹资方式主要有银行借款、融资租赁、商业信用。

一、银行借款

银行借款是指企业根据借款合同向银行（以及非银行金融机构，下同）借入的需要还本付息的款项。银行的长期借款和短期借款是企业筹集资金的一种重要方式。

（一）借款的种类

1. 按提供贷款的机构分类

银行借款按提供贷款的机构可分为政策性银行贷款、商业性银行贷款和其他金融机构贷款。

政策性银行贷款是指执行国家政策性贷款业务的银行向企业发放的贷款，通常为长期贷款。如国家开发银行为满足企业承建国家重点建设项目的资金需要而提供的贷款；进出口银行为大型设备的进出口提供买方信贷或卖方信贷。

商业性银行贷款是指由各商业银行向企业提供的贷款，主要是为满足企业生产经营的资金需要，包括短期贷款和长期贷款。其中，长期贷款一般具有以下特征：（1）期限长于一年；（2）企业与银行之间要签订借款合同，含有对借款企业的具体限制条件；（3）有规定的借款利率，利率既可固定，也可随基准利率的变动而变动；（4）一般采用分期偿还方式，每期偿还金额相等，也可以到期一次偿还。

其他金融机构贷款，如从信托投资公司取得实物或货币形成的信托投资贷款，从财务公司取得的各种中长期贷款，从保险公司取得的贷款等。其他金融机构贷款一般比商业银行贷款的期限要长，利率较高，对借款企业的信用和担保要求比较严格。

2. 按贷款有无担保分类

银行贷款按有无担保可分为信用贷款和担保贷款。

信用贷款是指以借款人的信誉或保证人的信用为依据而获得的贷款，企业取得这种贷款，无须以财产做抵押。由于风险较高，对于这种贷款银行通常要收取较高的利息，往往还附加一定的限制条件。

担保贷款包括保证贷款、质押贷款和抵押贷款。保证贷款是指按《担保法》规定的保证方式，以第三人承诺在借款人不能偿还借款时，按约定承担一定保证责任或连带责任而取得的贷款。质押贷款是指按《担保法》规定的质押方式，以借款人或第三人的动产或权利作为质押物而取得的贷款。抵押贷款是指按《担保法》规定的抵押方式，以借款人或第三人的财产作为抵押物而取得的贷款。作为贷款担保的抵押品必须是能够变现的资产，可以是不动产、机器设备等实物资产，也可以是股票、债券等有价证券。如果贷款到期借款企业不能或不愿偿还贷款，银行可取消企业对抵押品的赎回权，并有权处理抵押品。

票据贴现也是一种抵押贷款，它是商业票据的持有人把未到期的商业票据转让给银行，贴付一定利息以取得银行资金的一种借贷行为。银行通过贴现把款项贷给销货单位，到期向购货单位收款，银行向销货单位所付的金额低于票面金额，其差额即为贴现息。

3. 按贷款的用途分类

银行贷款按贷款的用途可分为基本建设贷款、专项贷款和流动资金贷款。

基本建设贷款是指企业因为从事新建、改建、扩建等基本建设项目需要资金而向银行申请借入的款项。

专项贷款是指企业因为专门用途而向银行申请借入的款项，包括更新改造贷款、大修理贷款、科研开发贷款、小型技术措施贷款、出口专项贷款、引进技术转让费周转金贷款、进口设备外汇贷款，进口设备人民币贷款及国内配套设备贷款等。

流动资金贷款是指企业为满足流动资金的需求而向银行申请借入的款项，包括流动资金借款、生产周转借款、临时借款、结算借款和卖方信贷。

（二）借款信用条件

向银行借款往往需要附带一些信用条件。主要有：

1. 信贷额度

信贷额度又称贷款限额，是借款企业按协议规定可以得到的最高借款限额。通常在信贷额度内企业可以随时按需要支用借款；如果企业超过规定限额继续向银行借款，银行会停止办理；此外，如果企业信誉恶化，即使银行曾经同意按信贷限额提供贷款，企业也可能贷不到款，这时银行不用承担法律责任。

2. 周转信贷协议

周转信贷协议又称循环贷款协议，是银行具有法律义务承诺提供不超过某一最高限额的贷款协议。在协议的有效期内，只要企业借款总额未超过最高限额，银行就必须满足企业任何时候提出的借款要求。企业使用周转信贷协议，通常要对贷款限额的未使用部分付给银行一笔承诺费用。承诺费用一般按未使用的信用额度的一定比率（如2%）计算。

3. 补偿性余额

补偿性余额是银行要求借款企业在银行中保持按贷款限额或实际借用额一

定百分比（通常为 10%～20%）计算的最低存款余额。补偿性余额有助于银行降低贷款风险，补偿其可能遭受的风险；但对借款企业来说，补偿性余额提高了借款的实际利率，加重了企业负担。

4. 按贴现法计息

银行借款利息的支付方式一般为利随本清法，又称收款法，即在借款到期时向银行支付利息的方法。但有时银行规定采用贴现法，即银行向企业发放贷款时，先从本金中扣除利息，到期时借款企业再偿还全部本金的一种计息方法。采用这种方法，企业可利用的贷款额只有本金扣除利息后的差额部分，因此其实际利率高于名义利率。

除了上述信用条件外，银行往往还要规定一些限制条款，如企业定期向银行提交财务报告、保持适当的资产流动性、禁止应收账款的转让等。若企业违背做出的承诺，银行可要求企业立即偿还全部贷款。

（三）借款利率

由于不同的借款具有不同的信用条件，企业实际承担的利率（实际利率）与契约约定的借款利率（名义利率）可能不一致。银行借款的筹资成本应是企业实际支付的利息，其相对数则是实际利率。计算公式如下：

$$\text{实际利率}=\frac{\text{借款人实际支付的利息}}{\text{借款人所得的借款}}$$

在实行单利计息而且无其他信用条件下，实际利率与名义利率是一致的。当信用条件发生变化时，两者就出现差异。现以 i 表示名义利率，k 表示实际利率，两者换算的方法如下。

1. 按复利计息

如复利按年计算，借款年限为 n，则实际利率的换算公式为：

$$k=[(1+i)^n-1]\div n$$

[例 7-1]

名义利率为 8%，借款年限为 5 年，按复利计算，则实际利率为：

$$[(1+8\%)^5-1]\div 5=9.4\%$$

2. 一年内分次计算利息的复利

如一年分 m 次计息，则实际利率为：

$$k=[(1+i\div m)^{mn}-1]\div n$$

[例 7-2]

名义利率为 8%，借款年限为 2 年，分季按复利计算，则实际利率为：

$$[(1+8\%\div 4)^8-1]\div 2=8.6\%$$

3．贴现利率

贴现利率是从一般贷款利率转化而来的。设贴现利率为 i，则贷款利率的计算公式如下：

$$k=i\div(1-i)$$

［例7-3］

某企业从银行取得借款200万元，期限1年，名义利率为8%，利息16万元。按贴现法付息，企业实际可动用的贷款为184万元（200－16），该项贷款的实际利率为：

$$8\%\div(1-8\%)=8.7\%$$

或 $$16\div(200-16)=8.7\%$$

（四）银行借款的优缺点

1．银行借款的优点

银行借款是企业经常采用的一种筹资方式。其优点是：

（1）筹资速度快。发行各种证券筹集资金所需时间一般较长。做好证券发行的准备，如印制证券、申请批准、证券发行等都需要一定时间。而银行借款与发行证券相比，一般所需时间较短，可以迅速获取资金。

（2）筹资成本低。银行借款所支付的利息比发行债券所支付的利息要低，另外，无须支付大量的发行费用。

（3）借款弹性好。企业与银行可以直接接触，可通过当面商谈确定借款的时间、数额和利率。在借款期间，如果企业情况发生变化，可与银行进行协商，修改借款的数额和条件。借款到期后，如有正当理由，还可延期归还。

2．银行借款的缺点

（1）财务风险较大。企业举借银行借款，必须定期还本付息，在经营不利的情况下，可能产生不能偿付的风险，甚至导致破产。

（2）限制条件较多。企业与银行签订的借款合同中一般都有一些限制条款，如不准改变借款用途、限制企业借入其他长期资金等，这些条款可能会妨碍企业的筹资、投资活动。

（3）筹资数额有限。银行一般不愿提供巨额的长期借款，故不能像股票、债券那样可以一次筹集到大笔资金。

二、融资租赁

［案例思考7］

德阳DJG机电设备有限公司专门从事电线电缆成套设备的研发和制造，

拥有大量的机器设备、优秀的技术人才、专有技术和专利，并有自己的研发中心，是由国家科技部审批通过的高新技术企业。2008年，公司急需购买一批自动化程度较高的机器设备来满足公司发展需要，设备金额为1 119万元，由于刚修建了厂房，资金非常紧张，公司没有足够的资金来购买设备，而公司的土地和厂房以及部分设备已经抵押给了银行，再无抵押物向银行贷款，公司的发展遇到了前所未有的困难。金控租赁公司在与设备中介商的交流中了解到承租人的购买需求，在与承租人进行沟通并实地考察后，认为承租人有订单、有技术、有人才、有厂房、有经验、缺设备，而金控租赁公司恰好可以提供设备融资租赁业务。双方很快达成合作意向，金控租赁为承租人提供以下融资方案：通过直接租赁为其提供1 119万元的设备，客户首付20%，保证金10%，租赁期限为3年，每月支付租金，担保方式为关联公司担保以及实际控制人提供无限连带责任担保。

金控租赁公司对通用类设备以及直接租赁项目的操作模式，解决了中小企业融资难问题，使企业用少部分资金解决了大问题，并通过物权控制了风险，最终实现了企业和金控租赁公司的双赢。

资料来源：搜狐网，http://mt.sohu.com/20150627/n415752830.shtml.

思考：租赁+金融产生融资租赁，这种整合思维将给财务管理带来哪些影响和变化？

（一）经营租赁和融资租赁

企业资产的租赁按其性质分为经营租赁和融资租赁两种。

1. 经营租赁

经营租赁是由租赁公司向承租单位在短期内提供设备，并提供维修、保养、人员培训等的一种服务性业务，又称服务性租赁。承租单位支付的租赁费，除租金外还包括维修、保养等费用，经营租赁所付的租赁费可在成本中列支。经营租赁的主要目的是解决企业短期的、临时的资产需求，从企业不必先付款购买设备即可享有设备使用权来看，具有短期筹资的特点。

经营租赁的主要特点是：（1）租赁期较短，一般短于资产有效使用期的一半；（2）设备的维修、保养由租赁公司负责；（3）租赁期满或合同中止以后，出租资产由租赁公司收回。经营租赁比较适用于技术过时较快的生产设备。

2. 融资租赁

融资租赁是由租赁公司按承租单位要求出资购买设备，在较长的契约或合同期内提供给承租单位使用的一种信用业务。一般借贷的对象是资金，而融资租赁的对象是实物，融资租赁是融资与融物相结合、带有商品销售性质的借贷活动，是企业筹集资金的一种新方法。

融资租赁的主要特点是：（1）租赁期较长，一般长于资产有效使用期的一半，在租赁期间双方无权取消合同；（2）由承租企业负责设备的维修、保养和保险，承租企业无权拆卸改装；（3）租赁期满，按事先约定的方法处理设备，包括退还租赁公司、继续租赁、企业留购。

（二）融资租赁租金的计算

1. 决定租金的因素

融资租赁每期租金的多少，取决于以下几个因素：

（1）设备原价。包括设备买入价、运输费、安装调试费、保险费等。

（2）预计设备残值。指设备租赁期满后，出售可得的市价。

（3）利息。指租赁公司为承租企业购置设备垫付资金所应支付的利息。

（4）租赁手续费。指租赁公司承办租赁设备所发生的营业费用，不包括维修、保养费用，可包括一定的盈利。

（5）租赁期限。以上四项是决定租金总额的基本因素。租赁期限的长短决定分期支付时每期应付的租金数额。在以上四个因素既定的条件下，租期越长，每期应付的租金越少。

2. 租金的支付方式

租金的支付方式也影响每期租金的多少，一般而言，租金支付次数越多，每次的支付额越小。支付租金的方式通常有以下几种：

（1）按支付间隔期长短，分为年付、半年付、季付和月付；

（2）按在期初和期末支付，分为先付和后付；

（3）按每次是否等额支付，分为等额支付和不等额支付。

实务中，承租企业与租赁公司商定的租金支付方式大多为后付等额年金。

3. 确定租金的方法

我国融资租赁实务中，租金的计算大多采用平均分摊法和等额年金法。

（1）平均分摊法。平均分摊法是先以商定的利率和手续费率计算出租赁期间的利息和手续费，然后连同设备成本按支付次数平均计算。这种方法没有充分考虑资金时间价值因素。每次应付租金的计算公式可列示如下：

$$R=\frac{(C-S)+I+F}{N}$$

式中，R 为每次支付的租金；C 为租赁设备购置成本；S 为租赁设备预计残值；I 为租赁期间利息；F 为租赁期间手续费；N 为租期。

［例 7-4］

某企业于 2016 年 1 月 1 日从租赁公司租入一套设备，价值 100 000 元，租期为 5 年，预计租赁期满时的残值为 6 000 元，归租赁公司，年利率按 9%计算，租赁手续费率为设备价值的 2%。租金每年年末支付一次。租赁该套设备每次支付的租金可计算如下：

$$\frac{(100\ 000-6\ 000)+[100\ 000\times(1+9\%)^5-100\ 000]+100\ 000\times2\%}{5}$$

$$=29\ 972(元)$$

（2）等额年金法。等额年金法是运用年金现值的计算原理计算每期应付租金的方法。通常要根据利率和手续费率确定一个租费率，作为贴现率。

1）后付租金的计算。后付年金现值的计算公式如下：

$$PVA_n=A\times PVIFA_{i,n}$$

经推导，可求得后付租金方式下每年年末支付租金数额的计算公式如下：

$$A=PVA_n\div PVIFA_{i,n}$$

式中，A 为年金，即每年支付的租金；PVA_n 为年金现值，即等额租金现值；$PVIFA_{i,n}$ 为年金现值系数；n 为支付租金期数；i 为贴现率，即租费率。

[例 7-5]

根据前例资料，假定设备残值归属承租企业，租费率为 11%。则承租企业每年年末支付的租金计算如下：

$$100\ 000\div PVIFA_{11\%,5}=100\ 000\div3.696=27\ 056(元)$$

2）先付租金的计算。根据先付年金现值的公式：

$$PVA_n=A\times PVIFA_{i,n-1}+A=A\times(PVIFA_{i,n-1}+1)$$

得出先付等额租金的计算公式为：

$$A=PVA_n\div(PVIFA_{i,n-1}+1)$$

[例 7-6]

上例采用先付等额租金方式，则每年年初支付的租金可计算如下：

$$A=100\ 000\div(PVIFA_{11\%,4}+1)=100\ 000\div(3.102+1)=24\ 378(元)$$

融资租赁不同于经营租赁，其租赁费不能计入成本，通常要先列为长期应付款，然后分期支付。企业融资租入的固定资产应同企业自有资产一样计提折旧。

当企业就某项设备拟在融资租赁和借款购买两种筹资方式中进行选择时，可分别计算出两个筹资方案的现金流出量现值进行比较。融资租赁方案现金流出量现值为每期应付租金的年金现值、每期设备使用费的现值与租赁期满留购应付“名义货价”的现值之和；借款购买方案现金流出量现值为购买设备所需借款每期还本及应付利息的年金现值、每期设备使用费的现值之和扣除设备寿命终了出售残值的收入。如不考虑投资的净收益，则两种筹资方案中现金流出量现值较低者为有利。

（三）租赁筹资的优缺点

融资租赁于20世纪50年代初在美国出现，60年代传到西欧、日本，以后在各国迅速发展。出租物品包括飞机、船舶、车辆、电子计算机、机电设备乃至工厂成套设备。日本大中型计算机和微型机分别有86%和90%以上通过租赁方式获得。美国和原联邦德国所使用的计算机约80%～90%是通过租赁方式获得的。我国于1981年4月成立了第一家租赁公司，随后融资租赁发展较快，逐渐成为企业筹集资金的一种重要方式。

1. 租赁筹资的优点

（1）能迅速获得所需资产。融资租赁集融资与租赁于一身，一般要比先筹措现金再购置设备来得快，可使企业尽快形成生产经营能力。

（2）租赁筹资限制较少。企业运用股票、债券、长期借款等筹资方式会受到相当多资格条件的限制，而租赁筹资的限制条件很少。

（3）免遭设备陈旧过时的风险。随着科学技术的不断进步，设备陈旧过时的风险增高，而多数租赁协议规定由出租人承担，承租企业可免遭这种风险。

（4）到期还本负担轻。全部租金在整个租期内分期支付，可降低不能偿付的风险。许多借款都要求在到期日一次偿还本金，往往给财务基础薄弱的公司造成相当大的困难，有时会形成不能偿付的风险。

（5）税收负担轻。租金可在所得税前扣除，具有抵免所得税的效用。

（6）租赁可提供一种新的资金来源。采用租赁方式可使企业在资金不足而又急需设备时，不付出大量资金就能得到所需的设备。这种“借鸡生蛋，卖蛋还钱”的办法有较高的经济效益。

2. 租赁筹资的缺点

租赁筹资的主要缺点是资本成本高。其租金通常比银行借款或发行债券所负担的利息高得多，而且租金总额通常要高于设备价值的30%；承租企业在财务困难时期，支付固定的租金是一个沉重的负担。另外，采用租赁筹资方式如不能享有设备残值，将视为承租企业的一种机会损失。

三、商业信用

[案例思考8]

2003年，中国移动通信公司广州分公司推行了一项话费优惠活动，实际是一种商业信用融资形式。具体内容是：若该公司的手机用户在2002年12月底前向该公司预存2003年全年话费4 800元，可以获赠价值2 000元的缴费卡；若预存3 600元，可以获赠价值1 200元的缴费卡；若预存1 200元，可以获赠价值600元的缴费卡。

该通信公司通过这种诱人的话费优惠活动使其手机用户得到了实实在在的利益，更重要的是，还可以为该公司筹集到巨额资金。据保守估计，假设有1万个客户参与这项优惠活动，该公司至少可以筹资2 000万元。该活动共有10万个客户参与，筹集资金2亿元。公司可以利用这笔资金去拓展新的业务，扩大经营规模。另外，该通信公司通过话费让利，吸引了一批新的手机用户，巩固了老客户，在竞争中赢得了先机。

思考：商业信用给企业财务带来哪些影响？应该如何有效利用和管理？

（一）商业信用的本质

商业信用是企业之间基于互相信任而相互提供的、与商品交易相联系的一种信用形式，是以延期付款或预收货款方式进行购销活动而形成的借贷关系，是企业之间的直接信用行为。

从本质上讲，商业信用是由于商品交易中钱与货在时间和空间上的分离而产生的，因而有两种主要表现形式：应付账款（先取货后付款）和预收货款（先收钱后交货）。应付账款和预收货款导致企业占有其他企业（供应商和客户）的资金，这种资金只是短期占用，将来要按约定以现金或产品归还，因而形成一种债务筹资。

（二）商业信用的主要形式

商业信用的形式主要有：应付账款、商业汇票、票据贴现、预收货款。

1. 应付账款

应付账款是供应商给企业提供的一种典型的商业信用。由于购买者往往在收到货物后的一定期间内才付款，就等于企业向供应商借了一笔款，这笔款就成为企业的一项短期资金。

为了正常运转资金，避免资金损害，供应商往往要规定一定的信用条件。如“2/10，n/30”，表示如果购买者10天内付款可以享受现金折扣2%，如购买者放弃现金折扣，则30天内必须付清款项。换句话说，购买者如要继续使用资金20天，将损失2%的现金折扣。

供应商在信用条件中规定现金折扣，目的在于加速资金回收。购买者在决定是否享受现金折扣时，应认真考虑放弃现金折扣的成本。

$$放弃现金折扣的成本=\frac{折扣百分比}{1-折扣百分比}\times\frac{360}{信用期-折扣期}$$

[例7-7]

甲企业以“2/10，n/30”的信用条件购买一批商品，如在10天后付款，其放弃现金折扣的成本为：

$$放弃现金折扣的成本=\frac{2\%}{1-2\%}\times\frac{360}{30-10}=36.73\%$$

从另一个角度看，如果 10 天内付款，该笔购买的收益是 36.73%。可以说没有哪个企业会漠视这个机会。

2. 商业汇票

商业汇票是企业之间根据购销合同进行延期付款的商品交易时，开具的反映债权债务关系的商业票据。商业票据是现代商业活动中一种载有一定付款日期、付款地点、付款金额和付款人的无条件支付的流动证券，也是一种可以由持票人自由转让给他人的债权凭证。

商业汇票按承兑人的不同，分为商业承兑汇票和银行承兑汇票。商业承兑汇票是由收款人签发，经付款人承兑，或由付款人签发并承兑的票据。银行承兑汇票是由收款人或承兑申请人签发，并由承兑申请人向银行申请，经由银行审查同意承兑的票据。

商业汇票的承兑期（即付款期限）是由交易双方商定的。在我国，商业汇票的承兑期一般为 1～6 个月，最长不超过 9 个月，遇有特殊情况可以适当延长。

作为一种短期筹资方式，商业汇票是一种约期支付的书面凭证，比应付账款更有法律约束力。

商业汇票按照是否带息，分为带息票据和不带息票据。带息票据是指商业汇票到期时，承兑人除向收款人或被背书人支付票面金额外，还应按票面金额和票据规定的利率支付自票据生效之日起至票据到期日止的利息的商业汇票。不带息票据是指商业汇票到期时，承兑人只按票面金额向收款人或被背书人支付款项的商业汇票。

3. 票据贴现

票据贴现是指企业将持有未到期的商业汇票转让给银行以换取银行资金的一种借贷行为。在实际工作中，企业如果出现资金短缺，可以持未到期的商业汇票向其开户银行申请贴现，以便获得所需资金。贴现是指票据持有人将未到期的票据在背书后送交银行，银行受理后，从票据到期值中扣除按银行贴现率计算确定的贴息，然后将金额付给持票人，作为银行对企业的短期贷款。

票据贴现实际上是企业融通资金的一种形式，银行要按照一定利率从票据价值中扣除自借款日起至票据到期日止的贴现利息。背书的商业票据是此项借款的担保品。

$$商业汇票贴现金额=商业汇票到期值-贴现息$$

$$贴现息=商业汇票到期值\times贴现率\times贴现天数\div360$$

式中，贴现天数是指贴现日至票据到期前一日的实际天数。

[例 7-8]

某企业将一张面值为 10 000 元的商业汇票向银行贴现。该商业汇票不带息，出票日期为 7 月 1 日，到期日为 9 月 30 日，该企业于 8 月 1 日向银行办理贴现，贴现率为 9%。

$$贴现息=10\ 000\times9\%\times\frac{60}{360}=150(元)$$

$$商业汇票贴现金额=10\ 000-150=9\ 850(元)$$

采用票据贴现方式，一方面可以给购买者提供临时的资金融通，另一方面企业在需要资金时可以通过票据贴现及时获得资金支持，从而盘活资金。

4. 预收货款

预收货款是指销货单位按照合同和协议规定，在发出货物之前向购货单位预先收取部分或全部货款的信用行为。

预收货款相当于向购买者借一笔款项，获得临时性的短期借款。显然，在购买紧俏商品时购买者往往乐于采用这种方式，因为可以获得紧俏商品的占有权；而对于生产周期长、造价较高的商品（如大型船舶、核电设备等），销货方往往采用预收货款方式销货，以缓和资金占用过多的矛盾。

（三）商业信用的优缺点

商业信用的主要优点是方便、及时和灵活。其缺点主要表现在：

（1）商业信用的规模受企业商品数量和规模等因素的影响。

（2）商业信用一般是由卖方提供给买方，因而受商品流转方向的限制。

（3）商业信用受生产和商品流转周期的限制，一般只能是短期信用。

（4）商业信用一般局限在企业之间。

此外，还需强调的是企业在生产经营和利润分配过程中已经计提但尚未以货币支付的应付款项（主要包括应付职工薪酬、应交税费、应付利润或应付股利等），也会构成企业的一个临时使用的资金来源。以应付职工薪酬为例，企业通常以月为期间支付工资，在劳动已发生、工资已计提但尚未支付的这段时间，就会形成应付款项。应交税费、应交水电费、应付利润或应付股利也具有类似的性质。应付款项随着企业规模的扩大而增加，企业使用这些自然形成的资金无须付出任何代价，因此可以有效地规划和利用这些款项。

四、债务筹资的优缺点

1. 债务筹资的优点

（1）资本成本较低。负债的利息通常比所有者权益（如股票）的股利或利润要低，而且负债的利息按规定是在税前支付，负债企业可享受减税利益，故企业实际负担的负债成本明显低于所有者权益成本。

（2）具有财务杠杆作用。负债成本率固定，不论企业盈利多少，债权人只收取固定的利息，多出的利润可分配给股东，增加其收益，或留归企业用于扩大经营。

（3）可保障控制权。债权人无权参与企业的管理决策，企业负债不会像增资扩股那样分散股东对企业的控制权。

（4）负债弹性好。企业与债权人可以直接接触，通过当面商谈确定负债的时间、数额和利率。在负债期间，如果企业情况发生变化，也可与债权人进行协商，修改负债的数额和条件。负债到期后，如有正当理由，还可延期归还。

2. 债务筹资的缺点

（1）财务风险高。负债有固定的到期日，往往需定期支付利息。利用负债筹资要承担还本付息的义务。在企业经营不景气时，向债权人还本付息，无异于釜底抽薪，会给企业带来更大困难，甚至导致企业破产。

（2）限制条件多。负债的契约书中往往会有一些限制条款。这些条款比所有者权益筹资要严得多，可能影响企业的正常发展和以后的筹资能力。

（3）筹资额有限。负债筹资在数额上有一定限度，当公司的负债超过一定限度后，负债筹资的成本会迅速上升。

思考题

1. 随着社会经济的发展和管理水平的提高，企业的筹资方式也有了长足的发展，如资产金融化、资产证券化、股权质押、BOT、BOOT、PPP等。你对新的筹资方式有哪些了解？

2. 拥有较多固定资产的企业与拥有较少固定资产的企业相比有什么优劣势？

3. 权益筹资和债务筹资在企业财务运作中各有什么作用？

4. 经营租赁和融资租赁在财务运作和会计处理方面有哪些不同？

5. 商业信用是企业的一种重要筹资方式，但其缺点也是明显的。企业运用商业信用筹资时应注意哪些问题？

计算题

1. 某客户2018年8月1日贷款10 000元，到期日为2019年6月20日，月利率7.2‰。该客户于2019年5月31日还款。

要求：

请计算贷款利息。（本题约定一个月按30天计算）

2. 2019 年 7 月 14 日，某客户持一张 2019 年 5 月 20 日签发、到期日为 2019 年 10 月 31 日、金额 10 万元的银行承兑汇票到银行办理贴现，已知贴现率为 4.5‰，银行规定加收邮程为 3 天。

要求：

请计算票据办理贴现后实际转入该客户账户的金额。

3. 张三 2019 年 1 月 1 日在银行贷款 5 000 元，到期日为 2019 年 10 月 20 日，利率 9‰，利随本清，约定逾期按 15‰计算罚息，张三于 2019 年 12 月 10 日还款。

要求：

计算张三共要支付多少利息。

4. 张三于 2019 年 1 月 1 日在银行贷款 10 000 元，到期日为 2019 年 12 月 31 日，利率 7.2‰，利随本清，约定逾期按 12‰计算罚息。张三于 2019 年 9 月 1 日要求先行归还部分贷款，本金加利息共计 5 000 元。

要求：

请计算本金和利息各是多少。

5. 如上题，张三在 2019 年 9 月 1 日归还部分贷款后，直到 2020 年 4 月 10 日才还清贷款。

要求：

请计算张三应支付多少本息。

第八章

投资管理

盛大网络（SNDA）成立于1999年11月，2001年9月正式进军在线游戏运营市场，是中国目前最大的网络游戏运营商。2004年5月，盛大以每股11美元的价格在美国纳斯达克市场首次公开发行1 380万单位美国存托凭证(ADS)，共募集资金1.518亿美元。由于良好的业绩和投资者信息，盛大的股价一路高涨超过40美元。但在即将步入2006年时，盛大股价开始大幅缩水，从高峰的40.24美元下跌到15美元左右，跌幅60%左右。

从盛大公司的相关财务报表看，主营业务收入和利润状况都相当好。难道是市场低估了盛大普通股的内在价值？如果答案是肯定的，那么在盛大股票的价值回归时购入将是一个绝佳的决策。为做出理性判断，需要运用价值评估理论对盛大公司的基本面进行分析，评估企业价值和股票价值。

资料来源：陈志斌．财务管理学导论．南京：南京大学出版社，2006.

第一节　现金流量及其计算

企业成功的原因可能各不相同，但失败的原因只能是财务失败。其中，现金流量的预测和计量对投资来说是重中之重。企业也许不会因为经营亏损而破产，却可能因为现金流入量不足以偿还到期债务而倒闭。事实上，相对收入、成本、利润这些反映业绩的指标而言，现金流动的方向、现金流动的数量、现金流动的时间这些反映运营状况的指标对管理者管理和控制企业可能更重要。

一、现金流量及其作用

财务管理所说的“现金”是一个广义的概念，它不仅包括货币资金（现金和银行存款），也包括非货币资源（如材料、固定资产等）的变现价值。

现金流量是指企业的现金流动及其以货币计量的数额，是现金流入量和现金流出量的统称。企业的每项经营活动最终都会引起现金的流入和流出，现金流量对企业的持续经营非常重要。

1. 现金流量更能反映企业价值的本质

从企业价值的本质讲，能给投资者带来现金流入的收入才是有价值的收入。预收货款会增加价值，现金结算会实现价值，应收账款则会减少价值。同样，能给投资者带来现金流入的现金流出才是有价值的：购进商品的销售会增加价值，冷、背、残、次商品的增加只会减少价值。投资者真正能够支配的是从企业得到的现金流量，并据此做出相应的财务决策，所以，企业的现金流量状况比收入、成本、利润更能反映企业价值的本质。

2. 现金流量更有利于科学的决策

企业的财务决策（如筹资决策、经营决策和投资决策等）应该认真考虑资金的时间价值，这就要求在决策时弄清楚每笔预期收入款项和支出款项的具体时间，因为不同时间的货币具有不同的价值，现金流量指标恰好能反映企业各项收支的时点，从而可以更好地考虑资金时间价值因素。

例如，年初投资 100 万元，年末收回 110 万元，该项投资是否可行？从利润角度看，似乎可行，因为赚了 10 万元。但再深入想一想，现金流出是在年初，而现金流入却在年末，如果该年度的通货膨胀率是 10%，那该项投资只是保值而没有增值。

3. 现金流量使得财务决策更符合客观实际情况

现金流量按照预期现金收入和支出的时点计算，减少了人为操纵，计算结果比较客观；现金流量的实现与否将导致决策环境发生重要变化，企业收到现金才可以真正使用和支配，才可以进行是否支付股利、偿还债务、增加营运资金或购入固定资产等一系列决策，从而更准确地反映投资项目收益和成本的时点和额度，使财务决策更加符合客观实际。

4. 现金流动的状况往往比盈亏更重要

实现利润不一定有钱用（如赊销形成的应收账款），发生成本可用资金未必减少（如计提固定资产折旧、无形资产摊销、长期待摊费用的摊销等）。一个企业、一个项目能否持续下去不是取决于一定期间内是否盈利，而是取决于是否有足够的现金用于各项支付。

二、现金流量的分类

现金流量可以进行不同的分类，以满足不同管理的需要。

（一）现金流量按其与财务活动的关系分类

1. 经营活动现金流量

经营活动现金流量是指企业在日常生产经营活动中所产生的现金流入和

流出的数量。经营活动现金流入量主要是企业通过销售商品等收到的现金；经营活动现金流出量则包括采购商品、支付职工薪酬、支付税费等的现金流出。

2. 投资活动现金流量

投资活动现金流量是指企业为了在未来获取收益而投入以及收回的现金流量。投资活动的现金流入量主要有处置固定资产、无形资产等长期资产形成的现金流入，收回投资收到的现金，以及取得投资收益收到的现金等；投资活动的现金流出量包括购建固定资产、无形资产等长期资产导致的现金流出，投资支付的现金等。

3. 筹资活动现金流量

筹资活动现金流量是指企业根据需要，从各方面筹集所需资本以及为筹资而偿付的各种现金流量。企业筹资活动的现金流入量主要指吸收投资、取得借款收到的现金；筹资活动的现金流出量主要包括偿还债务支付的现金，分配股利、利润或偿付利息支付的现金等。

（二）现金流量按其流动方向分类

现金流量是投资项目在其计算期内的现金流出量与现金流入量的统称，按流向可以分为以下两类：

1. 现金流出量

在投资决策中，一个方案的现金流出量指的是在实施此方案的整个过程中所需投入的资本，主要包括投在固定资产上的资金，项目建成投产后为正常经营活动而投在流动资产上的资金，为使机器设备正常运转而投入的维护修理费等。

2. 现金流入量

与现金流出量相对应，现金流入量指的是因实施该方案而增加的现金。现金流入量主要包括经营利润、固定资产报废时的残值收入、项目结束时收回的原投在该项目流动资产上的资金以及固定资产的折旧费用等。因为计提固定资产折旧将导致营业利润的下降，但并不会引起现金的支出，所以可将其视为一项现金流入。

由于项目投资的投入、回收及收益的形成均以现金流量的形式来表现，因此，在整个项目计算期的各个阶段，都可能发生现金流量。必须逐年估算每一时点的现金流入量和现金流出量，并计算该时点的净现金流量，以便正确地进行投资决策。净现金流量（又称现金净流量），是指在项目计算期内由每年现金流入量与同年现金流出量之间的差额所形成的序列指标，它是计算项目投资决策评价指标的重要依据。

（三）现金流量按项目期间分类

由于一个项目从准备投资到项目结束，经历了项目准备及建设期、生产经营期、项目终止期三个阶段，因此投资项目净现金流量包括投资现金流量、营业现金流量和终止现金流量。

1. 投资现金流量

投资现金流量包括投资在土地、流动资产和固定资产上的三部分资金。其中投资在土地上的资金按支付的土地出让金确定。投资在流动资产上的资金按支付金额确定，并假设项目结束时将全部收回。但对于固定资产有时是以企业原有的设备进行投资的。在计算投资现金流量时，一般以设备的变现价值作为其现金流出量（该设备的变现价值通常并不与其折余价值相等）。因此，在将该投资项目作为一个独立的方案时，应考虑设备变现价值与其折余价值的差异对企业所得税的影响。

例如，2 年前用 20 万元购买一辆汽车，可用 5 年，按使用年限法计提折旧，期满无残值。该汽车按现时市场价格只能卖 10 万元，该企业适用所得税税率为 25%。则该汽车用于投资时将产生 2 万元（20－8－10）的损失，该损失计入损益将导致利润减少 2 万元，从而少交所得税 5 000 元。因而，该汽车用于投资时将形成投资现金流量 10.5 万元。

投资现金流量可用公式表示如下：

$$\text{投资现金流量}=\text{投资在土地上的资金}+\text{投资在流动资产上的资金}+\text{设备的变现价值}-(\text{设备的变现价值}-\text{折余价值})\times\text{税率}$$

2. 营业现金流量

在企业正常营业期内，企业因购买材料或商品、支付职工薪酬、缴纳税金（流转税和所得税）、支付水电费等会产生现金流出，而销售商品又会产生现金流入，因而营业现金流量是指营业现金净流量，即营业现金流入量减营业现金流出量的差量。

营业现金流量可用公式表示如下：

$$\begin{aligned}\text{营业现金流量}&=\text{营业现金流入量}-\text{营业现金流出量}\\&=\text{收入}-\text{付现成本}-\text{所得税}\\&=\text{税后净损益}+\text{折旧等}\end{aligned}$$

税后净损益是导致营业现金流量变动的重要影响因素之一，而固定资产折旧（以及无形资产摊销、长期待摊费用摊销等前期投资而在以后期间摊销、收回的资金，下同）作为一项成本，由于不需要支付现金，因此应将它当作一项现金流入。

例如，销售商品取得收入 1 200 万元，直接成本 1 000 万元，所得税税率 25%，在没有固定资产折旧时，利润 200 万元，税后利润 150 万元，则营业现金流量为：

商品收入	1 200 万元	营业现金流入量	1 200 万元
直接成本	1 000 万元	营业现金流出量	−1 000 万元
利润	200 万元		
所得税	50 万元	营业现金流出量	−50 万元
税后利润	150 万元	营业现金流量	+150 万元

如果有固定资产折旧 100 万元，利润为 100 万元，税后利润 75 万元，则营业现金流量为：

商品收入	1 200 万元	营业现金流入量	1 200 万元
直接成本	1 000 万元	营业现金流出量	−1 000 万元
毛利	200 万元		
固定资产折旧	100 万元		
利润	100 万元		
所得税	25 万元	营业现金流出量	−25 万元
税后利润	75 万元	营业现金流量	+175 万元

可见，在没有外部资金进入的情况下，一个企业的增量资金来自税后利润和固定资产折旧等。

3. 终止现金流量

终止现金流量包括固定资产的残值收入、收回原投入土地的剩余价值和收回原投入的流动资金。

土地收回金额可以按剩余使用年限和年平均投资摊销额计算。

项目初期投在流动资产上的资金，由于一般假设在项目终止时将全部收回，因而按初始投资额计算。这部分收回的资金不涉及利润的增减，因此不受所得税的影响。

固定资产的残值收入如果与预计的固定资产残值相同，那么在会计上同样不涉及利润的增减，所以也不受所得税的影响。但是在实际工作中，最终的残值收入往往与预计的固定资产残值不同，它们之间的差额会引起企业利润的增加或减少，因此在计算现金流量时，不能忽视这部分的影响。

$$\begin{aligned}\begin{matrix}\text{项目终止}\\\text{现金流量}\end{matrix}&=\begin{matrix}\text{土地收回}\\\text{金额}\end{matrix}+\begin{matrix}\text{原投入的}\\\text{流动资金}\end{matrix}+\begin{matrix}\text{实际固定资产}\\\text{残值收入}\end{matrix}\\&\quad-\left(\begin{matrix}\text{实际固定资产}\\\text{残值收入}\end{matrix}-\begin{matrix}\text{预计固定资产}\\\text{残值收入}\end{matrix}\right)\times\text{税率}\end{aligned}$$

在现金流量的计算中，应注意以下问题：

（1）营业收入的估算。一般说来，营业收入是指收到现金的营业收入（即经营现金流入），因此必须注意两个问题：一是在有折扣和折让的情况下，会计上对营业收入是采用总价法还是采用净额法进行账务处理。如采用总价法核算，由于营业收入包括折扣和折让，而折扣和折让不能形成现金流入，所以，应按扣除折扣和折让后的营业收入净额计算经营现金流入量；如采用净额法核算，由于营业收入已将折扣和折让扣除，因此应按营业收入总额计算经营现金流入量。二是不同期间的应收账款。一般情况下假设正常经营年度内每期发生的应收账款与回收的应收账款大致相等，因而本期的营业收入均为收到现金的营业收入。但如果明确指明前后期间营业收入不等，并且当期营业收入中有一部分在本期收到现金，另一部分将在以后期间收到现金（即形成应收账款），则经营现金流入量应根据所给资料计算。例如，某公司 2018 年年初有应收账款 50 000 元，2019 年实现收入 800 000 元，根据以往经验，当年收入中有 80%在当年收到现金，其余的 20%在下年收到现金，则该公司 2019 年的营业收入（即经营现金流入）为 690 000 元（800 000×80%+50 000）。

（2）固定资产投资与固定资产原值的估算。固定资产投资是指在固定资产上的原始投资额，表示由于固定资产投资而产生的现金流出；固定资产原值是固定资产投资及资本化利息之和，是计算固定资产折旧的重要影响因素。

（3）经营成本的估算。一般来说，经营成本是指经营期内所发生的需要付出现金的成本和费用（即经营现金流出），其数额等于某一年度的总成本减去当年计提的固定资产折旧、无形资产摊销、长期待摊费用摊销后的余额。因此，形成经营现金流出的经营成本是付现的经营成本，而不包括沉没的经营成本（过去支付现金而在现在和未来摊入成本或费用的支出，如固定资产折旧、无形资产摊销、长期待摊费用摊销等）。

[例 8-1]

某企业拟投资 A 项目，经可行性分析，有关资料如下：

（1）A 项目共需固定资产投资 450 000 元，其中第一年年初和第二年年初分别投资 250 000 元和 200 000 元，第一年年末部分竣工并投入试生产，第二年年末全部竣工交付使用。

（2）A 项目投产时需垫支相应流动资金 320 000 元，用于购买材料、支付工资等。其中第一年年末垫支 200 000 元，第二年年末垫支 120 000 元。

（3）A 项目经营期预计为 5 年，固定资产按直线法计提折旧。A 项目正常终结时预计清理费用 3 000 元，残余价值 123 000 元。

（4）根据市场预测，A 项目投产后第一年营业收入为 320 000 元，以后 4 年每年营业收入均为 450 000 元。第一年的付现成本为 150 000 元，以后 4 年每年的付现成本均为 210 000 元。

（5）A 项目需征用土地 10 亩，支付土地 10 年使用费共计 350 000 元。

（6）该企业适用所得税税率为 25%。

试计算 A 项目预计 5 年的现金流量。首先，计算 A 项目的每年折旧额：

年折旧额＝(450 000－123 000＋3 000)÷5＝66 000(元)

土地使用费每年摊销额＝350 000÷10＝35 000(元)

（注：第一年的土地使用费摊销额应计入工程成本，最终表现为各年折旧。

为简便计算，在此单独列示。）

其次，计算经营期净现金流量（如表8－1所示）。

表8－1 经营期净现金流量计算表 单位：元

项目	第一年	第二年	第三年	第四年	第五年
营业收入	320 000	450 000	450 000	450 000	450 000
－付现成本	150 000	210 000	210 000	210 000	210 000
折旧	66 000	66 000	66 000	66 000	66 000
土地使用费摊销	35 000	35 000	35 000	35 000	35 000
税前净利	69 000	139 000	139 000	139 000	139 000
－所得税	17 250	34 750	34 750	34 750	34 750
税后净利	51 750	104 250	104 250	104 250	104 250
＋折旧	66 000	66 000	66 000	66 000	66 000
土地使用费摊销	35 000	35 000	35 000	35 000	35 000
经营期净现金流量	152 750	205 250	205 250	205 250	205 250

最后，在A项目经营期净现金流量计算出来后，可通过加进项目建设期的投资现金流量和项目终止期的终结现金流量，计算该项目的全部现金流量。计算过程见表8－2。

表8－2 项目现金流量汇总表 单位：元

	0	1	2	3	4	5	6
固定资产投资	－250 000	－200 000					
流动资金投资		－200 000	－120 000				
经营期净现金流量			152 750	205 250	205 250	205 250	205 250
固定资产净残值							120 000
流动资金回收							320 000
土地回收							140 000
现金流量合计	－250 000	－400 000	32 750	205 250	205 250	205 250	785 250

在表8－2中，0代表第一年年初；1代表第一年年末；2代表第二年年末……

第二节 投资决策指标

投资决策指标是用来衡量投资方案优劣的标准，主要有投资回收期、投资利润率、净现值、获利指数和内部报酬率等指标。

一、非折现投资决策指标

非折现投资决策指标是指在计算过程中不考虑资金时间价值因素的投资

决策指标，主要有投资回收期和投资利润率，一般用于对众多投资方案的初选。

（一）投资回收期

投资回收期是指以投资项目经营净现金流量抵偿初始投资总额所需要的全部时间。该指标以年为单位，包括以下两种形式：包括建设期的投资回收期（记作 PP）和不包括建设期的投资回收期（记作 PP'）。

$$投资回收期(PP')=\frac{初始投资总额}{每年经营净现金流量}$$

$$投资回收期(PP)=投资回收期(PP')+建设期(s)$$

利用投资回收期指标进行决策的标准是：在其他情况相同时投资回收期最短的方案最佳。但按国际惯例，投资回收期（PP'）应小于项目经营期的50%，而投资回收期（PP）应小于项目计算期的50%。

[例8-2]

有A，B，C三个投资机会，有关数据如表8-3所示。

表8-3　各投资方案数据一览表　　单位：万元

时间（年）	0	1	2	3	4
A方案：净收益		500	500		
净现金流量	(10 000)	5 500	5 500		
B方案：净收益		1 000	1 000	1 000	1 000
净现金流量	(10 000)	3 500	3 500	3 500	3 500
C方案：净收益		2 000	2 000	1 500	1 500
净现金流量	(20 000)	7 000	7 000	6 500	6 500

各投资方案的投资回收期计算如表8-4所示。

表8-4　各投资方案的投资回收期计算表　　单位：万元

	时间（年）	净现金流量	回收金额	未回收金额	回收时间（年）
A方案	0	(10 000)		10 000	
	1	5 500	5 500	4 500	1
	2	5 500	4 500	—	0.82
合计回收时间（回收期）＝1＋4 500÷5 500＝1.82					
B方案	0	(10 000)		10 000	
	1	3 500	3 500	6 500	1
	2	3 500	3 500	3 000	1
	3	3 500	3 000	—	0.86
合计回收时间（回收期）＝1＋1＋3 000÷3 500＝2.86					

续表

	时间（年）	净现金流量	回收金额	未回收金额	回收时间（年）
C方案	0	(20 000)		20 000	
	1	7 000	7 000	13 000	1
	2	7 000	7 000	6 000	1
	3	6 500	6 000	—	0.92
合计回收时间（回收期）＝1＋1＋6 000÷6 500＝2.92					

从表8-4可见，A方案的回收期最短，能最快收回投资；B方案次之；C方案的回收期最长。

投资回收期法的主要优点是：(1) 计算简便，易于理解，在其他情况相同时投资回收期最短的方案为最佳方案；(2) 对于技术更新快和市场不确定性大的投资项目，投资回收期的长短是一个有用的风险评价指标。

投资回收期法的最大缺点在于它既没有考虑货币的时间价值，也没有考虑回收期后的现金流量，因而往往导致决策失败。

（二）投资利润率

投资利润率又称投资报酬率（ROI），是指经营期正常年度利润或年平均利润占投资总额的百分比。其公式为：

$$投资利润率=\frac{年平均利润额}{投资总额}\times 100\%$$

投资利润率的决策标准是，投资利润率应大于企业要求的利润率，否则为不可行方案。

根据表8-3的资料，A，B，C方案的投资利润率分别为：

$$投资利润率(A)=[(500+500)\div 2]\div 10\,000=5\%$$

$$投资利润率(B)=[(1\,000+1\,000+1\,000+1\,000)\div 4]\div 10\,000=10\%$$

$$投资利润率(C)=[(2\,000+2\,000+1\,500+1\,500)\div 4]\div 20\,000$$
$$=8.75\%$$

虽然A方案的回收期最短，但它的投资利润率最低。B方案的回收期次之，C方案最长，但我们仍然无法用投资回收期法来判断它们的优劣。由于B方案的投资利润率高于C方案，因此在三个方案中，按照投资利润率来判断，应是B方案最优，C方案次之，A方案最差。因为投资不仅在于回收投资，更在于盈利。

非折现投资决策指标具有计算简单、含义清晰等优点，但因没有考虑时间价值，所以可能导致决策失败。在学习中应注意以下几点：

(1) 投资回收期法只说明投资回收的时间，不能说明投资回收后的收益情况。一般来说，在投资额相等的情况下投资回收期越短的方案越好，但是投资回收后有无收益及收益多少投资回收期法却无法揭示，从而造成决策失败。

例如，甲、乙项目均投资 5 000 万元，甲项目在未来两年内每年净现金流量为 2 500 万元，然后项目终结报废；乙项目在未来 5 年内每年净现金流量为 2 500 万元，然后项目终结报废。两项目比较如表 8－5 所示。

表 8－5 甲、乙项目比较

单位：万元

方案	0	1	2	3	4	5	投资回收期（年）
甲项目	－5 000	2 500	2 500				2
乙项目	－5 000	2 500	2 500	2 500	2 500	2 500	2

如果仅从投资回收期看，似乎甲、乙两个项目都可取，但实际上只有乙项目是可取的。因为甲项目仅收回投资而已，而乙项目收回投资后共盈利 7 500 万元。

另外，投资回收期法没有考虑货币的时间价值，可能造成决策失败。例如，丙、丁项目均投资 5 000 万元，丙项目在未来 5 年内第一年净现金流量为 3 000 万元，第二年净现金流量为 2 000 万元，以后 3 年每年净现金流量为 2 500 万元，然后项目终结报废；丁项目在未来 5 年内第一年净现金流量为 2 000 万元，第二年净现金流量为 3 000 万元，以后 3 年每年净现金流量为 2 500 万元，然后项目终结报废。两项目比较如表 8－6 所示。

表 8－6 丙、丁项目比较

单位：万元

方案	0	1	2	3	4	5	投资回收期（年）
丙项目	－5 000	3 000	2 000	2 500	2 500	2 500	2
丁项目	－5 000	2 000	3 000	2 500	2 500	2 500	2

如果仅从投资回收期及投资回收后的收益看，似乎丙、丁项目都可取，但如果考虑时间价值，则只有丙项目是可取的。

（2）投资利润率虽然以相对数弥补了投资回收期的第一个缺点（甲、乙项目的投资回收期都是 2 年，但甲项目的投资利润率为 0，而乙项目的投资利润率是 30%，显然乙项目比甲项目可取），但无法弥补因为没有考虑时间价值而产生的第二个缺点（丙、丁项目的投资回收期及投资利润率均相等，但显然丙项目比丁项目可取），因而仍然可能造成决策失败。

（3）当非折现投资决策指标的评价结论和折现投资决策指标的评价结论产生矛盾时，应以折现投资决策指标的评价结论为准。

二、折现投资评价指标

折现投资评价指标是指在计算过程中考虑资金时间价值因素的投资决策指标，主要有净现值、获利指数和内部报酬率，一般用于对重大投资方案的选择。

（一）净现值

净现值是指在项目计算期内，按行业基准收益率或其他设定折现率计算的各年现金流量净现值的代数和，记作 NPV。简单地说，就是按设定折现率计算的未来收益的现值与原始总投资的现值之差。

$$NPV=\sum_{t=0}^{n}NCF_t\times PVIF_{i,t}$$

式中，i 为该项目的设定折现率；NCF_t 为净现金流量；$PVIF_{i,t}$ 为第 t 年、折现率为 i 的复利现值系数。

净现值法的决策标准是：如果投资方案的净现值大于或等于零，该方案为可行方案；如果投资方案的净现值小于零，该方案为不可行方案；如果几个方案的投资额相同，且净现值均大于零，那么净现值最大的方案为最优方案。

根据表 8－3 的资料，假设折现率 $i=10\%$，则三个方案的净现值为：

$$\begin{aligned}\text{净现值(A)}&=5\,500\times PVIFA_{10\%,2}-10\,000\\&=5\,500\times 1.736-10\,000\\&=-452\end{aligned}$$

$$\begin{aligned}\text{净现值(B)}&=3\,500\times PVIFA_{10\%,4}-10\,000\\&=3\,500\times 3.170-10\,000\\&=1\,095\end{aligned}$$

$$\begin{aligned}\text{净现值(C)}&=7\,000\times PVIFA_{10\%,2}+6\,500\times PVIFA_{10\%,2}\times PVIF_{10\%,2}\\&\quad-20\,000\\&=7\,000\times 1.736+6\,500\times 1.736\times 0.826-20\,000\\&=1\,472.58\end{aligned}$$

A 方案的净现值小于零，说明该方案的报酬率小于折现率 10%，如果项目要求的最低报酬率或资金成本率为 10%，则该方案无法给企业带来收益，因此，应该放弃此项目。B 方案和 C 方案的净现值均大于零，这两个方案都可取。

净现值法的优点是：一是考虑了资金时间价值，增强了投资经济性的评价；二是考虑了项目计算期的全部净现金流量，体现了流动性与收益性的统一；三是考虑了投资风险性，因为折现率的高低与风险大小有关，风险越大，折现率就越高。

但是净现值法也有缺点：不能从动态的角度直接反映投资项目的实际收益率水平，而且净现金流量的测量和折现率的确定是比较困难的。

净现值是一个非常重要的项目投资评价指标，学习时应注意以下几点：

（1）净现值是指项目计算期内各年现金净流量的现值之和与投资现值之间的差额，它以现金流量的形式反映投资所得与投资的关系。当净现值大于零时，意味着投资所得大于投资，该项目可取；当净现值小于零时，意味着投资所得小于投资，该项目不可取。

（2）净现值的计算过程实际就是现金流量及时间价值的计算过程（主要表

现为复利现值和年金现值的计算），实际上人们正是根据项目计算期内现金流量的分布情况，或按复利现值进行计算（如对 B 项目投资的计算），或按年金现值进行计算（如对 C 项目投资的计算）。

（3）净现值指标适用于投资额相同、项目计算期相等的决策。但是我们很难对方案 B 和 C 进行优劣比较，因为虽然方案 C 的净现值大于方案 B，但它的投资额也大于方案 B。如果仅用净现值法来评价方案，就显得过于片面。

（二）获利指数

获利指数又称为现值指数（PI），是指项目投产后按行业基准收益率或设定折现率折算的各年现金净流量的现值合计与原始投资的现值合计之比，其计算公式为：

$$获利指数=\frac{各年现金流量的现值合计}{原始投资的现值合计}$$

获利指数是一个相对数评价指标，利用这一指标进行投资项目决策的标准是：如果投资方案的获利指数大于或等于 1，该方案为可行方案；如果投资方案的获利指数小于 1，则该方案为不可行方案；如果几个方案的获利指数均大于 1，那么获利指数越大，投资方案越好。

根据表 8－3 的资料，假定折现率仍为 10%，则三个方案的获利指数如下：

$$\begin{aligned}获利指数(A)&=5\,500\times PVIFA_{10\%,2}\div 10\,000\\&=5\,500\times 1.736\div 10\,000\\&=0.95\end{aligned}$$

$$\begin{aligned}获利指数(B)&=3\,500\times PVIFA_{10\%,4}\div 10\,000\\&=3\,500\times 3.170\div 10\,000\\&=1.11\end{aligned}$$

$$\begin{aligned}获利指数(C)&=(7\,000\times PVIFA_{10\%,2}+6\,500\times PVIFA_{10\%,2}\\&\quad\times PVIF_{10\%,2})\div 20\,000\\&=(7\,000\times 1.736+6\,500\times 1.736\times 0.826)\div 20\,000\\&=1.07\end{aligned}$$

A 方案的获利指数小于 1，表明其报酬率没有达到预定的折现率水平，该方案是不可取的；B 和 C 方案的获利指数均大于 1，说明其报酬率均超过预定的折现率水平，两个方案都可取。当然，B 方案的获利指数大于 C 方案，表明 B 方案的报酬率高于 C 方案。

学习中应注意获利指数与净现值之间的关系：（1）获利指数是以相对数形式将项目计算期内各年现金净流量的现值合计与原始投资的现值合计进行比较，而净现值则是以绝对数形式将项目计算期内各年现金净流量的现值合计与原始投资的现值合计进行比较。前者是除的关系，后者是减的关系，计算区别仅在于此。（2）获利指数往往作为净现值的辅助指标使用，并不单独使用。

（三）内部报酬率

内部报酬率（IRR）反映项目本身实际达到的真正报酬率水平，是在整个项目运行过程中，所有现金净流入年份的现值之和与所有现金净流出年份的现值之和相等时的报酬率，亦即使项目净现值为零时的报酬率。即满足方程：

$$\sum_{t=0}^{n} NCF_t \times PVIF_{i,t} = 0$$

内部报酬率法的决策标准是：

（1）将各项目的内部报酬率与其资金成本或企业预期报酬率对比，如果方案的内部报酬率大于资金成本或企业预期报酬率，则项目可取。

（2）如果几个项目的内部报酬率都大于其资金成本或企业预期报酬率，且各项目的投资相同，那么内部报酬率与资金成本或企业预期报酬率之间正向差异最大的项目最好。

（3）如果几个项目的内部报酬率均大于其资金成本或企业预期报酬率，但各项目的原始投资额不等，那么“投资额×（内部报酬率－资金成本或企业预期报酬率）”最大的项目为最优方案。

计算中应注意以下两点：

（1）根据项目计算期现金流量的分布情况判断采用何种方法计算内部报酬率：如果某一项目的投资是在投资起点一次投入，而且经营期各年现金流量相等（表现为典型的后付年金），此时可以先采用年金法确定内部报酬率的估值范围，再采用插值法确定内部报酬率。如果某一投资项目的现金流量的分布情况不能同时满足上述两个条件，可先采用测试法确定内部报酬率的估值范围，再采用插值法确定内部报酬率。

（2）采用年金法及插值法具体确定内部报酬率时，由于知道投资额（即现值）、年金（即各年相等的现金流量）、计息期三个要素，因而首先可以按年金现值的计算公式求年金现值系数，然后查表确定内部报酬率的估值范围，最后采用插值法确定内部报酬率。

[例8-3]

华宇公司投资200万元购置12辆小轿车用于出租经营，预计在未来8年中每年可获现金净流入量45万元，则该项投资的最高报酬率是多少？

由于内部报酬率是使投资项目净现值等于零时的折现率，因而：

$$NPV = 45 \times PVIFA_{i,8} - 200$$

令 $NPV=0$，则

$$45 \times PVIFA_{i,8} - 200 = 0$$

$$PVIFA_{i,8}=200\div 45=4.4444$$

查年金现值系数表（附表四），确定 4.444 4 介于 4.487 3（对应的折现率 i 为 15%）和 4.343 6（对应的折现率 i 为 16%）之间，可见内部报酬率介于 15%和 16%之间。

此时可采用插值法计算内部报酬率：

$$IRR=15\%+\frac{4.487-0\times(16\%-15\%)}{4.487-4.344}=15.31\%$$

如果华宇公司要求所有投资必须达到 15%的报酬率，而该项投资达到 15.31%的报酬率水平，则该投资项目可取。

（3）采用测试法及插值法确定内部报酬率时，由于各年现金流量不等，因此，首先应设定一个折现率 i_1，按该折现率将项目计算期的现金流量折为现值，计算净现值 NPV_1。其次，如果 $NPV_1>0$，说明设定的折现率 i_1 小于该项目的内部报酬率，此时应提高折现率（设定为 i_2），并按 i_2 重新将项目计算期的现金流量折为现值，计算净现值 NPV_2；如果 $NPV_1<0$，说明设定的折现率 i_1 大于该项目的内部报酬率，此时应降低折现率（设定为 i_2），并按 i_2 重新将项目计算期的现金流量折为现值，计算净现值 NPV_2。再次，如果此时 NPV_2 与 NPV_1 的计算结果相反，即出现净现值一正一负的情况，测试即告完成，因为零介于正负之间（能够使投资项目净现值等于零时的折现率才是内部报酬率）；但如果此时 NPV_2 与 NPV_1 的计算结果相同，即没有出现净现值一正一负的情况，测试工作还将重复下去，直至出现净现值一正一负的情况。最后，采用插值法确定内部报酬率。

[例 8－4]

中盛公司于 2015 年 2 月 1 日以每股 3.2 元的价格购入 H 公司股票 500 万股，2016—2018 年分别分派现金股利每股 0.25 元、0.32 元、0.45 元，并于 2018 年 4 月 2 日以每股 3.5 元的价格售出，要求计算该项投资的收益率。

首先，采用测试法进行测试（详见表 8－7）。

表 8－7　测试表　　单位：万元

年份	股利及出售股票的现金流量	测试 1		测试 2		测试 3	
		系数 10%	现值	系数 12%	现值	系数 14%	现值
2015	－1 600	1	－1 600	1	－1 600	1	－1 600
2016	125	0.909	113.625	0.893	111.625	0.877	109.625
2017	160	0.826	132.16	0.797	127.52	0.769	123.04
2018	1 975	0.751	1 483.225	0.712	1 406.2	0.675	1 333.125
净现值	—		129.01		45.345		－34.21

其次，采用插值法计算投资报酬率。由于折现率为 12%时净现值为 45.345 万元，折现率为 14%时净现值为－34.21 万元，因此，该股票投资报酬率必然介于 12%～14%之间。这时，可以采用插值法计算投资报酬率：

$$IRR=12\%+\frac{45.345-0}{45.345-(-34.21)}\times(14\%-12\%)=13.14\%$$

第三节　证券投资决策

一、股票估值

股票投资是企业进行证券投资的一个主要方面，对股票价值的估计会影响到公司的投资成本，从而影响公司收益。

公司进行股票投资的目的主要有两个：一是作为一般的证券投资，获取股利收入及股票的买卖价差；二是通过购买某一公司的大量股票以达到控制该公司的目的。

普通股的估值方法按投资者预期持有投资的期限长短分为短期股票投资的估值和长期股票投资的估值。

（一）短期股票投资的估值

对于准备短期持有、将来出售的股票来说，其未来的现金流入量包括出售前的股利收入和出售时可获得的款项两部分。股票的内在价值由一系列股利和将来出售股票时的售价构成。此时的股票估值模型为：

$$\begin{aligned}V&=\frac{D_1}{(1+k)^1}+\frac{D_2}{(1+k)^2}+\frac{D_3}{(1+k)^3}+\cdots+\frac{V_n}{(1+k)^n}\\&=\sum_{t=1}^{n}\frac{D_t}{(1+k)^t}+\frac{V_n}{(1+k)^n}\end{aligned}$$

式中，V 为股票现在的价格或内在价值；V_n 为未来在 n 期出售时预计的股票价格；k 为投资人要求的预期报酬率；D_t 为第 t 期的预期股利；n 为预计持有股票的期数。

上式表明，若投资者在 n 期出售股票，则股票的价值就等于第 1 期至第 n 期股利的现值与第 n 期股票出售的现值之和。

［例 8－5］

某公司拟购买 Z 公司发行的股票，预计 4 年后出售可得收入 2 500 元，该股票在 4 年中每年可得股利收入 150 元，股票预期收益率为 16%。则其价格为：

$$V=\sum_{t=1}^{4}\frac{150}{(1+16\%)^4}+\frac{2\ 500}{(1+16\%)^4}$$
$$=150\times 2.798+2\ 500\times 0.552$$
$$=1\ 799.70(\text{元})$$

（二）长期股票投资的估值

长期股票投资的估值按对股利变化情况的假设来说，可以分为以下三种。

1．长期持有股票、股利稳定不变的股票估值

在每年股利稳定不变、投资者长期持有的情况下，股票的内在价值由一系列相等的股利的现值构成。此时的股票估值模型可简化为：

$$V=\frac{D}{k}$$

式中，V 为股票的现在价格或内在价值；k 为投资人要求的必要报酬率；D 为每年固定的股利。

公式的推导过程如下：

$$V=\sum_{t=1}^{n}\frac{D_t}{(1+k)^t}+\frac{V_n}{(1+k)^n}$$

当 n 非常大时，式中的$\frac{V_n}{(1+k)^n}$将趋于零，而 $\sum_{t=1}^{n}\frac{D_t}{(1+k)^t}$ 则可看作永续年金，由永续年金现值的计算公式可知：

$$V=\frac{D}{k}$$

［例 8－6］

假定某投资者长期持有甲公司的股票。甲公司在未来无限期支付的每股股利为 2 元，投资者要求的必要报酬率为 10%。计算该股票的内在价值。

该股票的内在价值为：

$$V=2\div 10\%=20(\text{元})$$

股利稳定不变的股票估值模型比较简单，除优先股估值外，这一模型的实用价值有限。

2．长期持有股票、股利固定增长的股票估值

正常情况下，公司的股利会随着经济发展和企业经营状况的改善而变化。如果一家公司的股利不断增长，投资人的持有期限又非常长，股票估值就更困难，只能计算其近似数。股利固定增长模型就是假定公司未来股利将按某一固定增长率增长。在这种情况下，有

$$D_2=(1+g)D_1,\ D_3=(1+g)D_2=(1+g)^2D_1,\ \cdots$$

因此

$$V=\frac{D_1}{1+k}+\frac{D_2}{(1+k)^2}+\frac{D_3}{(1+k)^3}+\cdots+\frac{D_n}{(1+k)^n}$$
$$=\frac{D_1}{(1+k)}+\frac{D_1(1+g)}{(1+k)^2}+\frac{D_1\ (1+g)^2}{(1+k)^3}+\cdots+\frac{D_1\ (1+g)^{n-1}}{(1+k)^n}$$

假设 $k>g$，上式两边同乘以（$1+k)/(1+g$）再减去上式得

$$V\left(\frac{1+k}{1+g}\right)-V=\frac{D_1}{1+g}-\frac{D_1\ (1+g)^{n-1}}{(1+k)^n}$$

由于 $k>g$，当 n 趋于∞时，$\frac{D_1\ (1+g)^{n-1}}{(1+k)^n}$将趋于 0，于是

$$V\left(\frac{1+k}{1+g}\right)-V=\frac{D_1}{1+g}$$

可以得出

$$V=\frac{D_1}{k-g}$$

式中，V 为股票的现在价格或内在价值；D_1 为第 1 期期末的预计股利；k 为必要报酬率；g 为股利的固定增长率。

对于成长中的公司来说，如果公司的投资、收益及净利润都具有某一固定的增长率，则用这一模型来估计其股票价值会比较准确。

［例 8－7］

乙公司股票第 0 年的股利为 1.2 元，预计每年按 5%的增长率增长，股东要求的必要报酬率为 15%。计算乙公司股票的内在价值。

乙公司股票内在价值为：

$$V=\frac{D_1}{k-g}=\frac{1.2\times(1+5\%)}{15\%-5\%}=\frac{1.26}{10\%}=12.6(\text{元})$$

3. 长期持有股票、股利分阶段增长的股票估值

以上的股票估值模型假定公司股利稳定不变或固定增长，但在实际生活中，公司的股利支付呈现一定的阶段性。由于在不同时期公司有不同的增长率，所以股利分阶段增长的股票估值模型是较合理的估值模型。

股利分阶段增长的股票，其估值模型最常用的是二阶段增长模型。以股利增长率变化的时间点第 n 年为分界点，分为两个阶段，即可得到两个阶段增长模型的基本形式：

$$V=\sum_{t=1}^{n}\frac{D_t}{(1+k)^t}+\sum_{t=n+1}^{\infty}\frac{D_t}{(1+k)^t}$$

该模型假设从第 $n+1$ 年开始，在第二阶段股票股利以固定增长率 g 增长，故上式又可写为：

$$V=\sum_{t=1}^{n}\frac{D_t}{(1+k)^t}+\frac{1}{(1+k)^n}\times\frac{D_{n+1}}{k-g}$$

式中，V 为股票的现在价格或内在价值；k 为投资人要求的必要报酬率；D_t 为第 t 年的股利；D_{n+1} 为第 $n+1$ 年的股利；g 为股利的固定增长率。

[例 8-8]

某股票在前两年的股利增长率分别为 15%和 20%，从第三年开始变为固定增长，每年的增长率为 10%。公司当年度的股利为每股 0.1 元，投资者要求的必要报酬率为 12%，估计该普通股的内在价值。

前两年股利的现值为：

$$\begin{aligned}&0.1\times(1+15\%)\times PVIF_{12\%,1}+0.1\times(1+15\%)\times(1+20\%)\\&\times PVIF_{12\%,2}\\=&0.12\times0.893+0.14\times0.797\\=&0.11+0.11=0.22(\text{元})\end{aligned}$$

第三年年末股利的现值为：

$$\begin{aligned}V_3&=\frac{D_3(1+g)}{k-g}=\frac{0.1\times(1+15\%)(1+20\%)(1+10\%)}{12\%-10\%}=\frac{0.151\,8}{2\%}\\&=7.59(\text{元})\end{aligned}$$

固定增长期间股利的现值为：

$$7.59\times PVIF_{12\%,2}=7.59\times0.797=6.05(\text{元})$$

股票的内在价值为：

$$V=0.22+6.05=6.27(\text{元})$$

二、债券估值

债券估值是对债券内在价值的估计，债券估值在投融资决策中具有重要意义。从发行公司的角度看，发行债券在资本市场上筹集资金时必须对它进行合理定价，定价偏低会导致发行方筹资数量减少，筹资成本增加；而定价偏高则会使筹资失败。投资者进行债券投资，也需要合理估计其价值，以做出正确决策。

1. 债券估值的基本模型

典型的或普通的债券采用固定利率，每年计息并支付利息，到期归还本金。因此，这种债券的内在价值由每期利息的现值和到期收回本金的现值两部分构成。其估值的基本模型为：

$$
\begin{aligned}
V &= \frac{I_1}{(1+k)^1} + \frac{I_2}{(1+k)^2} + \frac{I_3}{(1+k)^3} + \cdots + \frac{M}{(1+k)^n} \\
&= \sum_{t=1}^{n} \frac{I_t}{(1+k)^t} + \frac{M}{(1+k)^n} \\
&= I \times PVIFA_{k,n} + M \times PVIF_{k,n}
\end{aligned}
$$

式中，V 为债券现在的价格或内在价值；M 为债券到期时的本金；k 为投资人要求的必要报酬率或市场利率；I_t 为第 t 期的利息；n 为债券到期前的年数。

[例 8-9]

某公司发行期限为 5 年的普通债券，债券面值为 1 000 元，票面利率为 10%，每年付息一次，到期一次还本。假定市场利率或投资者要求的必要报酬率分别为 8%，10%和 12%。试分别计算债券的内在价值。

债券利息每年支付一次，在债券到期日前共支付 5 次，其票面利率为 10%，每期支付的利息为：

$$1\,000 \times 10\% = 100(\text{元})$$

（1）市场利率为 8%时债券的价值为：

$$
\begin{aligned}
V &= 100 \times PVIFA_{8\%,5} + 1\,000 \times PVIF_{8\%,5} \\
&= 100 \times 3.993 + 1\,000 \times 0.681 \\
&= 1\,080.3(\text{元})
\end{aligned}
$$

（2）市场利率为 10%时债券的价值为：

$$
\begin{aligned}
V &= 100 \times PVIFA_{10\%,5} + 1\,000 \times PVIF_{10\%,5} \\
&= 100 \times 3.791 + 1\,000 \times 0.621 \\
&= 1\,000.1(\text{元})
\end{aligned}
$$

（3）市场利率为 12%时债券的价值为：

$$
\begin{aligned}
V &= 100 \times PVIFA_{12\%,5} + 1\,000 \times PVIF_{12\%,5} \\
&= 100 \times 3.605 + 1\,000 \times 0.567 \\
&= 927.5(\text{元})
\end{aligned}
$$

通过以上计算可以看到，对于普通债券来说，当债券票面利率和市场利率不一致时，债券内在价值和账面价值也会不同，并存在以下规律：

（1）当债券票面利率 > 市场利率时，债券的内在价值高于债券面值；

（2）当债券票面利率 = 市场利率时，债券的内在价值等于债券面值；

（3）当债券票面利率 < 市场利率时，债券的内在价值低于债券面值。

上述债券估值的基本模型适用于复利计息债券，其利息会在每年支付。在实际生活中，由于发行债券的目的不同，债券的还本付息方式也会有所不同。

2. 单利计息债券的估值模型

这类债券一般在到期时一次还本付息，且不计复利。我国多数企业债券属于此类。

单利计息债券的内在价值就是还本付息金额的现值。其估值模型为：

$$V=\frac{M+M\times i\times n}{(1+k)^n}=(M+M\times i\times n)\times PVIF_{k,n}$$

式中，V 为债券现在的价格或内在价值；M 为债券到期时的本金；k 为投资者要求的必要报酬率或市场利率；i 为债券的票面利率；n 为债券到期前的年数。

[例 8－10]

某公司发行 3 年期利随本清的债券，面值 1 000 元，票面利率 10%，不计复利。如果当前的市场利率为 8%，计算公司债券的内在价值。

由上述公式可知，公司债券的内在价值为：

$$\begin{aligned}V&=(M+M\times i\times n)\times PVIF_{k,n}=(1\,000+1\,000\times 10\%\times 3)\times PVIF_{8\%,3}\\&=1\,300\times 0.794=1\,032.2(\text{元})\end{aligned}$$

通过以上计算可知，公司可以溢价发行债券。但对投资者来说，其购买债券的价格应不高于 1 032.2 元，否则债券投资不能获利。

3. 贴现发行债券的估值模型

有些债券以贴现的形式发行，本身没有票面利率，不向持有人支付利息，而是以大大低于票面价值的价格向投资者出售。这些债券的估值模型为：

$$V=\frac{M}{(1+k)^n}=M\times PVIF_{k,n}$$

式中，V 为债券现在的价格或内在价值；M 为债券到期时的本金；k 为投资者要求的必要报酬率或市场利率；n 为债券到期前的年数。

[例 8－11]

某债券面值为 1 000 元，期限为 10 年，以贴现方式发行，期内不计利息，到期按面值偿还。若发行时的市场利率为 8%，计算其内在价值。

由上述公式得该债券的内在价值为：

$$V=M\times PVIF_{i,n}=1\,000\times PVIF_{8\%,10}=1\,000\times 0.463=463(\text{元})$$

4. 永久债券的估值模型

永久债券是一种没有到期日、永续定期支付利息的债券。这种债券的现金流量实际上是一种永续利息年金，其典型代表是英国的统一公债。

永久债券的内在价值就是其各期利息的现值。其估值模型为：

$$V=\frac{I}{k}$$

式中，V 为债券现在的价格或内在价值；I 为债券每年支付的利息；k 为投资者要求的必要报酬率或市场利率。

[例 8－12]

某永久债券的面值为 1 000 元，票面利率是 4%。若投资者要求的必要报酬率为 8%，计算其内在价值。

由上述公式可知，该永久债券的内在价值为：

$$V=\frac{I}{k}=\frac{1\,000\times4\%}{8\%}=\frac{40}{8\%}=500(\text{元})$$

思考题

1. 财务管理注重现金流量的哪些特征？
2. 非折现投资指标存在明显的缺点，为什么还在实践中使用？
3. 对不同投资方案，只要比较净现值就可以了，净现值大的就是好的。这种说法对吗？
4. 只要净现值相等，不同投资方案就都是可取的。这种说法对吗？为什么？
5. 证券估值的基本原理是什么？它是对哪些概念的运用？

计算题

1. 某房地产项目建设期为 2 年，第一年年初投入 1 500 万元，全部是自有资金；第二年年初投入 1 000 万元，全部是银行贷款。固定资产贷款利率为 10%。该项目可使用 20 年。从生产期第一年开始，就达到生产能力的 100%。正常年份生产某产品 10 000 吨，产品销售价格为 2 500 元/吨，总成本（包括固定资产折旧）1 500 万元。增值税税率为 13%，可抵扣金额占总成本的 50%。当年生产当年销售，没有库存。流动资金为 500 万元，在投产期初由银行贷款解决。

要求：

请计算该房地产投资项目的投资利润率。

2. 某企业目前有两个备选项目，其中：

甲项目投资期投入全部原始投资，累计各年税后净现金流量如下表所示：

时间（年）	0	1	2	3	4	5	6	7	8	9	10
NCF（万元）											
累计 *NCF*	−800	−1 400	−1 500	−1 200	−800	−400	−200	300	800	1 400	2 100
折现系数（$I=10\%$）	1	0.909 1	0.826 4	0.751 3	0.683 0	0.620 9	0.564 5	0.513 2	0.466 5	0.424 1	0.385 5
折现的 *NCF*											

乙项目需要在建设起始点一次投入固定资产投资 200 万元，无形资产投资 25 万元。投资期为 0，营业期 5 年，预期残值为 0，与税法残值一致，无形资产自投产年份起分 5 年摊销完毕。投产开始后预计每年流动资产需用额 90 万元，流动负债需用额 30 万元。该项目投产后，预计第 1～4 年，每年营业收入为 210 万元，第 5 年的营业收入为 130 万元，预计每年付现成本为 80 万元。

该企业按直线法折旧，全部营运资金于终结点一次回收，所得税税率 25%，贴现率为 10%。

要求：

(1) 根据资料计算甲项目相关指标：

1) 填写表中甲项目各年的净现金流量和折现的净现金流量。

2) 计算甲投资项目的静态投资回收期和动态投资回收期。

3) 计算甲项目的净现值。

(2) 根据资料计算乙项目相关指标：

1) 计算乙项目营运资本投资额和原始投资额。

2) 计算乙项目在经济生命周期各个时点的净现金流量。

3) 计算乙项目的净现值和内部收益率（IRR）。

(3) 若甲、乙两项目为互斥方案，你认为应选择哪一方案进行投资？

3. 东方公司拟进行证券投资，目前无风险收益率为 4%，市场风险报酬率为 8%的备选方案的资料如下：

(1) 购买 A 公司债券，持有至到期日。A 公司发行债券的面值为 100 元，票面利率 8%，期限 10 年，每年付息一次，到期归还面值，A 公司发行价格为 87.71 元。

(2) 购买 B 公司股票，长期持有。B 公司股票现行市价为每股 9 元，今年每股股利为 0.9 元，预计以后每年以 6%的增长率增长。

(3) 购买 C 公司股票，长期持有。C 公司股票现行市价为每股 9 元，预期未来两年每股股利为 1.5 元，从第三年开始预期股利每年增长 2%，公司坚持固定增长股利政策。

(4) A 公司债券的 β 系数为 1，B 公司股票的 β 系数为 1.5，C 公司股票的

β系数为2。

要求：

（1）计算东方公司购买A公司债券持有至到期日的内含报酬率（分别用简化方法和考虑时间价值的方法确定）。

（2）计算A公司债券、B公司股票和C公司股票的内在价值，并为东方公司做出最优投资决策。

（3）根据题（2）的结果计算东方公司证券投资的收益率。

第九章

财务管理的体制与组织

2018 年 2 月 23 日，中国保监会宣布：安邦保险集团股份有限公司（以下简称安邦集团）存在违反法律法规的经营行为，可能严重危及公司偿付能力，决定于 2018 年 2 月 23 日起，对安邦集团实施接管，接管期限一年。2004 年，安邦以销售汽车保险起家，初始注册资本只有 5 亿元。安邦保险集团官方网站显示，2009 年，安邦财产保险股份有限公司注册资本变更为 51 亿元人民币。2014 年，安邦集团的注册资本扩充至 619 亿元。经过短短 12 年，2016 年年末总资产达到 2 万亿元左右，在全球聘用员工 3 万多名，拥有超过 3 500 万客户和遍布全球的服务网络。手握财险、寿险、健康险、养老险、银行、金融租赁、资管牌照的安邦，一掷千金，买遍全球，在包含股市、汇市、银行等在内的金融界呼风唤雨，成为一个庞大的金融帝国。

思考：

（1）从财务角度分析安邦集团是通过什么方法疯狂扩张的，它对安邦集团会产生什么影响？

（2）从财务会计角度看，会计政策的选择如何影响账务处理及报表编制？

（3）从管理角度分析如何才能加强对诸如安邦集团等企业的监管，保障企业的健康发展及资本市场的有效运行？

第一节　企业财务管理体制

一、企业财务管理体制的含义

财务管理就其本质而言是对各种财务关系的处理。各种财务关系的处理必须有一定的规则，当这种规则实现制度化时，财务管理体制就产生了。

财务管理体制是由企业管理当局制定，从总体上对企业内部各有关部门的财务责任、财务权利和经济利益以及这三者之间的关系进行规范和处理的一项基本制度，是处理以企业财务部门为主体，财务部门与企业内部各部门、各层次、职工之间以及企业内部各部门、各层次、职工之间财力和财权分配关系的制度。

企业财务管理体制包含组织机构的设置、岗位和职责的确立、人员配置、管理模式的选择等。

二、企业财务管理体制建立的产权基础

企业财务管理体制是在所有权与经营权相分离的基础上建立的，产权关系在企业内部表现为经营者财务。企业财务管理体制是经营者财务在企业内部的具体组织。

（一）经营者财务

在两权分离的情况下，企业股东聘用以董事会为首的经营者对企业法人财产行使直接的经营权，董事会全面直接参与对公司重大财务事项的决策和管理，拥有财务自主权。

在这种所有权结构中，一方面，公司出资者对公司的财务管理是一种监控机制而不是决策机制，企业价值最大化目标主要通过以董事会为首的经营者所实际控制的资金运行来实现，以完成出资者的委托；另一方面，董事会和企业经理人员之间发生相应的委托代理关系，董事会通过各种手段控制和协调其中的经济利益关系，以保证企业价值最大化目标的实现。由此形成一个相对独立的以董事会为管理主体的企业财务层次——经营者财务。

经营者财务旨在保证企业财务战略、各项财务预决算方案及各项财务活动等的科学、合理、有效实施，完成出资者的委托责任，实现企业价值最大化。

（二）经营者财务的主体

企业法人财产权的建立，使企业依法享有法人财产占有、使用、收益和处分的权利，并以其全部法人财产自主经营、自负盈亏，对出资者承担资本保值增值的责任。

经营者在接受出资者委托后，为实现出资者下达的各项经济技术指标，有必要科学合理地使用投资者投入的资金，有效地利用负债带来的杠杆效益，减少财务风险。通过对包括出资者投入资本在内的全部法人资本的直接经营，通过协调企业与投资人、债权人、政府及其他利益相关者的关系，实现资本增值。只有确定了经营者财务作为企业法人财产权的理财主体，也就是企业财产主体的地位，才能够清楚地划分和正确处理企业财务活动与其他主体财务活动之间的关系，真正自主地行使属于企业自身的权利。

（三）经营者财务的目标

经营者接受出资者的委托从事企业的生产经营活动，要求其必须以出资者

的利益为己任，努力实现出资者的财务目标，实现出资者投入资本的保值增值，这是经营者财务的核心或首要目标。经营者只有努力实现出资者的投资目标，完成出资者对经济利益的要求，才能使其财务利益得到满足。

但经营者毕竟不是出资者，他们有特定的理财目标，除追求既定的财务收益外，往往还会追求一些非财务利益，如豪华的办公设施，气派的业务旅行和商业应酬，权势、地位、声誉等。

（四）经营者财务的职能

经营者财务活动，即企业日常的财务管理活动，包括财务战略的确立和实施、合理的财务组织、有效的财务预算和财务控制、动态的财务协调以及聘任和解聘财务经理等内容。就具体的财务活动而言，包括资金的筹集和使用、投资决策、成本费用管理、收入利润管理和分配决策等事项。

经营者财务的职能即企业财务管理的职能，表现为决策、组织、协调和控制。

(1) 决策。决策是人们为达到一定的目的，从两个以上可行的方案中选取一个满意方案的分析判断过程，或者对单一方案做出是否选择的过程。经营者财务决策职能的对象是以把握所有者重大决策意图为前提的更灵活、更具创新性、更具体的日常财务事项，是为更好地履行所有者决策职能服务的。因此，经营者财务决策职能是对所有者财务战略决策思想的落实和具体化，是带有局部性的具体决策，相对于所有者财务决策职能而言更直接、更具体。例如，对投资决策而言，经营者财务主要负责日常的、不涉及企业生死存亡的、非重大项目的决策；对于重大的投资项目，经营者主要提供可供选择的项目或方案，为出资者进行决策提供参考和帮助。

(2) 组织。组织是指经营者负担起组织企业法人资本运作的职责，从所有者和债权人处取得全部法人资本，并使之不断循环周转，不断提高所有者投入资本的利润率，实质上就是对财务决策的执行。《公司法》规定，董事会的职权包括执行股东会的决议、决定公司的经营计划和投资方案、决定公司内部管理机构的设置、制定公司的基本管理制度等，其下的经理人负责组织实施董事会有关决议。可以说所有者的重大财务决策全部依赖于董事会和经理人的组织职能。

(3) 协调和控制。协调是指经营者处理好与所有者、债权人、财税部门、内部职工各方面的关系，使各项工作有序和谐，提高运营效率。经营者财务主要侧重两方面的协调：一是外部协调，即协调企业与所有者、债权人、财税部门、业务关联企业、社会监督部门、中介机构等的错综复杂的关系，意在树立企业良好形象；二是内部协调，即协调企业内部各部门工作、业务上的关系，减少内部摩擦，使各项工作有序进行，提高运营效率。

控制是指对实际资本运动结果脱离规定目标的偏差进行的干预和纠正，以便达到所有者下达的目标。

三、建立财务管理体制的基本原则

企业财务管理体制的构建一定要适应企业管理特别是财务管理的需要。一般来说，由于独资和合伙制企业的产权关系明确，财务关系简单，其财务管理体制也相对简单、直接；而公司制企业财务管理体制的选择不仅要考虑企业的规模、产权关系，还要考虑企业的管理体制等具体情况。

（1）是否有利于企业建立有效的财务管理运行机制。构建适应市场经济发展的企业财务管理体制，目的在于引导企业形成“自主经营、自负盈亏、自我约束、自我发展”的财务运行机制，形成一套激励有效、约束有方的自控制、自适应系统。企业在建立财务管理体制时，无论其机构如何设置，人员怎样分配，管理权限如何从分权到集权或从集权到分权或是二者结合，最重要的是看其财务管理运行机制是否灵活有效、畅通无阻和运行自如。

（2）是否有利于调动企业经营者、管理者的积极性。财务管理体制构建是否成功，很大程度上取决于各级经营者、管理者的积极性是否被调动起来。有效的企业财务管理体制应使企业内部各级经营者和管理者出于对自身政治、经济、物质利益的追求，自觉地把个人利益同实现企业总体目标结合起来，把个人利益同企业的经济效益联系起来，形成凝聚力，不断推动企业向前发展，更好地实现企业目标。

（3）是否有利于强化内部管理。财务管理是企业管理的组成部分，是企业各项管理工作的综合反映，与企业的其他管理如采购管理、生产管理、销售管理等密切相关，财务管理工作的好坏将直接影响其他管理工作的开展。成功的财务管理体制将有利于企业内外各种经济关系的协调，有利于企业内部各种管理工作的强化。

（4）是否有利于企业经济效益的提高。经济效益是衡量企业管理工作开展是否有效的根本指标，是判断一种体制是否优化的标准。企业的任何管理活动都是为其最终目标经济效益服务的，财务管理体制的构建也不例外，有效的财务管理体制一定会促进企业经济效益的提高。因此，选择财务管理体制的标准包括企业最终经济效益的提高。

第二节　企业财务管理体制的建立

企业财务管理体制主要规定企业内部各项财务活动的运行方式，以及企业各级、各部门之间的财务关系，包括组织机构的设置、人员配置、管理模式等。

一、组织机构的设置

（一）财务会计工作的领导与监督

在股份公司，董事会行使法人财产权和直接经营权，全面直接参与对公司重大财务事项的决策与管理，拥有财务自主权。董事会通过各种手段加强对财务与会计（是指财务管理与会计核算工作，以下简称财务会计工作）的领导与监督，如任命总经理、下设审计委员会、委托外部独立审计机构等，以保证企业价值最大化目标的实现（如图 9－1 所示）。

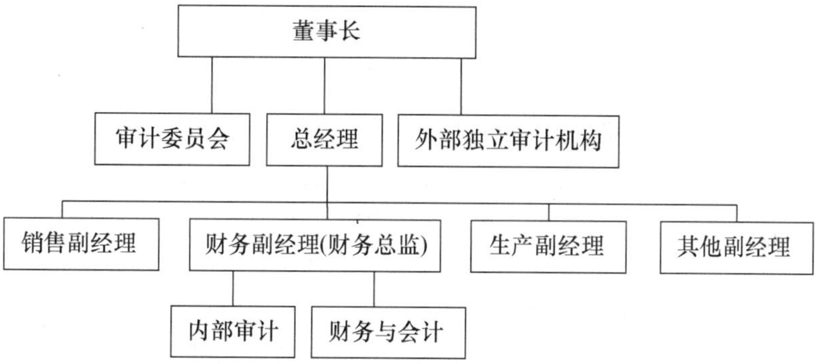

图 9－1　财务会计工作的领导与监督体系

如图 9－1 所示，总经理通过财务副经理（财务总监）对财务会计工作实行直接管理，财务副经理（财务总监）直接组织和管理财务会计工作，并通过内部审计对财务会计工作实行监督，负直接责任。董事长通过审计委员会和外部独立审计机构对财务会计工作实行间接管理和监督。

在我国，财务会计机构是根据企业规模、管理结构、业务特点及管理需要等设置的。

（二）财务会计机构的统一设置

目前，在我国很多企业（尤其是中小企业）中，对财务管理和会计核算通常不加区分，财务机构与会计机构合并设置为一个部门，笼统称为“财会部”、“财务部”或“会计部”等。这一制度安排虽强化了会计核算的职能，却弱化了财务管理的职能。

由于企业规模较小、管理结构比较简单，财务管理往往是投资者的管理职能，由投资者履行。企业没有真正意义上的财务决策自主权，企业的筹资、投资、利润分配的决策权等都集中在投资者的手中，重会计核算而轻财务管理是普遍现象，这一点在民营企业表现得尤为突出。这就决定了没有必要设置独立的财务管理机构来从事财务管理这项专门的工作，因此，合并设置的财会机构实际上是以会计工作为主，财务管理不过是附带的内容。

合并设置导致企业财务管理与会计核算的责、权、利不清晰，财会机构运行效率低下；导致许多企业没有真正的财务管理，财务工作仅局限于提供报表数据；导致财务会计部门的监控、管理等职能不能有效发挥，严重阻碍企业的发展。在合并设置的情况下，财会机构常常因会计信息需要定期对内对外提供而整日围绕记账、报表转，无暇他顾，因此忽视了财务管理工作；或由于企业资金紧张，整个机构忙于筹集资金、安排资金周转而忽视了会计核算和会计信息。总之，合并设置模式很难同时充分发挥财务职能和会计职能，必然制约企业财务目标和会计目标的实现。

随着我国企业财务活动日益复杂，资本链条变长、管理跨度变宽、筹资渠道及筹资方式日益多样化，企业要处理的财务关系也更加复杂，合并设置模式下职责不明的弊病也越来越明显。因此，财务机构与会计机构分设尤为必要，这对提高财务管理和会计核算的水平提出了更高的要求。

（三）财务会计机构的分别设置

财务机构与会计机构分别设置，首先有助于明确财务目标和会计目标，提高二者的专业化程度，更好地实现二者的职能，加强会计基础工作和财务制度建设，同时促进财务与会计工作互相服务、互相监督；其次，可以避免财务管理工作受企业外部因素的过多干扰，保证企业真正行使自主权，提高财务管理水平。这将改善我国企业财务工作“重会计核算，轻财务管理”的现状。

根据分别设置的要求，在企业总经理领导下可设置财务副经理（或财务总监）来管理财务与会计工作。在财务副经理（或财务总监）下设财务管理部、会计核算部、管理会计部和内部审计部，分别由财务部长和会计部长担任主管人员，其下再根据工作内容设置若干专业科室。企业财务机构、会计机构的分别设置如图9-2所示。

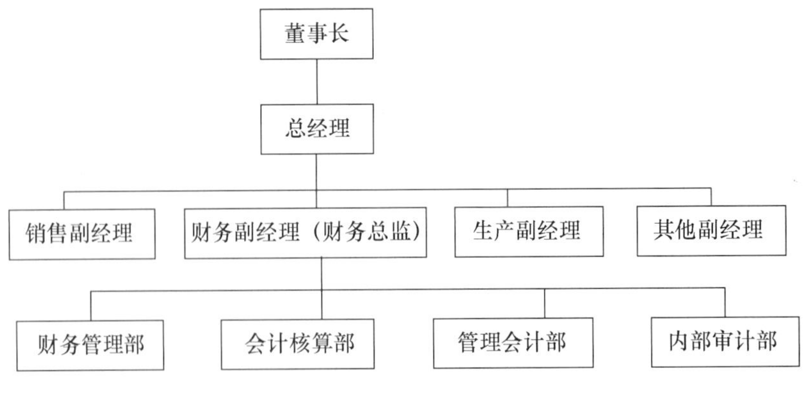

图9-2　企业财务会计机构设置图

根据国内外经验，财务和会计的分工可设置如下：

（1）财务管理部。其主要职责为：筹集资金；固定资产投资；营运资金管理；证券的投资与管理；利润分配；财务预测、财务计划和财务分析工作。

（2）会计核算部。其主要工作如下：对经济活动进行会计核算并按照企业会计准则的要求编制对外财务报告；开展成本核算工作；纳税计算和申报；执行内部控制制度，保护企业财产；办理审核报销等其他有关会计核算工作。

财务机构和会计机构只有分别设置、分别规定职责范围，才能明确财务工作和会计工作各自的主攻方向，各司其职，而不致顾此失彼，削弱任何一方的工作。

财务机构和会计机构分别设置后，两者还必须相互配合，密切协作。会计核算部要及时向财务管理部提供真实可靠的会计信息，并利用其掌握的会计信息参与企业的财务计划和财务分析工作，对企业财务活动进行监督，为经营决策服务；财务管理部则要充分利用会计核算部提供的会计信息和其他有关资料做好财务预测、财务决策、财务计划和财务分析工作，依据日常核算资料及时调度资金，财务预测、计划所确定的具体财务指标要及时提供给会计核算部，作为其日常控制、监督的依据。

二、人员配置

（一）财务总监制度

财务总监制度是由董事会聘任的、在企业中负责财务会计工作的最高专业人员，对企业财务收支及其经济活动的真实性、合法性和效益性进行监管，维护所有者合法权益，保证企业总经理任期内目标责任实现的经济监督制度。

1. 建立财务总监制度的必要性

财务总监制度产生和存在的客观前提是两权分离的需要，由于委托代理关系，双方的利益不完全一致，需要设立专门代表出资者利益的专业人员对经理人员进行监督。具体来说，财务总监制度产生的必要性如下：

（1）董事会对经理层进行有效监督的需要。在许多公司里，董事会和经理层两套班子的人员不少是相互兼职的，这就形成了董事聘任自己当经理、自己评价和监督自己的局面，由此导致监督的低效和无效。为提高监督的效率，使董事会更好地代表股东行使监督权，需要由其委派具备财务管理专业知识并有相当能力的专业人员对经理层进行监督。

（2）加强内部监督的需要。由于外部监督机制的弱化，企业需要加强内部监督。由于国家投资主体的不确定，国有企业的所有权主体往往被分散到若干行政部门手中，使政府对国有企业的控制既表现为行政上的“超强控制”，又表现为产权上的“超弱控制”；导致部分经理人员利用政府在产权上的“超弱控制”形成事实上的“内部人控制”，以此推脱责任、转嫁风险。所以，为解决企业控制权的矛盾，需设立财务总监对经理人员的行为进行监督。

2. 财务总监的地位和作用

财务总监由公司董事会任命，其作用主要表现在以下方面：

（1）约束经理人员行为，限制“内部人控制”。如上所述，企业经营者的利益和出资者的利益有时并不完全一致，这样就可能产生经营者为了自身利益而背离甚至损害出资者利益的情况，即所谓的“内部人控制”。在尚未完全解决所有者主体缺位的情况下，容易出现经营者行为失控的情况。通过财务总监进行财务监督，可以规范企业的财务活动，解决会计信息失真、财务收支混乱、经营决策失误、资产流失等问题。

（2）发挥其他监督形式不能实现的职能。企业已有的监督形式并不少，如会计监督、内部审计监督、监事会监督等，这些监督形式固然各有优点，但都存在一定的局限性。例如，会计监督和内部审计监督都是由经营者实施的监督，只对经营者负责，并不代表所有者的利益，他们都是按照法律法规来进行监督，因而具有一定的滞后性；企业的监事大多缺少外部监事、内部监事的任职资格，在章程中又没有规定，使得很多监事缺少相应的专业素质，加上监事会的监督基本上属于事后监督，导致监事会监督的弱化。财务总监的监督则不同，其代表所有者的利益，监督贯穿企业生产经营和财务收支事前、事中、事后的全过程，他们可以随时掌握企业各部门活动的各种信息，能够成为对企业经理人员履行权利义务情况的敏感的观察者，能够采取灵活多样的协调手段促使代理契约高效率、低成本地得到实施。

3. 财务总监的职责

财务总监的主要职责如下：（1）参与制定公司的财务管理制度，监督检查公司各级财务活动和资金的收支情况；（2）参与拟定财务预算方案、决策方案，参与拟定发行股票、债券的方案；（3）审核公司新项目的可行性，参与拟定所属部门和二级公司的承包方案；（4）财务总监和总经理联签批准规定限额内的经营性、投资性资金支出，汇往境外资金和担保贷款事项；（5）参与拟定公司利润方案和亏损弥补方案；（6）审核公司的财务报告，与经理共同确定其真实性，报公司董事会和有关部门；（7）定期向国有资产管理部门报告本企业资产和经济效益的变化情况，对企业重大经营问题及时报告等。

（二）财务人员

大企业或集团公司的财务总监通常负责对总公司和子公司的财务会计工作进行总体监督和指导，通常还需要有一名财务经理主管，负责总公司和子公司的日常财务和会计工作。一般的中小企业不设财务总监，而是直接由财务经理负责管理全部的财务和会计工作。

企业规模不同，业务和管理的复杂性不同，财务经理下属的财务人员岗位设置也有明显差异。大企业可能同时设置财务主管和会计主管，并分别聘用财务人员、会计人员和出纳，包括负责不同业务环节的会计人员、分析人员、预算人员、出纳等。小企业由于财务活动数量少、业务比较简单，通常由总经理或者财务经理一人承担，其下只设置会计人员和出纳，主要承担会计核算和现金管理职能。

1. 财务经理

在设置财务总监的企业，总公司和子公司的财务经理受双重领导，向本公司的总经理和总公司的财务总监负责，否则，只受本公司总经理的领导。

财务经理的主要职责是主持财务部门和会计部门的业务管理工作，负责具体财务会计工作的组织和基本财务、会计制度的制定。具体包括：(1) 负责组织企业的财务管理体系和各项财务制度、操作流程和规范；(2) 负责监理、完善企业的内部财务控制制度；(3) 负责组织企业日常会计核算、对外财务信息披露和对内提供管理会计报表；(4) 负责企业资金的管理和调度；(5) 审查各项开支，参与生产经营管理决策；(6) 负责企业税收筹划；(7) 检查、监督下属的工作等。

在分开设置财务和会计职能机构的企业，财务经理领导下的财务部门和会计部门还设置财务主管和会计主管，或者具体的资金管理人员和会计人员。

2. 财务主管和资金管理人员

企业财务主管主要负责企业的资金管理工作。具体而言，其主要职责包括：(1) 协助财务经理建立健全并监督执行企业的资金管理制度和业务流程；(2) 参与编制和监督执行企业的资金预算；(3) 参与企业经营性资金的筹资决策；(4) 管理银行贷款和贷款额度的使用；(5) 管理信用往来资金等。

资金管理人员的主要职能是协助财务主管开展资金管理的具体业务，如具体计划的制定、企业账户的管理、贷款额度的具体申请和管理等。

3. 会计主管和会计人员

企业会计主管主要负责企业的会计管理工作。具体而言，其主要职责包括：制定本企业会计核算制度；组织会计人员进行企业会计核算工作；审核相关报表等。

企业会计人员在会计主管的领导下，负责具体业务的核算、监督资产管理制度的执行、拟定税务计划、完成纳税工作、编制企业预决算报告、编制企业财务报告等具体会计工作。

4. 出纳

根据《会计法》中企业内部会计监督制度的要求，企业记账人员与经济业务事项和会计事项的审批人员、经办人员、财物保管人员的职责权限应当明确，并相互分离、相互制约。因此，企业中资金管理人员、会计人员、负责资产和资金保管的人员必须分别设置并相互制约，通俗来讲，就是管钱的不能管账，管账的不能管钱。出纳就是单独为企业资金保管而设置的具体岗位人员。

出纳的主要职责包括：(1) 严格按照企业财务制度的规定和流程办理各项现金的收付业务、报销业务和银行结算业务；(2) 编制相关业务凭证；(3) 登记现金和银行存款日记账，并定期与库存现金、银行账户进行核对；(4) 编制现金和银行存款的定期报表等。

三、管理模式

因企业组织形式、经营特点、管理要求等的不同，财务管理模式表现出多样化的趋势。

（一）集权式财务管理

集权式财务管理作为一种高度集中的财务管理模式，在经济信息系统不发达的情况下往往只在小型企业实施。随着网络经济的到来，信息传递更加方便快捷，越来越多的大中型、多层级的企业集团开始采用这种财务管理模式。

1. 集权式财务管理

集权式财务管理是一种高度集中的财务管理模式，将企业资金、成本、利润及其分配的控制权高度集中在公司最高管理层，公司的中下层基本没有决策、支配和控制的权力，只有有限的管理权限。

集权式财务管理往往在小型企业实施，并且采用一级核算方式。财务管理权集中于厂部，厂部统一安排资金、处理财务收支、核算成本和盈亏；二级单位（班组或车间）一般只负责管理、登记所使用的财产、物资，记录直接开支的费用，不负责管理资金，不核算成本和盈亏，不进行收支结算。

当大中型企业进行集权式财务管理时，通常采用二级核算方式。除了厂部统一安排各项资金、处理财务收支、核算成本和盈亏以外，二级单位负责管理一部分资金，核算成本，有的还要计算盈亏，相互之间的经济往来要进行计价结算，对于资金、成本等要核定计划指标，定期进行考核。

当企业集团进行集权式财务管理时，通常以产权为纽带采用多级核算方式。企业总部统一进行资金调度，统一负责对外筹资、投资决策及资金管理，统一处理财务收入，统一分配财务成果、核算成本和盈亏；总部统一编制各项财务计划，并于年初下发到各部门和各单位，组织分解落实，责成其按计划执行；总部统一与财政、银行、其他企业进行业务上的往来，统一对国家纳税，企业内部各单位的各种税款列支全部列转到总部，由总部统一办理纳税申报；企业财务人员归属企业总财务部统一管理，下属各单位的财务人员由总部统一派驻；企业内部各部门之间的材料调拨、产品和劳务转移等经济往来，由总部统一进行核算。在这种体制下，企业内部各部门、各层次的财务管理权限相对较小，一般只负责登记、管理所使用的财产、物资，记录直接开支的费用。

2. 集权式财务管理的优缺点

集权式财务管理的优点是：下属各单位统一服从企业总部高度集权的指挥，有利于企业集中财权，保证企业的整体运营，发挥整体效益；由于资金统一调度，资金占用相对较少，提高了企业的资金运营效率；财务权限集中于总部，有利于更好地实施财务监督和控制，加强廉政建设；由总部统一制定财务计划，有利于经济责任制的严格考核，减少效益流失；由总部统一纳税，有利于简化纳税环节，采取合理的避税措施。

其弊端在于：企业总部及上层管理人员过多，容易出现相互推诿扯皮的现象，滋生拖拉作风；由于基层的财务信息需层层汇总上报，不但会延误决策时机，而且可能导致信息失真，企业整体决策效率低下甚至质量下降；权力高度集中，下属单位虽承担一定的责任，却未获得相应的权力，降低了其工作积极性；下属单位无成本核算，或成本核算与经济效益不挂钩，导致其与整个单位的经济责任不清；最后，采用集权式财务管理方式，对企业总部的财务管理能力要求较高，一般的企业不易达到。

（二）分权式财务管理

采用分权式财务管理可以有效地应对多变的市场环境，充分调动下属部门的工作积极性，因而分权式财务管理为很多大中型企业所采用。

1. 分权式财务管理

分权是指相关权力在组织系统中较低管理层次的一定程度的分散。采用分权式财务管理的企业采取统一领导、分口分级管理形式，下属单位有相对独立的资金和资产，能独立核算盈亏。分口分级管理即按照管理物资和管理资金相结合的要求，合理安排企业内部各单位在资金、成本、收入等管理上的责、权、利关系。具体来说，是在企业统一领导下，由财务部门将各项财务指标分解为小指标，逐级落实到各部门、各层次，并规定各单位完成指标的权与利。

2. 分权式财务管理的特点

在分权式财务管理下，企业总部将人财物、产供销的行政权在一定程度上下放到下属单位，总部主要负责规划、统筹和协调；各二级核算单位独立在银行开户、独立办理纳税申报和缴纳税款；总部统一控制工资总额，统一制定工资奖金分配原则，分配形式和数额由下属单位自己确定；下属单位可对外签订合同，直接进行销售、采购、办理结算，组织生产，拥有向银行借款的权力；下属单位之间因进行劳务或产品转移而发生的经济业务往来，由各单位按内部价格进行结算，内部价格由总部统一制定，也可由下属单位制定后经总部审核后确定。

3. 分权式财务管理的优缺点

分权式财务管理的优点是：财务管理权限适度下放，有利于下属各单位及时发现问题，提高解决问题的效率；将企业资金、成本、利润及其分配的控制权分散在公司的不同管理层，有利于调动各级管理者的积极性；下属单位实行较完整的经济核算，经济责任划分得比较清楚，便于把企业各部门、各单位的资金、成本同其工作业绩直接挂钩，实现责、权、利的统一。

其缺点是：对涉及全局的重大决策难以协调，不利于企业统一处理对外关系和统一研究战略规划；从企业总部来看，多头开户、分散采购、自行销售、分别借贷，导致资金占用量大，资金使用效率低下；总部的很多权力都下放到下属单位，虽对下属单位制定了考核指标，但缺少相应的利益驱动，削弱了对下属单位的考核效果；财权分散，容易导致经济活动不规范、成本开支失控、财务监督不力、筹资决策失误等，增加了公司整体的资金风险。

（三）综合式的财务管理

综合式财务管理将集权和分权相结合，有上述两种财务管理方式不可比拟的优点，但哪些权力应该集中、哪些权力应该分散，区别起来有一定困难，从而影响了其在企业的普及程度。

1. 综合式财务管理

综合式财务管理是将集权管理和分权管理相结合的管理方式，其核心观念是将一部分非常重要的权限集中在企业总部，将一部分非重大的权限分散在企业内部的各个单位。它是一种较为理想的财务管理方式，按照集权和分权相结合的管理思想，财务大权统一掌握在管理当局手中，便于统一调拨、统一融通、统一使用资金，有利于提高资金的利用率，控制经营者及各单位的风险，同时对成本实行分级管理、分口把关，把成本管理和成本控制变成企业的共识，抓住成本管理的要害。

2. 综合式财务管理的特点

在综合式财务管理下，企业总部作为独立法人统一经营和统一核算，统一向国家纳税；由总部统一向银行和金融机构办理借款、融资业务，并由总部统一归还；总部统一管理各项资金，统一经营销售，统一进行会计核算和计算盈亏。下属单位按委托法人进行管理，有一定的由总部核定的流动资金和固定资产，除自有资金外的流动资金由总部统一筹措并分配，下属单位按一定利率向总部支付利息；下属单位有自行采购权；下属单位之间发生的产品或劳务交换均按内部结算价格进行结算；下属单位提取的折旧由总部统一用于技术改造和设备更新；下属单位独立进行成本核算、计算盈亏，实现的利润由总部统一分配。

3. 综合式财务管理的优缺点

综合式财务管理的优点主要表现为：有利于吸收集权和分权的优势，克服或最大限度地消除过度集权或过度分权的弊端；由总部统一领导，有利于提高企业整体经济效益，增强竞争力和应变能力；下属单位有相对独立的自主经营权，能够有效地调动其工作积极性并实现自我约束，有利于企业整体发展；总部虽然下放给下属单位一部分自主经营权，但总的经济管理权仍在总部，避免了以放代管的消极作用。采用这种财务管理方式的关键，是要在总部保留的权力和下放给各下属单位的权力之间进行恰当分配，并合理调节各部门的经济责任和经济利益，保证责、权、利分配得当。

企业财务管理体制应根据各企业的具体条件加以确定，其内容不能千篇一律，采用的形式可以多样化。在经营层内部财权安排上，有的集权程度可以高些，有的分权程度可以高些。

第三节　资金集中管理与内部资本市场

一、企业实行资金集中管理的必要性

资金集中管理着眼于企业的整体利益和长远利益，是大中型企业资金管理与控制的必然。

1. 调剂和平衡内部资金，提高资金使用效率

大中型企业或企业集团通常由跨行业、跨地区、多层次分支机构组成。下属分支机构设立之初大多数会在当地银行开设账户，进行资金结算。在这些分支机构的银行账户中会或多或少留存一些资金。分散在各下属单位的存款余额，从单个账户来看，一般都不太多，但从企业整体来看，有可能是一笔可观的资金，能够满足较大的资金需求。

换一个角度，由于下属单位分不同的行业、不同的地域，它们面临的发展机遇有可能不同。一部分单位可能由于发展机遇好、业务增长迅速，出现资金短缺；一部分单位由于业务增长平稳，出现资金大量结余。

实行资金集中管理能够有效地使用企业的全部存量资金，把各下属单位暂时闲置和分散的资金集中起来，统一调配和平衡，实现企业各成员单位资金余缺的相互调剂，从更高层次参与和了解成员单位的管理，强化资本经营意识。成员单位也可以从资金集中与资本经营中受益，加强各成员单位的联系，更好地发挥整体优势。

2. 扩大融资渠道，增强融资能力

资金集中管理可以丰富企业的融资渠道，获得更大的融资规模。没有哪个企业能够完全利用自有资本长期经营下去，它们或多或少需要通过银行、供应商、客户来筹集发展过程中所需的资金。

企业的筹资能力主要取决于其偿债能力，与其收益能力、资产管理能力及市场发展机遇也有一定关系。通常情况下，单个成员单位的偿债能力不会大于整个企业的偿债能力。偿债能力强的成员单位面临的发展机遇有可能并不在最佳时期，其收益能力、发展能力存在一定缺陷，因此其筹资能力不一定很强。相反，成员单位中可能会有一些刚起步的企业，它们面临极好的发展机遇，没有任何包袱，收益能力、发展能力非常好，但资产负债比例可能很高，偿债能力比较弱。若采用每个成员单位单打独斗的方式筹资，很难取得较好的筹资效果。

资金集中管理下由于统一对外开户，企业整体偿债能力较强，收益能力和管理水平较高，信用较高，比较容易筹到大笔资金。

3. 降低贷款规模，减少财务费用

通过企业内部的资金融通，盘活成员单位的暂时闲置资金，可以大大提高资金的使用效率。在同等的投资和生产规模下，企业整体对银行资金的需求会减少，特别是可以减少长期信贷，从而降低企业因对外筹资而支付的利息。一方面，企业以短期信贷满足成员单位的需求，降低了企业高负债经营的风险，增强了企业活力；另一方面，凭借资金集中形成的规模优势，可以获得银行在存贷款利率上的优惠政策，大大降低企业的财务费用。

企业下属成员单位之间通常会在较大经营范围和地域范围内存在内部交易，产生大量内部资金结算业务。如不实行资金集中管理，则成员单位间的资金结算需要通过外部银行进行。一笔资金从付款方成员单位到收款方成员单位需要通过付款方开户银行到收款方开户银行的多个银行结算环节；不在同一银行系统开户的成员单位在收付款开户银行间还要通过联行，经过的环节更多。资金到账需要一定的时间，同时还要支付一定的手续费，资金划转效率低。

实行资金集中管理，通过先进的网络技术，采用成熟的资金管理系统能够实现企业成员单位内部交易的网上结算。一笔交易达成后，只要付款方成员单位通过系统输入一张付款单，成员企业间的资金划转在瞬间内就能实现，付款方成员企业的付款和收款方成员企业的收款在同一时间达成，没有任何中间环节和时间间隔，不产生在途资金，划转效率高，能够有效提高资金周转速度。同时，由于使用内部网上结算系统，不需要支付额外费用，能够节约大量财务手续费。

4. 加强对下属单位资金的监控，防范财务风险

由于企业整体战略和成员单位的经营目标可能存在差异，各层级资金管理人员使用资金的动机可能存在一定差异，整个企业的资金使用行为就有可能产生差异，出现不规范的资金使用行为也就在所难免。因此，资金管理的一个重要方面是对资金的流量、流向实行有效控制，确保资金使用行为规范、合理，达成企业整体战略目的。

对于不采用资金集中管理的企业，由于各个成员单位单独在外部银行开立账户，拥有资金管理自主权，所以虽然有些企业通过采用战略目标控制、制度约束、业务流程控制、事后审计、外派财务主管、财务控制等方式在一定程度上对成员单位的资金使用行为进行规范，但往往由于目标和动机等方面难以协调而无法取得满意的效果。

实现资金集中管理后，下属单位银行账户在企业总部的监管之下，其资金流量、流向、存量完全受到总部的管理，总部能够对其对外收款和付款、对内资金结算进行全方位的控制。通过设立收款责任制可以强化成员企业收款责

任；通过制定付款审批、审核流程，不仅能够保证成员单位具有经营管理需要的资金管理权，而且能够有效控制成员单位资金支付行为，防范资金风险，降低整体经营成本。同时，通过对整个企业资金实行全程管理，能够实施有效的计划管理，使资金使用计划与企业战略规划、预算有效协调，产生资金聚合效应。

二、内部资本市场

企业集团通过内部资本市场进行财务控制，是加强内部管理的重要方式。

（一）企业集团

企业集团是指在中华人民共和国境内依法登记，以资本为联结纽带、以母子公司为主体、以集团章程为共同行为规范，由母公司、子公司、参股公司及其他成员企业或机构共同组成的企业法人联合体。

企业集团是现代企业的高级组织形式之一，具有以下特征：

（1）在管理上往往形成以实力强大的大型企业为核心、诸多关联企业为外围的多层次的管理组织结构。

（2）企业之间表现为以资本为联结纽带，在资产、经济、技术或经营上密切联系的高级别、深层次、较为稳定的企业联合。

（3）集团具有共同经营战略和发展目标，内部各成员企业既相对独立，又实行统一领导和分权管理相结合的管理体制。

（4）产业布局往往跨部门、跨地区，甚至跨国别实行多元化经营。

（二）内部资本市场

20 世纪中期，在美国出现了一股兼并联合的浪潮，产生一批多元化的企业集团。集团总部为了追求整体利益的最大化，将各分部的现金集中起来进行重新分配。这种资金再分配使集团内部形成一个微型资本市场，各分部为了各自的投资项目而竞争资源。这种企业集团内部围绕资金展开竞争的现象称为内部资本市场（ICM）。

可见，企业集团各子公司、分公司的资源（主要表现为资金，也表现为机会等）需要进行流通和优化配置。为完成一个项目，各子公司、分公司可以从银行、股票和债券市场获取资金，还可以从各子公司、分公司内部调集资金或融通资金。各子公司、分公司之间为了获取资金而展开的竞争类似于外部市场的竞争。内部资本市场可以把通过多渠道、多方式获得的资金集中起来，根据经营战略和发展目标的需要进行投放，从而在监督、激励、内部竞争以及资本的低成本配置方面优于外部的资本市场。

内部资本市场具有降低交易成本、进行有效监督、优化资本配置、放松外部融资约束等优势。

1. 内部资本市场信息优势

在外部资本市场进行投融资，由于信息不对称问题的存在，企业必须承担较高的交易成本，并面临较大的风险。内部资本市场恰恰在这两方面具有优势，在内部资本市场中，总部与各部门同属一个大家庭，获取的信息更真实，所花的费用也较少。公司经理和部门经理可以获得充分、廉价的信息，总部可以协调各部门进行合作。

2. 内部资本市场监督激励

总部（集团公司）拥有剩余索取权和控制权，总部比银行（在外部资本市场上，银行是资金的主要提供者）有更大的动机和权力挑选优秀项目，这一优势的结果是总部在监督方面付出的努力越多，收益也就越大，所以它会选择更加严格的监督。因为监督是有成本的，所以不是无止境监督，而要在监督的边际收益等于边际成本这一点上找到最优监督水平。而外部资本市场上，投资者根据事先的契约获得投资收益，不能从监督中获得额外的收益，所以即便有监督的能力，也不会付出百分之百的努力。

3. 资源配置方面的优势

首先，内部资本市场上总部的收益来源于项目的剩余，总部将现金留在公司内部进行统一调配，将有限的资源投到投资收益率高的项目上，以使企业整体收益最大化。

其次，内部资本市场有利于更好地重新配置企业资产。当公司总部拥有多个相关业务单位时，如果一个部门业绩不佳，由于业绩不佳和运行良好的项目由一个所有者提供融资，其资产将被有效地重新配置（直接与公司总部控制的其他资产合并）。相反，外部出资者只能把资产出售给其他使用者，并且往往不能获得足值支付，因为外部投资者必须同状况差的项目的经理分享剩余。

最后，在内部资本市场上，总部对项目的投资是多期进行的，在项目开展过程中，资金收入并非自动流向生产部门，而是通过内部竞争由总部加以重新分配，分配的标准是资金的投资收益率。这种方式大大提高了资金的使用效率。

三、资金集中管理的模式

对企业集团而言，母公司只有控制了子公司的财务收支和资金流动，才能使子公司按照母公司所确定的发展战略开展生产经营活动。

（一）统收统支模式

统收统支模式是指企业的所有资金收付都集中在总部的财务部门，所属成员单位不单独设立银行账户，资金收付的审批权高度集中。

统收统支模式有助于整个企业实现全面的收支平衡，提高资金流转效率，减少资金沉淀，控制资金的流出等。但它不利于调动各成员单位的积极性，还会影响其经营的灵活性，可能会降低企业整体经营活动和财务活动的效率。

这种模式的适用范围比较窄，只适用于那些地域集中的高度紧密型企业集团，例如某集团下的部分子公司集中在一个办公楼，且都是全资分（子）公司，业务简单。在这种情况下，为减少财务成本，企业会将这部分子公司的财务核算和管理纳入总部，在资金上形成统收统支模式。即使采用这种模式，企业集团也应保证各级子公司的独立性和完整性，集中的只能是资金和财务人员。

（二）拨付备用金模式

拨付备用金模式是指企业按照一定的期限拨给所属成员单位一定数额的现金，以备其日常使用。成员单位发生现金支出，持有关凭证到企业财务部门报销后，由财务部门补足备用金。这种资金管理模式具有以下特点：

（1）成员单位拥有一定的现金经营权。

（2）成员单位在总部规定的现金支出范围和标准内，可以对拨付备用金的使用行使决策权。

（3）成员单位不独立设置财务部门，支出的报销要通过总部财务部门的审核，现金收入必须集中到总部财务部门，超范围和超标准的支出必须经过总部有关部门或人员的审批。

统收统支模式和拨付备用金模式都属于高度集权的资金控制方式，只适合集团内不具备独立法人资格的分公司或分支机构，在对子公司运用时会遇到会计核算、政策制约等各方面的障碍。同时，这两种资金管理模式只适用于地域相近的分支机构，而不适用于远程分（子）公司。

（三）内部银行模式

内部银行模式是将社会银行的一些职能与管理方式引入企业内部，适应企业的管理机制而建立起来的一种内部资金管理模式。内部银行的主要职责是进行企业或集团内部日常的往来结算和资金调拨等。

这种资金管理模式适合总公司是法人而分公司是非法人的组织，如销售企业的分公司、营业网点等。企业为加强管理而在内部引入市场机制，制定内部分公司、营业网点的产品和服务的结算价格，各分公司、营业网点分别作为利润中心、成本中心管理，彼此间的服务、劳务、材料和半成品实行有偿供应，单独核算成本和利润，并与计划或预算比较，实行业绩考核。

这种方式下，企业的财务部门会专门成立一个结算组织，也称企业内部银行，实行多级核算，总公司对外一个账户，各利润中心、成本中心在内部银行都有自己的虚拟账户用于内部结算，在需要向总公司以外单位采购或支付费用时，由结算部门根据预算和用款审批用总公司的商业银行账户统一支付。

1. 内部银行模式的特点

（1）各分公司之间的现金收付和结算事项均通过内部银行统一开立账户办

理，一般不直接对外。

（2）各分公司在内部银行开立存款账户和贷款账户，实行存贷分户管理，具有收支两条线的特征。各分公司与内部银行之间是存贷关系，并实行有偿存贷制度。

（3）各分公司享有一定的独立财权，对贷款有权按用途自行安排使用，即各分公司享有一定的现金经营权和决策权。

2. 内部银行的主要业务

（1）为各分公司开设内部结算账户。每个分公司都在内部银行开设账户，企业生产经营活动中一切实物转让、劳务协作均被视作商品交易，需要通过内部银行办理往来结算。

（2）发行内部票据。内部银行根据集团有关规定发行集团内部使用的票据，在各分公司之间使用。

（3）向分公司发放内部贷款。内部银行根据集团公司为各分公司核定的资金和费用定额，结合实际需要，对其发放内部贷款。在管理上采取两种方式：一是全额有偿占用方式，无论是定额内还是超定额的内部贷款都实行有偿占用，计算利息；二是差额有偿占用方式，只对定额以外贷款部分计息或多收利息。

（4）代表各分公司统一对外筹措资金。由内部银行统一对外筹措资金，各分公司无权对外筹资。内部银行根据企业的经营状况对资金统一运筹、合理调度。

（5）制定内部银行结算制度。包括统一的结算方式、时间等，规范结算行为，对结算业务中的资金流向的合理性、合法性进行监督，及时发现问题，减少资金使用的盲目性和局限性。

（6）建立信息跟踪与反馈系统。内部银行定期或不定期地将资金流信息以报表的形式反馈给各分公司，并报总部领导，供有关各方及时了解和掌握资金的使用状况。

（7）银行化管理。内部银行实行的是银行化管理，建立贷款责任制，强化资产风险管理，实行相对独立核算，自负盈亏。

（四）资金结算中心模式

资金结算中心由企业集团设立，是集团内部不具有独立法人资格的独立的资金运营机构，负责办理集团各成员单位的现金收付和往来结算等业务。

它不仅适用于集团内部的非法人经营机构或项目部的资金管理，也适用于集团所属法人企业的资金管理，甚至还可以延伸到一些关联企业。资金结算中心模式有如下特点：

（1）各成员单位有自己的财务机构，财务独立核算；有独立的银行账号，独立办理银行结算业务；有现金的经营权和决策权，即资金的集中不改变各成员单位的资金经营权和资金所有权。

（2）为了避免因分散管理而导致的资金沉淀增加，提高现金的周转效率，节约资金成本，集团公司对各成员单位的资金实行统一调控、统一结算。资金结算中心以集团公司总部的名义在银行开设账户，用于归集成员单位的资金。

（3）以资金预算为基础，实行收支两条线管理。各成员单位在其所在地商业银行以其公司实名开设两个账户，一个专用收款账户和一个付款账户，所有外部收款只能进专用收款账户，付款用付款账户，并将企业的资金预算整合到资金结算系统中，达到通过预算控制结算的目的。成员单位还应在集团结算中心开设虚拟账户，用于内部往来结算及内部计息。

（4）成员单位、集团、银行三方签约。集团成员单位应委托资金结算中心管理其在商业银行的账户，包括资金的自动归集等，成员单位应与开户的商业银行达成书面协议。

成员单位委托开户银行按照一定条件将收款账户资金自动归集到集团资金结算中心账户，对外付款由集团公司根据集团的特点和管理需要采取不同的审批制度，可以由集团公司对所有的资金支付逐笔审批，也可以只对指定金额以外的大额资金或特定项目资金进行审批，其余资金支付由各成员单位自行审批后交资金结算中心直接办理。资金结算中心根据审批后的付款金额将款项先拨入成员单位的付款账户，然后付给集团外部单位，这两个付款过程可以利用网上银行系统和资金管理软件一次完成，无须子公司再办理付款手续，也可以是先从资金结算中心到成员单位账户，再由成员单位到银行办理对外付款手续。

（5）企业集团负责制定资金集中管理的相关制度，包括资金集中管理办法、资金预算办法、考核奖惩办法、结算制度等，资金结算中心和各成员单位应严格执行有关规定。集团公司加强对资金结算中心和成员单位的监控、考核和评价。

（6）各成员单位不直接对外借款，由总部统贷统还、统一向银行办理授信额度等。

（五）财务公司模式

财务公司是指以加强企业集团资金集中管理和提高企业集团资金使用效率为目的，为企业集团成员单位（以下简称成员单位）提供财务管理服务的非银行金融机构。

1. 财务公司的特点

（1）财务公司是一个企业集团内部独立的法人企业，与集团内其他企业是一种平等的市场竞争关系。作为集团内部的法人企业，接受集团的领导，并服务于集团的总战略。

（2）财务公司是承担部分银行业务的非银行金融机构，它行使商业银行的部分职能，接受人民银行和银监会的监管。

（3）财务公司承担为集团公司募集资金、供应资金和进行投资的功能，并且为集团所属子公司寻找项目、供应资金，因而行使对子公司和投资项目资金使用的监控功能。

2. 财务公司的经营业务

财务公司可以经营下列部分或者全部业务：（1）对成员单位办理财务和融资顾问、信用鉴证及相关的咨询、代理业务；（2）协助成员单位实现交易款项的收付；（3）经批准的保险代理业务；（4）对成员单位提供担保；（5）办理成员单位之间的委托贷款及委托投资；（6）对成员单位办理票据承兑与贴现；（7）办理成员单位之间的内部转账结算及相应的结算、清算方案设计；（8）吸收成员单位的存款；（9）对成员单位办理贷款及融资租赁；（10）从事同业拆借；（11）中国银行保险监督管理委员会批准的其他业务。

符合条件的财务公司可以向中国银行保险监督管理委员会申请从事下列业务：（1）经批准发行财务公司债券；（2）承销成员单位的企业债券；（3）对金融机构的股权投资；（4）有价证券投资；（5）成员单位产品的消费信贷、买方信贷及融资租赁。

财务公司是一种经营部分商业银行业务的非银行金融机构，其经营范围除抵押放款外，还有外汇、联合贷款、包销债券、不动产抵押、财务及投资咨询等业务。我国的财务公司大多是在企业集团发展到一定水平后，经中国人民银行批准，作为集团的子公司而设立的。因此，财务公司除承担部分银行职能外，还担负着为企业集团理财的任务。

3. 财务公司的功能

集团设立财务公司是把一种完全市场化的企业与企业以及新型银企关系引入集团资金管理中，使得集团各子公司具有完全独立的现金所有权，对现金的使用行使决策权。另外，集团对各子公司的资金控制是通过财务公司进行的，财务公司对集团各子公司进行专门约束，这种约束建立在各自具有独立的经济利益基础上。集团公司经营者（或最高决策机构）不再直接干预子公司的资金使用。

（1）通过为企业集团内部成员单位提供转账结算等业务加速资金周转；通过融资租赁和买方信贷，注入少量资金，解决集团内部产品购销双方资金问题；通过给集团内部提供担保、资信调查、信息服务、投资咨询等为企业集团成员单位提供全方位的服务。

（2）运用同业拆借、发行债券及新股，从事外汇及有价证券买卖等业务，为集团开辟广泛的融资渠道，成为集团的融资中心。

（3）将集团暂时闲置的资金投向高效的产业，或者用于集团支持发展的项目，使资金使用效率最大化。

以上各种资金集中管理的模式各有其特点和适用环境。近年来，集团企业组织结构的调整、信息化水平的提高、电子商务的应用，给资金集中管理创造了更多的条件。

思考题

1. 企业建立财务管理体制的目的是什么？卓有成效的财务管理体制应如何建立？

2. 你对“大权独揽，小权分散”是如何理解的？在集团公司，这样做是否和企业的独立法人地位相冲突？怎么解决？

3. 内部资本市场建立的目的是什么？财务公司简单金融化是否正确？

4. 如何利用现代技术和手段实现资源（尤其是资金）的优化配置？

5. 企业资金循环与社会资金循环密切相关，如何有效地处理两个循环的关系？

附　　录

附录一　复利终值系数表

n	i（%）						
	1	2	3	4	5	6	7
1	1.010	1.020	1.030	1.040	1.050	1.060	1.070
2	1.020	1.040	1.061	1.082	1.103	1.124	1.145
3	1.030	1.061	1.093	1.125	1.158	1.191	1.225
4	1.041	1.082	1.126	1.170	1.216	1.262	1.311
5	1.051	1.104	1.159	1.217	1.276	1.338	1.403
6	1.062	1.126	1.194	1.256	1.340	1.419	1.501
7	1.072	1.149	1.230	1.316	1.407	1.504	1.606
8	1.083	1.172	1.267	1.369	1.477	1.594	1.718
9	1.094	1.195	1.305	1.423	1.551	1.689	1.838
10	1.105	1.219	1.344	1.480	1.629	1.791	1.967
11	1.116	1.243	1.384	1.539	1.710	1.898	2.105
12	1.127	1.268	1.426	1.601	1.769	2.012	2.252
13	1.138	1.294	1.469	1.665	1.886	2.133	2.410
14	1.149	1.319	1.513	1.732	1.980	2.261	2.579
15	1.161	1.346	1.558	1.801	2.079	2.397	2.759
16	1.173	1.373	1.605	1.873	2.183	2.540	2.952
17	1.184	1.400	1.653	1.948	2.292	2.693	3.159
18	1.196	1.428	1.702	2.026	2.407	2.854	3.380
19	1.208	1.457	1.754	2.107	2.527	3.026	3.617
20	1.220	1.486	1.806	2.191	2.653	3.207	3.870
25	1.282	1.641	2.094	2.666	3.386	4.292	5.427
30	1.348	1.811	2.427	3.243	4.322	5.743	7.612
40	1.489	2.208	3.262	4.801	7.040	10.286	14.974
50	1.645	2.692	4.384	7.107	11.467	18.420	29.457

续表

n	i（%）						
	8	9	10	11	12	13	14
1	1.080	1.090	1.100	1.110	1.120	1.130	1.140
2	1.166	1.188	1.210	1.232	1.254	1.277	1.300
3	1.260	1.295	1.331	1.368	1.405	1.443	1.482
4	1.360	1.412	1.464	1.518	1.574	1.630	1.689
5	1.469	1.539	1.611	1.685	1.762	1.842	1.925
6	1.587	1.677	1.772	1.870	1.974	2.082	2.195
7	1.714	1.828	1.949	2.076	2.211	2.353	2.502
8	1.851	1.993	2.144	2.305	2.476	2.658	2.853
9	1.999	2.172	2.358	2.558	2.773	3.004	3.252
10	2.159	2.367	2.594	2.839	3.106	3.395	3.707
11	2.332	2.580	2.853	3.152	3.479	3.836	4.226
12	2.518	2.813	3.138	3.498	3.896	4.335	4.818
13	2.720	3.066	3.452	3.883	4.363	4.898	5.492
14	2.937	3.342	3.797	4.310	4.887	5.535	6.261
15	3.172	3.642	4.177	4.785	5.474	6.254	7.138
16	3.426	3.970	4.595	5.311	6.130	7.067	8.137
17	3.700	4.328	5.054	5.895	6.866	7.986	9.276
18	3.996	4.717	5.560	6.544	7.690	9.024	10.575
19	4.316	5.142	6.116	7.263	8.613	10.197	12.056
20	4.661	5.604	6.727	8.062	9.646	11.523	13.743
25	6.848	8.623	10.835	13.585	17.000	21.231	26.462
30	10.063	13.268	17.449	22.892	29.960	39.116	50.950
40	21.725	31.409	45.259	65.001	93.051	132.78	188.88
50	46.902	74.358	117.39	184.57	289.00	450.74	700.23

续表

n	i（%）							
	15	16	17	18	19	20	25	30
1	1.150	1.160	1.170	1.180	1.190	1.200	1.250	1.300
2	1.323	1.346	1.369	1.392	1.416	1.440	1.563	1.690
3	1.521	1.561	1.602	1.643	1.685	1.728	1.953	2.197
4	1.749	1.811	1.874	1.939	2.005	2.074	2.441	2.856
5	2.011	2.100	2.192	2.288	2.386	2.488	3.052	3.713
6	2.313	2.436	2.565	2.700	2.840	2.986	3.815	4.827
7	2.660	2.826	3.001	3.185	3.379	3.583	4.768	6.276
8	3.059	3.278	3.511	3.759	4.021	4.300	5.960	8.157
9	3.518	3.803	4.108	4.435	4.785	5.160	7.451	10.604
10	4.046	4.411	4.807	5.234	5.696	6.192	9.313	13.786
11	4.652	5.117	5.624	6.176	6.777	7.430	11.642	17.922
12	5.350	5.936	6.580	7.288	8.064	8.916	14.552	23.298
13	6.153	6.886	7.699	8.599	9.596	10.699	18.190	30.288
14	7.076	7.988	9.007	10.147	11.420	12.839	22.737	39.374
15	8.137	9.266	10.539	11.974	13.590	15.407	28.422	51.186
16	9.358	10.748	12.330	14.129	16.172	18.488	35.527	66.542
17	10.761	12.468	14.426	16.627	19.244	22.186	44.409	86.504
18	12.375	14.463	16.879	19.673	22.091	26.623	55.511	112.46
19	14.232	16.777	19.748	23.214	27.252	31.948	69.389	146.19
20	16.367	19.461	23.106	27.393	32.429	38.338	86.736	190.05
25	32.919	40.874	50.658	62.669	77.388	95.396	264.70	705.64
30	66.212	85.850	111.07	143.37	184.68	237.38	807.79	2 620
40	267.86	378.72	533.87	750.38	1 051.7	1 469.8	7 523.2	36 119
50	1 083.7	1 670.7	2 566.2	3 927.4	5 988.9	9 100.4	70 065	497 929

附录二　复利现值系数表

n	i (%)								
	1	2	3	4	5	6	7	8	9
1	0.990	0.980	0.971	0.962	0.952	0.943	0.935	0.926	0.917
2	0.980	0.961	0.943	0.925	0.907	0.890	0.873	0.857	0.842
3	0.971	0.942	0.915	0.889	0.864	0.840	0.816	0.794	0.772
4	0.961	0.924	0.888	0.855	0.823	0.792	0.763	0.735	0.708
5	0.951	0.906	0.863	0.822	0.784	0.747	0.713	0.681	0.650
6	0.942	0.888	0.837	0.790	0.746	0.705	0.666	0.630	0.596
7	0.933	0.871	0.813	0.760	0.711	0.665	0.623	0.583	0.547
8	0.923	0.853	0.789	0.731	0.677	0.627	0.582	0.540	0.502
9	0.914	0.837	0.766	0.703	0.645	0.592	0.544	0.500	0.460
10	0.905	0.820	0.744	0.676	0.614	0.558	0.508	0.463	0.422
11	0.896	0.804	0.722	0.650	0.585	0.527	0.475	0.429	0.388
12	0.887	0.788	0.701	0.625	0.557	0.497	0.444	0.397	0.356
13	0.879	0.773	0.681	0.601	0.530	0.469	0.415	0.368	0.326
14	0.870	0.758	0.661	0.577	0.505	0.442	0.388	0.340	0.299
15	0.861	0.743	0.642	0.555	0.481	0.417	0.362	0.315	0.275
16	0.853	0.728	0.623	0.534	0.458	0.394	0.339	0.292	0.252
17	0.844	0.714	0.605	0.513	0.436	0.371	0.317	0.270	0.231
18	0.836	0.700	0.587	0.494	0.416	0.350	0.296	0.250	0.212
19	0.828	0.686	0.570	0.475	0.396	0.331	0.277	0.232	0.194
20	0.820	0.673	0.554	0.456	0.377	0.312	0.258	0.215	0.178
25	0.780	0.610	0.478	0.375	0.295	0.233	0.184	0.146	0.116
30	0.742	0.552	0.412	0.308	0.231	0.174	0.131	0.099	0.075
40	0.672	0.453	0.307	0.208	0.142	0.097	0.067	0.046	0.032
50	0.608	0.372	0.228	0.141	0.087	0.054	0.034	0.021	0.013

续表

n	i（%）								
	10	11	12	13	14	15	16	17	18
1	0.909	0.901	0.893	0.885	0.877	0.870	0.862	0.855	0.847
2	0.826	0.812	0.797	0.783	0.769	0.756	0.743	0.731	0.718
3	0.751	0.731	0.712	0.693	0.675	0.658	0.641	0.624	0.609
4	0.683	0.659	0.636	0.613	0.592	0.572	0.552	0.534	0.516
5	0.621	0.593	0.567	0.543	0.519	0.497	0.476	0.456	0.437
6	0.564	0.535	0.507	0.480	0.456	0.432	0.410	0.390	0.370
7	0.513	0.482	0.452	0.425	0.400	0.376	0.354	0.333	0.314
8	0.467	0.434	0.404	0.376	0.351	0.327	0.305	0.285	0.266
9	0.424	0.391	0.361	0.333	0.300	0.284	0.263	0.243	0.225
10	0.386	0.352	0.322	0.295	0.270	0.247	0.227	0.208	0.191
11	0.350	0.317	0.287	0.261	0.237	0.215	0.195	0.178	0.162
12	0.319	0.286	0.257	0.231	0.208	0.187	0.168	0.152	0.137
13	0.290	0.258	0.229	0.204	0.182	0.163	0.145	0.130	0.116
14	0.263	0.232	0.205	0.181	0.160	0.141	0.125	0.111	0.099
15	0.239	0.209	0.183	0.160	0.140	0.123	0.108	0.095	0.084
16	0.218	0.188	0.163	0.141	0.123	0.107	0.093	0.081	0.071
17	0.198	0.170	0.146	0.125	0.108	0.093	0.080	0.069	0.060
18	0.180	0.153	0.130	0.111	0.095	0.081	0.069	0.059	0.051
19	0.164	0.138	0.116	0.098	0.083	0.070	0.060	0.051	0.043
20	0.149	0.124	0.104	0.087	0.073	0.061	0.051	0.043	0.037
25	0.092	0.074	0.059	0.047	0.038	0.030	0.024	0.020	0.016
30	0.057	0.044	0.033	0.026	0.020	0.015	0.012	0.009	0.007
40	0.022	0.015	0.011	0.008	0.005	0.004	0.003	0.002	0.001
50	0.009	0.005	0.003	0.002	0.001	0.001	0.001	0	0

续表

n	i (%)						
	19	20	25	30	35	40	50
1	0.840	0.833	0.800	0.769	0.741	0.714	0.667
2	0.706	0.694	0.640	0.592	0.549	0.510	0.444
3	0.593	0.579	0.512	0.455	0.406	0.364	0.296
4	0.499	0.482	0.410	0.350	0.301	0.260	0.198
5	0.419	0.402	0.320	0.269	0.223	0.186	0.132
6	0.352	0.335	0.262	0.207	0.165	0.133	0.088
7	0.296	0.279	0.210	0.159	0.122	0.095	0.059
8	0.249	0.233	0.168	0.123	0.091	0.068	0.039
9	0.209	0.194	0.134	0.094	0.067	0.048	0.026
10	0.176	0.162	0.107	0.073	0.050	0.035	0.017
11	0.148	0.135	0.086	0.056	0.037	0.025	0.012
12	0.124	0.112	0.069	0.043	0.027	0.018	0.008
13	0.104	0.093	0.055	0.033	0.020	0.013	0.005
14	0.088	0.078	0.044	0.025	0.015	0.009	0.003
15	0.074	0.065	0.035	0.020	0.011	0.006	0.002
16	0.062	0.054	0.028	0.015	0.008	0.005	0.002
17	0.052	0.045	0.023	0.012	0.006	0.003	0.001
18	0.044	0.038	0.018	0.009	0.005	0.002	0.001
19	0.037	0.031	0.014	0.007	0.003	0.002	0
20	0.031	0.026	0.012	0.005	0.002	0.001	0
25	0.013	0.010	0.004	0.001	0.001	0	0
30	0.005	0.004	0.001	0	0	0	0
40	0.001	0.001	0	0	0	0	0
50	0	0	0	0	0	0	0

附录三　年金终值系数表

n	i（%）						
	1	2	3	4	5	6	7
1	1.000	1.000	1.000	1.000	1.000	1.000	1.000
2	2.010	2.020	2.030	2.040	2.050	2.060	2.070
3	3.030	3.060	3.091	3.122	3.153	3.184	3.215
4	4.060	4.122	4.184	4.246	4.310	4.375	4.440
5	5.101	5.204	5.309	5.416	5.526	5.637	5.751
6	6.152	6.308	6.468	6.633	6.802	6.975	7.153
7	7.214	7.434	7.662	7.898	8.142	8.394	8.654
8	8.286	8.583	8.892	9.214	9.549	9.897	10.260
9	9.369	9.755	10.159	10.583	11.027	11.491	11.978
10	10.462	10.950	11.464	12.006	12.578	13.181	13.816
11	11.567	12.169	12.808	13.486	14.207	14.972	15.784
12	12.683	13.412	14.192	15.026	15.917	16.870	17.888
13	13.809	14.680	15.618	16.627	17.713	18.882	20.141
14	14.947	15.974	17.086	18.292	19.599	21.015	22.550
15	16.097	17.293	18.599	20.024	21.579	23.276	25.129
16	17.258	18.639	20.157	21.825	23.657	25.673	27.888
17	18.430	20.012	21.762	23.698	25.840	28.213	30.840
18	19.615	21.412	23.414	25.645	28.132	30.906	33.999
19	20.811	22.841	25.117	27.671	30.539	33.760	37.379
20	22.019	24.297	26.870	29.778	33.066	36.786	40.995
25	28.243	32.030	36.459	41.646	47.727	54.865	63.249
30	34.785	40.588	47.575	56.085	66.439	79.058	94.461
40	48.886	60.402	75.401	95.026	120.80	154.76	199.64
50	64.463	84.579	112.80	152.67	209.35	290.34	406.53

续表

n	i (%)							
	8	9	10	11	12	13	14	15
1	1.000	1.000	1.000	1.000	1.000	1.000	1.000	1.000
2	2.080	2.090	2.100	2.110	2.120	2.130	2.140	2.150
3	3.246	3.278	3.310	3.342	3.374	3.407	3.440	3.473
4	4.506	4.573	4.641	4.710	4.779	4.850	4.921	4.993
5	5.867	5.985	6.105	6.228	6.353	6.480	6.610	6.742
6	7.336	7.523	7.716	7.913	8.115	8.323	8.536	8.754
7	8.923	9.200	9.487	9.783	10.089	10.405	10.730	11.067
8	10.637	11.028	11.436	11.859	12.300	12.757	13.233	13.727
9	12.488	13.021	13.579	14.164	14.776	15.416	16.085	16.786
10	14.487	15.193	15.937	16.722	17.549	18.420	19.337	20.304
11	16.645	17.560	18.531	19.561	20.655	21.814	23.045	24.349
12	18.977	20.141	21.384	22.713	24.133	25.650	27.271	29.002
13	21.495	22.953	24.523	26.212	28.029	29.985	32.089	34.352
14	24.215	26.019	27.975	30.095	32.393	34.883	37.581	40.505
15	27.152	29.361	31.772	34.405	37.280	40.417	43.842	47.580
16	30.324	33.003	35.950	39.190	42.753	46.672	50.980	55.717
17	33.750	36.974	40.545	44.501	48.884	53.739	59.118	65.075
18	37.450	41.301	45.599	50.396	55.750	61.725	68.394	75.836
19	41.446	46.018	51.159	56.939	63.440	70.749	78.969	88.212
20	45.762	51.160	57.275	64.203	72.052	80.947	91.025	102.44
25	73.106	84.701	98.347	114.41	133.33	155.62	181.87	212.79
30	113.28	136.31	164.49	199.02	241.33	293.20	356.79	434.75
40	259.06	337.89	442.59	581.83	767.09	1 013.7	1 342.0	1 779.1
50	573.77	815.08	1 163.9	1 668.8	2 400.0	3 459.5	4 994.5	7 217.7

续表

n	i（%）						
	16	17	18	19	20	25	30
1	1.000	1.000	1.000	1.000	1.000	1.000	1.000
2	2.160	2.170	2.180	2.190	2.200	2.250	2.300
3	3.506	3.539	3.572	3.606	3.640	3.813	3.990
4	5.066	5.141	5.215	5.291	5.368	5.766	6.187
5	6.877	7.014	7.154	7.297	7.442	8.207	9.043
6	8.977	9.207	9.442	9.683	9.930	11.259	12.756
7	11.414	11.772	12.142	12.523	12.916	15.073	17.583
8	14.240	14.773	15.327	15.902	16.499	19.842	23.858
9	17.519	18.285	19.086	19.923	20.799	25.802	32.015
10	21.321	22.393	23.521	24.701	25.959	33.253	42.619
11	25.733	27.200	28.755	30.404	32.150	42.566	56.405
12	30.850	32.824	34.931	37.180	39.581	54.208	74.327
13	36.786	39.404	42.219	45.244	48.497	68.760	97.625
14	43.672	47.103	50.818	54.841	59.196	86.949	127.91
15	51.660	56.110	60.965	66.261	72.035	109.69	167.29
16	60.925	66.649	72.939	79.850	87.442	138.11	218.47
17	71.673	78.979	87.068	96.022	105.93	173.64	285.01
18	84.141	93.406	103.74	115.27	128.12	218.05	371.52
19	98.603	110.29	123.41	138.17	154.74	273.56	483.97
20	115.38	130.03	146.63	165.42	186.69	342.95	630.17
25	249.21	292.11	342.60	402.04	471.98	1054.8	2348.8
30	530.31	647.44	790.95	966.7	1 181.9	3 227.2	8 730.0
40	2 360.8	3 134.5	4 163.21	5 519.8	7 343.9	30 089.0	120 393.0
50	10 436.0	15 090.0	21 813.0	31 515.0	45 497.0	280 256.0	165 976.0

附录四　年金现值系数表

n	i（%）								
	1	2	3	4	5	6	7	8	9
1	0.990	0.980	0.971	0.962	0.952	0.943	0.935	0.926	0.917
2	1.970	1.942	1.913	1.886	1.859	1.833	1.808	1.783	1.759
3	2.941	2.884	2.829	2.775	2.723	2.673	2.624	2.577	2.531
4	3.902	3.808	3.717	3.630	3.546	3.465	3.387	3.312	3.240
5	4.853	4.713	4.580	4.452	4.329	4.212	4.100	3.993	3.890
6	5.795	5.601	5.417	5.242	5.076	4.917	4.767	4.623	4.486
7	6.728	6.472	6.230	6.002	5.786	5.582	5.389	5.206	5.033
8	7.652	7.325	7.020	6.733	6.463	6.210	5.971	5.747	5.535
9	8.566	8.162	7.786	7.435	7.108	6.802	6.515	6.247	5.995
10	9.471	8.983	8.530	8.111	7.722	7.360	7.024	6.710	6.418
11	10.368	9.787	9.253	8.760	8.306	7.887	7.499	7.139	6.805
12	11.255	10.575	9.954	9.385	8.863	8.384	7.943	7.536	7.161
13	12.134	11.384	10.635	9.986	9.394	8.853	8.385	7.904	7.487
14	13.004	12.106	11.296	10.563	9.899	9.295	8.745	8.244	7.786
15	13.865	12.849	11.938	11.118	10.380	9.712	9.108	8.559	8.061
16	14.718	13.578	12.561	11.652	10.838	10.106	9.447	8.851	8.313
17	15.562	14.292	13.166	12.166	11.274	10.477	9.763	9.122	8.544
18	16.398	14.992	13.754	12.659	11.690	10.828	10.059	9.372	8.756
19	17.226	15.678	14.324	13.134	12.085	11.158	10.336	9.604	8.950
20	18.046	16.351	14.877	13.590	12.462	11.470	10.594	9.818	9.129
25	22.023	19.523	17.413	15.622	14.094	12.783	11.654	10.675	9.823
30	25.808	22.396	19.600	17.292	15.372	13.765	12.409	11.258	10.274
40	32.835	27.355	23.115	19.793	17.159	15.046	13.332	11.925	10.757
50	39.196	31.424	25.730	21.482	18.256	15.762	13.801	12.233	10.962

续表

n	i (%)								
	10	11	12	13	14	15	16	17	18
1	0.909	0.901	0.893	0.885	0.877	0.870	0.862	0.855	0.847
2	1.736	1.713	1.690	1.668	1.647	1.626	1.605	1.585	1.566
3	2.487	2.444	2.402	2.361	2.322	2.283	2.246	2.210	2.174
4	3.170	3.102	3.037	2.974	2.914	2.855	2.798	2.743	2.690
5	3.791	3.696	3.605	3.517	3.433	3.352	3.274	3.199	3.127
6	4.355	4.231	4.111	3.998	3.889	3.784	3.685	3.589	3.498
7	4.868	4.712	4.564	4.423	4.288	4.160	4.039	3.922	3.812
8	5.335	5.146	4.968	4.799	4.639	4.487	4.344	4.207	4.078
9	5.759	5.537	5.328	5.132	4.946	4.472	4.607	4.451	4.303
10	6.145	5.889	5.650	5.426	5.216	5.019	4.833	4.659	4.494
11	6.495	6.207	5.938	5.687	5.453	5.234	5.029	4.836	4.656
12	6.814	6.492	6.194	5.918	5.660	5.421	5.197	4.988	4.793
13	7.103	6.750	6.424	6.122	5.842	5.583	5.342	5.188	4.910
14	7.367	6.982	6.628	6.302	6.002	5.724	5.468	5.229	5.008
15	7.606	7.191	6.811	6.462	6.142	5.847	5.575	5.324	5.092
16	7.824	7.379	6.974	6.604	6.265	5.954	5.668	5.405	5.162
17	8.022	7.549	7.102	6.729	6.373	6.047	5.749	5.475	5.222
18	8.201	7.702	7.250	6.840	6.467	6.128	5.818	5.534	5.273
19	8.365	7.839	7.366	6.938	6.550	6.198	5.877	5.584	5.316
20	8.514	7.963	7.469	7.025	6.623	6.259	5.928	5.628	5.353
25	9.077	8.422	7.843	7.330	6.873	6.464	6.097	5.766	5.467
30	9.427	8.694	8.055	7.496	7.033	6.566	6.177	5.829	5.517
40	9.779	8.951	8.244	7.634	7.105	6.642	6.233	5.871	5.548
50	9.915	9.042	8.304	7.675	7.133	6.661	6.246	5.880	5.554

续表

n	i（%）						
	19	20	25	30	35	40	50
1	0.840	0.833	0.800	0.769	0.741	0.714	0.667
2	1.547	1.528	1.440	1.361	1.289	1.224	1.111
3	2.140	2.106	1.952	1.816	1.696	1.589	1.407
4	2.639	2.589	2.362	2.166	1.997	1.849	1.605
5	3.058	2.991	2.689	2.436	2.220	2.035	1.737
6	3.410	3.326	2.951	2.643	2.385	2.168	1.824
7	3.706	3.605	3.161	2.802	2.508	2.263	1.883
8	3.954	3.837	3.329	2.925	2.598	2.331	1.922
9	4.163	4.031	3.463	3.019	2.665	2.379	1.948
10	4.339	4.192	3.571	3.092	2.715	2.414	1.965
11	4.486	4.327	3.656	3.147	2.752	2.438	1.977
12	4.611	4.439	3.725	3.190	2.779	2.456	1.985
13	4.715	4.533	3.780	3.223	2.799	2.469	1.990
14	4.802	4.611	3.824	3.249	2.814	2.478	1.993
15	4.876	4.675	3.859	3.268	2.825	2.484	1.995
16	4.938	4.730	3.887	3.283	2.834	2.489	1.997
17	4.988	4.775	3.910	3.295	2.840	2.492	1.998
18	5.033	4.812	3.928	3.304	2.844	2.494	1.999
19	5.070	4.843	3.942	3.311	2.848	2.496	1.999
20	5.101	4.870	3.954	3.316	2.850	2.497	1.999
25	5.195	4.948	3.985	3.329	2.856	2.499	2.000
30	5.235	4.979	3.995	3.332	2.857	2.500	2.000
40	5.258	4.997	3.999	3.333	2.857	2.500	2.000
50	5.262	4.999	4.000	3.333	2.857	2.500	2.000

中国人民大学出版社　管理分社

教师教学服务说明

中国人民大学出版社管理分社以出版工商管理和公共管理类精品图书为宗旨。为更好地服务一线教师，我们着力建设了一批数字化、立体化的网络教学资源。教师可以通过以下方式获得免费下载教学资源的权限：

- 在中国人民大学出版社网站 www.crup.com.cn 进行注册，注册后进入“会员中心”，在左侧点击“我的教师认证”，填写相关信息，提交后等待审核。我们将在一个工作日内为您开通相关资源的下载权限。

- 如您急需教学资源或需要其他帮助，请加入教师 QQ 群或在工作时间与我们联络。

中国人民大学出版社　管理分社

教师 QQ 群：648333426（工商管理）　114970332（财会）　648117133（公共管理）
教师群仅限教师加入，入群请备注（学校+姓名）

联系电话：010-62515782，82501868，82501048，62514760

电子邮箱：glcbfs@crup.com.cn

通讯地址：北京市海淀区中关村大街甲 59 号文化大厦 1501 室（100872）

管理书社　　人大社财会　　公共管理与政治学悦读坊